蓋然性や信頼性の考え方について理解が深められるようにしています。紙幅の関係から注記や開示事項については割愛しました。
- 文章では理解しにくい全体像、概念などについて図表やフローチャートをできるだけ多く織り込み、理解の手助けとなるようにしました。
- 説明内容をより確実に理解するために設例を用意しました。特に資本連結について、有価証券評価差額や累積為替差額などその他の包括利益を含んだ資本変動のパターンを網羅的にカバーした設例を用意しました。
- 国際会計基準はまだ進化の途中であり、規定内容を肯定的に説明するのではなく、必要に応じて批判的に考察を加えました。

本書は、会計・経理の実務家・専門家のみならず、国際会計基準の導入準備を進めている企業やそれを支援する関係者、IFRS全般に興味を持ち学習をされている方々、M&A実務に携わっている関係者など幅広い読者層にとって、国際会計基準の連結に関わる会計基準の理解を深めることに少しでも有益であれば、筆者にとってこれ以上の喜びはありません。なお、本書の文中の見解部分はすべて筆者の個人的な見解であることをお断りしておきます。

本書の完成にあたり、多くの方々にあたたかいご協力とご指導をいただきました。特に、企画の段階から数多くの助言と示唆をいただいた中央大学専門職大学院国際会計研究科特任教授　長谷川茂男氏、ならびに本書の出版にあたり多大なご尽力をいただいた清文社の鶴崎敦氏に深く感謝の意を表したいと思います。

2014年5月

公認会計士　窪田　俊夫

IFRS
International Financial Reporting Standard

国際会計基準
連結会計の実務

公認会計士
窪田 俊夫

清文社

はじめに

　我が国において、2010年3月期から国際会計基準の任意適用が開始されました。最近では、国際会計基準の任意適用要件の緩和等が図られ、企業にとって任意適用のハードルが低くなっています。既に任意適用を開始している企業に加え、グローバルに事業を展開している海外企業の多くが国際会計基準を適用していることを踏まえると、今後、国際会計基準の任意適用を検討する企業が増加していくことが予想されます。また、我が国の会計基準は国際会計基準と整合する方向で制定または改訂が行われることもあることから、国際会計基準は我が国の会計基準に大きな影響を及ぼしています。このため、国際会計基準を任意適用するかどうかに関わらず、国際会計基準に対する基本的な理解がますます重要になってきています。

　IASBは、IFRS第10号を始めとした連結決算に関連する重要な新基準書や改訂基準書を公表しています。これらは比較的新しい基準書であることや適用の際に一定の解釈や判断が伴うことから、実務において疑問点が生じることが多い領域となっています。

　本書は、連結決算に関する国際会計基準の概要および実務上の留意点等について、総合的かつ体系的な理解ができるようになることを目指しました。

　主な特徴をあげると、以下のとおりです。

- 日本基準との差異や単なる規定内容の説明ではなく、国際会計基準が規定する内容とその基礎にある考え方を理解することに重点を置きました。
- 国際会計基準の基本的な考え方を理解する際には、個々の取引や事象をどのように認識および測定するかが最も重要な論点となります。連結決算に関連する基準書を通じて、国際会計基準の認識および測定における

目次

第1章　連結財務諸表

1　連結財務諸表の概要……………………………………………………… 3
　1 連結財務諸表　3
　2 連結基礎概念　4
　3 IFRSの企業結合および連結会計の特徴　7
　4 IFRSにおける投資に係る基準書　10

2　連結財務諸表作成要件…………………………………………………… 13
　1 作成要件　13
　2 投資先の一部である特定の資産　14

3　投資企業……………………………………………………………………… 16
　1 背景　16
　2 概要　17
　3 投資企業の定義　18
　4 投資企業の典型的な特徴　23
　5 会計処理　26
　6 継続的な判定　28

4　子会社の決算日…………………………………………………………… 29
　1 連結報告日　29
　2 決算日の統一　29
　3 実務上不可能な場合　30

4決算日の差異の期間に生じた重要な取引　31
5　会計方針……………………………………………………………………32
　　1会計方針の統一　32
　　2会計方針を統一する修正　32
　　3会計方針統一の範囲　32
6　連結の開始と連結除外……………………………………………………34
　　1連結の開始　34
　　2連結の除外　34
　　3みなし処理　34
　　4支配獲得日における子会社の資産および負債の認識および評価　34
7　連結決算手続………………………………………………………………36

第2章　子会社の判定

1　支配モデル…………………………………………………………………41
　　1支配の定義　41
2　投資先の目的および設計の理解…………………………………………43
　　1投資先の設計に関与した当事者　44
　　2法的な境界線外で行われる活動　44
　　3投資先に対するコミットメント　45
3　要件1：パワーを有している……………………………………………46
　　1関連性のある活動　47
　　2指図する能力　48
　　3現在の能力　51
　　4実質的な権利　52
4　要件2：変動性リターンにさらされる、またはそれに対する
　　　　　　権利を有している………………………………………………56
　　1要件　56

②リターン　56
　　③リターンの変動性　58
　　④変動リターンと「リスクと経済価値」　58
　　⑤風評リスク　59
 5 　要素3：パワーとリターンの関連性 ……………………………… 60
　　①要件　60
　　②代理人　61
 6 　議決権による支配の評価 ……………………………………………… 67
　　①議決権によって支配の評価ができる場合　67
　　②過半数以上の議決権の保有　68
　　③事実上の支配（過半数未満の議決権保有で支配する場合）　69
　　④潜在的議決権　72
 7 　議決権による支配の評価ができない場合 ……………………… 75
　　①組成された企業　75
　　②組成された企業の支配の評価　76
 8 　継続的な評価 ……………………………………………………………… 77
　　設例1　過半数の議決権を有する株主が支配を有することを妨げる
　　　　　　追加的な権利　78
　　設例2　ある投資者が議決権の過半数を保有する一方で、他の投資者が
　　　　　　少数の議決権と追加的な議決権を取得するオプションを有して
　　　　　　いる場合　79
　　設例3　潜在的議決権の影響　81
　　設例4　特定の事象が発生するまで、投資先の活動が事前に
　　　　　　決定されている場合　82
　　設例5　ファンド・マネジャーが本人か代理人かの評価（1）　84
　　設例6　ファンド・マネジャーが本人か代理人かの評価（2）　86
　　設例7　ファンド・マネジャーが本人か代理人かの評価（3）　90
　　設例8　ファンド・マネジャーが本人か代理人かの評価（4）　93

第3章 非支配持分とのれん

1 非支配持分 ······ 97
- ①非支配持分の定義 97
- ②支配獲得日における非支配持分の測定 97
- ③支配獲得日後の非支配持分が保有する割合の変動 100

2 のれん ······ 103
- ①のれんの定義 103
- ②コアのれん 104
- ③のれん計上後の会計処理 104
- ④割安購入益 105

第4章 資本連結（投資と資本の相殺消去）

1 資本連結とは ······ 111
2 支配獲得時 ······ 113
- ①段階取得 114
- ②その他の包括利益に認識している既存持分の評価差額 116
- ③持分法適用時に認識したその他の包括利益 116
- ④子会社の資産および負債の公正価値測定 117

3 支配獲得後に生じた子会社の損益およびその他の包括利益 ······ 118
- ①親会社および非支配持分への配分 118
- ②関連会社を通した間接所有 118
- ③代理人等を通じた間接所有 119
- ④潜在的議決権 119
- ⑤累積的優先的株式 119

4 支配が継続する範囲内での持分割合の変動 ······ 120
- ①概要 120

②支配獲得後の子会社株式の追加購入　121
　　③支配を継続する一部売却・処分　125
5　支配を喪失する持分割合の変動………………………………………128
　　①支配喪失を伴う売却・処分　128
　　②その他の包括利益の会計処理　130
　　③売却目的で保有する非流動資産および非継続事業　131
　　④複数契約　132
6　間接所有等……………………………………………………………134
　　①間接所有に係る資本連結　134
　　②複数の子会社による株式の相互持合　134
7　債務超過の子会社……………………………………………………136
　　①原則　136
　　②損失負担契約の存在　136
　　③持分法との相違　137
　　設例1　親会社による非支配持分の取得　138
　　設例2　段階取得：金融資産⇒子会社　141
　　設例3　追加取得・一部売却：子会社⇒子会社　143
　　設例4　処分：子会社⇒関連会社または金融資産　148

第5章　内部取引の相殺消去

1　連結会社間の取引高、債権・債務の相殺消去……………………155
　　①連結会社間の残高に不一致がある場合　157
　　②貸倒引当金の調整　157
　　③未実現利益　157
　　④配当金の認識　159
　　設例1　棚卸資産に含まれる未実現利益：ダウン・ストリーム　160
　　設例2　棚卸資産に含まれる未実現利益：アップ・ストリーム　161

設例3 償却性資産に含まれる未実現利益　162

第6章　関連会社または共同支配企業に対する投資

1 持分法の意義……………………………………………………………… 167
　① 持分法の意義　167
　② 連結との類似点および相違点　167

2 持分法適用範囲………………………………………………………… 170
　① 持分法適用範囲　170
　② 関連会社　171
　③ 重要な影響力　172
　④ 適用開始日　175
　⑤ 重要な影響力の喪失―持分法適用の中止　175

3 持分法を適用する財務諸表………………………………………… 176
　① 概要　176
　② 決算日の統一　177
　③ 会計方針の統一　177

4 持分法適用の開始…………………………………………………… 178
　① 当初投資の認識　178
　② のれんに対する会計処理　180
　③ 売却目的保有に分類していた投資が関連会社になる場合　180
　④ 一部を売却目的保有に分類する場合　181

5 持分法適用の会計処理……………………………………………… 182
　① 損益およびその他の包括利益の按分　182
　② 関連会社または共同支配企業からの配当　183
　③ 債務超過に陥った関連会社または共同支配企業　183

6 持分の変動……………………………………………………………… 185
　① 持分法の継続　185

2 持分法の中止　188
7　関連会社および共同支配企業との取引……………………………………190
　　1 未実現損益の消去　190
　　2 グループ間残高　190
　　3 非貨幣性資産の拠出　191
8　減損……………………………………………………………………………192
　　1 概要　192
　　2 減損テスト単位　192
　　3 減損の兆候　192
　　4 減損テストおよび減損の認識　193
　　5 減損の戻入　193
　　設例1 　持分法の適用　195
　　設例2 　段階的取得により関連会社になる場合（金融商品⇒関連会社）　197
　　設例3 　関連会社株式の追加取得　持分法継続および支配獲得　199
　　設例4 　関連会社株式の処分（関連会社⇒関連会社または金融商品）　203

第7章　共同支配の取決め

1　共同支配……………………………………………………………………209
　　1 適用範囲　209
　　2 一般的なジョイント・ベンチャーという用語との相違　210
2　共同支配の取決めの識別…………………………………………………211
　　1 共同支配の取決め　211
　　2 契約上の取決め　211
　　3 共同支配を有している　212
　　4 判定する単位　215
　　5 継続的な見直し　215

3　共同支配の取決めの分類 …………………………………………… 216
　1 Step1：独立したビークル　217
　2 Step2：ビークルの法的形態　218
　3 Step3：契約上の取決めの諸条件　218
　4 Step4：その他の事実および状況　220
4　会計処理 ……………………………………………………………… 222
　1 共同支配の取決めにおける共同支配者　222
　2 共同支配の取決めにおける他の当事者　223
　設例1　法的形態の独立性判断　224
　設例2　その他の事実および状況による判断　226
　設例3　契約上の取決め　230

第8章　企業結合会計

1　企業結合会計 ………………………………………………………… 235
　1 企業結合の定義　235
　2 企業結合に該当しない取引　237
2　Step1：事業の取得か否か …………………………………………… 238
　1 事業の定義　238
　2 事業の3要素　238
　3 支配の獲得手法　239
3　Step2：取得企業の識別 ……………………………………………… 241
　1 取得企業の識別　241
　2 逆取得　243
4　Step3：取得日の決定 ………………………………………………… 244
5　Step4：被取得企業の識別可能資産、引受負債の認識および測定 … 245
　1 取得資産および引受負債等の認識要件　245
　2 企業結合を構成する取引の判定　248

3企業結合で識別した取得資産と引受負債の分類と指定　250
　　4測定　251
　　5特定資産に対するガイダンス　252
　　6認識および測定原則の例外　254
6　Step5：引渡対価の測定 …………………………………………………… 257
　　1引渡対価の測定　257
　　2引渡対価にその他の資産が含まれる場合　257
　　3取得が複数の取引により達成された場合　258
　　4条件付対価　258
7　Step6：のれんおよび非支配持分の認識および測定 ……………… 261
8　Step7：企業結合後の会計処理 …………………………………………… 262
　　1取得日時点の暫定処理　262
　　2測定期間　262
　　3暫定金額の修正　262

第9章　法人所得税

1　税効果会計 ……………………………………………………………………… 267
　　1法人税等の性格　267
　　2税法と財務会計と目的の相違　267
　　3確定決算の原則　268
　　4繰延法と資産負債法　269
　　5資産負債法を採用した背景　270
　　6繰延税金の資産および負債性　271
2　範囲 ……………………………………………………………………………… 272
　　1目的　272
　　2税効果会計の処理フロー　273
　　3対象となる法人所得税の範囲　273

4 不確実な税務ポジション　274
3　Step1：税務基準額　275
1 税務基準額　275
2 連結財務諸表の場合　276
3 持分法の場合　276
4　Step2：一時差異の把握　277
1 一時差異　277
2 繰越欠損金と繰越税額控除　277
3 永久差異　278
4 企業結合および連結決算固有の一時差異　279
5　Step3：繰延税金資産および負債の認識　282
1 繰延税金資産および負債の認識要件　282
2 繰延税金資産の回収可能性の検討　283
3 解消する時期のコントロール　285
6　Step4：繰延税金資産および負債の測定　286
1 繰延税金資産および負債の計算　286
2 法定実効税率　286
3 実効税率の改定　287
4 割引計算　287
5 未実現利益の消去　287
7　Step5：繰延税金残高の増減　288
1 原則　288
　設例1　子会社の留保利益に係る税効果　289
　設例2　累積為替差額に係る税効果　291
　設例3　関連会社の留保利益に係る税効果　292

第10章　外貨換算

1　概要 …………………………………………………………………………… 295
2　機能通貨の決定 ……………………………………………………………… 296
　1 機能通貨による記帳　296
　2 機能通貨　296
　3 判定指標　297
　4 機能通貨の継続適用および変更　298
3　外貨建取引の機能通貨への換算 …………………………………………… 299
　1 貨幣性項目および非貨幣性項目　299
　2 取引発生時（当初認識）　300
　3 報告日（当初認識後）　300
　4 決済日　301
4　表示通貨への換算 …………………………………………………………… 302
　1 機能通貨が超インフレ経済下の通貨でない場合　302
5　連結手続における換算 ……………………………………………………… 304
　1 異なった決算日の在外営業活動体の財務諸表　304
　2 のれんおよび公正価値評価差額　304
　3 非支配持分に帰属する累積為替差額　305
　4 持分比率の変動と累積為替差額　305
　5 評価減　307
　6 在外営業活動体に対する純投資額を構成する貨幣性項目　307
　7 グループ間取引に関する為替差額　308
　8 累積為替差額に対する税効果　308
　　設例1　子会社：持分の変動（累積為替差額およびその他の包括利益
　　　　　―有価証券評価差額）　309
　　設例2　関連会社：持分の変動（累積為替差額およびその他の包括利益
　　　　　―有価証券評価差額）　318

第11章 減損会計

1 減損会計とは……………………………………………………… 325
1 減損会計　325
2 減損損失の認識基準　326

2 適用範囲および手順……………………………………………… 327
1 適用範囲　327
2 減損手続の処理手順　328

3 減損判定単位の識別……………………………………………… 330
1 減損判定単位　330
2 資金生成単位　331
3 のれん　332
4 全社資産　333

4 減損の兆候の識別………………………………………………… 336
1 減損テストの実施頻度と実施時期　336
2 減損の兆候—減損している可能性のある資産の識別　337

5 回収可能価額の見積り（減損テスト）………………………… 339
1 回収可能価額　339
2 回収可能価額の測定—処分費用控除後の公正価値　340
3 使用価値　340

6 減損損失の認識および測定……………………………………… 345
1 個別資産の場合　345
2 資金生成単位、のれんおよび全社資産　345
3 減価償却の見直しの検討　348
4 税効果の認識　348

7 減損損失の戻入…………………………………………………… 349
1 減損損失の戻入の兆候　349
2 のれんに対する減損損失の戻入　349

3 減損損失の戻入　350
　　4 減価償却手続　351
8　非支配持分が存在する資金生成単位の減損テスト……………… 352
　　1 非支配持分の測定方法と減損テスト　352
　　2 減損損失の親会社および非支配持分間の配分　353
　　3 減損損失の認識　353
　　設例1　資金生成単位の減損　354
　　設例2　非支配持分が公正価値で測定されている場合の
　　　　　のれんの減損損失の配分　355
　　設例3　非支配持分が純資産持分割合で測定されている場合の
　　　　　減損テスト　356
　　設例4　子会社が単独の資金生成単位の場合：非支配持分を公正価値で
　　　　　測定する場合　358
　　設例5　子会社が大きな資金生成単位の一部である場合：非支配持分を
　　　　　公正価値で測定する場合　360

第12章　公正価値測定

1　IFRS第13号の位置づけ ……………………………………………… 365
　　1 概要　365
　　2 公正価値の定義および特徴　366
　　3 評価技法の利用　369
　　4 公正価値ヒエラルキー　370

索引　372

<略語一覧>

本書において引用した基準書等について、以下の略称を用いて表記した。

◎2010年9月に公表された「財務報告に関する概念フレームワーク」:概念フレームワーク

◎2013年12月31日現在において公表されている基準書および解釈指針

国際財務報告基準(IFRS)

号数(略称)	表題
IFRS第1号	国際財務報告基準の初度適用
IFRS第2号	株式に基づく報酬
IFRS第3号	企業結合
IFRS第4号	保険契約
IFRS第5号	売却目的で保有する非流動資産および非継続企業
IFRS第6号	鉱物資源の探査および評価
IFRS第7号	金融商品:開示
IFRS第8号	事業セグメント
IFRS第9号	金融商品
IFRS第10号	連結財務諸表
IFRS第11号	共同支配の取決め
IFRS第12号	他の企業への関与の開示
IFRS第13号	公正価値測定

国際会計基準（IAS）

号数（略称）	表題
IAS第1号	財務諸表の表示
IAS第2号	棚卸資産
IAS第7号	キャッシュ・フロー計算書
IAS第8号	会計方針、会計上の見積りの変更および誤謬
IAS第10号	後発事象
IAS第11号	工事契約
IAS第12号	法人所得税
IAS第16号	有形固定資産
IAS第17号	リース
IAS第18号	収益
IAS第19号	従業員給付
IAS第20号	政府補助金の会計処理および政府援助の開示
IAS第21号	外国為替レート変動の影響
IAS第23号	借入コスト
IAS第24号	関連当事者についての開示
IAS第26号	退職給付制度の会計および報告
IAS第27号	個別財務諸表
IAS第28号	関連会社および共同支配企業に対する投資
IAS第29号	超インフレ経済下における財務報告
IAS第32号	金融商品：表示
IAS第33号	1株当り利益
IAS第34号	期中財務報告
IAS第36号	資産の減損
IAS第37号	引当金、偶発負債および偶発資産
IAS第38号	無形資産
IAS第39号	金融商品：認識および測定
IAS第40号	投資不動産
IAS第41号	農業

解釈指針

号数（略称）	表題
IFRIC 第1号	廃棄、原状回復およびそれらに類似する既存の負債の変動
IFRIC 第2号	協同組合に対する組合員の持分および類似の金融商品
IFRIC 第4号	契約にリースが含まれているか否かの判断
IFRIC 第5号	廃棄、原状回復および環境再生ファンドから生じる持分に対する権利
IFRIC 第6号	特定市場への参加から生じる負債―電気・電子機器廃棄物
IFRIC 第7号	IAS 第29号「超インフレ経済下における財務報告」に従った修正再表示アプローチの適用
IFRIC 第10号	期中財務報告と減損
IFRIC 第12号	サービス委譲契約
IFRIC 第13号	カスタマー・ロイヤルティ・プログラム
IFRIC 第14号	IAS 第19号　確定給付資産の上限、最低積立要件およびそれらの相互関係
IFRIC 第15号	不動産の建設に関する契約
IFRIC 第16号	在外営業活動体に対する純投資のヘッジ
IFRIC 第17号	所有者に対する非現金資産の分配
IFRIC 第18号	顧客からの資産の移転
IFRIC 第19号	資本性金融商品による金融負債の消滅
IFRIC 第20号	露天掘り鉱山の生産局面における剥土コスト
IFRIC 第21号	賦課金
SIC 第7号	ユーロの導入
SIC 第10号	政府援助―営業活動と個別的な関係がない場合
SIC 第15号	オペレーティング・リース―インセンティブ
SIC 第25号	法人所得税―企業または株主の課税上の地位の変化
SIC 第27号	リースの法形式を伴う取引の実質の評価
SIC 第29号	サービス委譲契約：開示
SIC 第31号	収益―宣伝サービスを伴うバーター取引
SIC 第32号	無形資産―ウェブサイト費用

第1章
連結財務諸表

- 連結財務諸表は連結報告日における単一の企業集団としての財務諸表であり、親会社と子会社の個別財務諸表を合算して作成することから、子会社の決算日は連結報告日と一致し、かつ、統一された会計方針を用いて作成する。
- 企業集団は、親会社およびそのすべての子会社から構成される。
- IFRSは、概ね経済的単一体説に沿った体系となっている。
- 企業集団の親会社は、連結財務諸表を作成しなければならないが、親会社が投資会社である場合、その子会社を連結するのではなく、IAS第39号またはIFRS第9号を適用し純損益を通じて公正価値で測定する。
- 法的な事業体よりも細分化したレベルで支配が存在する場合、その一部が連結対象となる場合がある。

1 　連結財務諸表の概要

1　連結財務諸表

　現代の企業は、企業活動の多角化・国際化を図るためや、事業分野における専門性の向上や競争力を高め効率的な経営を実現するために、独立した企業ではなく親会社とその支配下にある子会社という形で企業集団を形成し、事業活動を展開することがある。

　企業集団[1]の形成にあたり、例えば、企業内部の一部門を独立させ子会社化する、新規事業を始めるために新たに子会社を設立する、別の会社の株式を取得し支配下に従属させたりする場合がある。これら企業集団を構成する個々の会社は、法律上はそれぞれ別個の実体であるが、企業集団を構成する親会社と子会社の間には支配従属関係があることから、個々の企業という枠を超えて実質的には1つの組織体として取り扱うことがその経済的実態に合致している。個々の法的実体を1つの財務報告を行う単位とする財務諸表が個別財務諸表または単体財務諸表であり、法律上は独立した単位であるが支配従属関係にある親会社と子会社を経済的に1つの単位とする財務諸表が連結財務諸表である。

　連結財務諸表とは、親会社を頂点とした支配従属関係のある複数の子会社から構成される企業集団を単一の経済的実体として、経営成績や財政状態の結果を表示するために親会社が作成する財務諸表をいう（IAS27.4）。この連結財務諸表は、法律上の企業単位を超えて企業集団の実態を示し、投資家に対して投資判断に有用な情報を提供することを目的としている。

1　IFRS では、企業集団は親会社および子会社から構成され、持分法を適用する関連会社は子会社と異なり企業集団の外に位置するものとして定義している（IFRS10. 付録 A）。

図表1－1　連結財務諸表

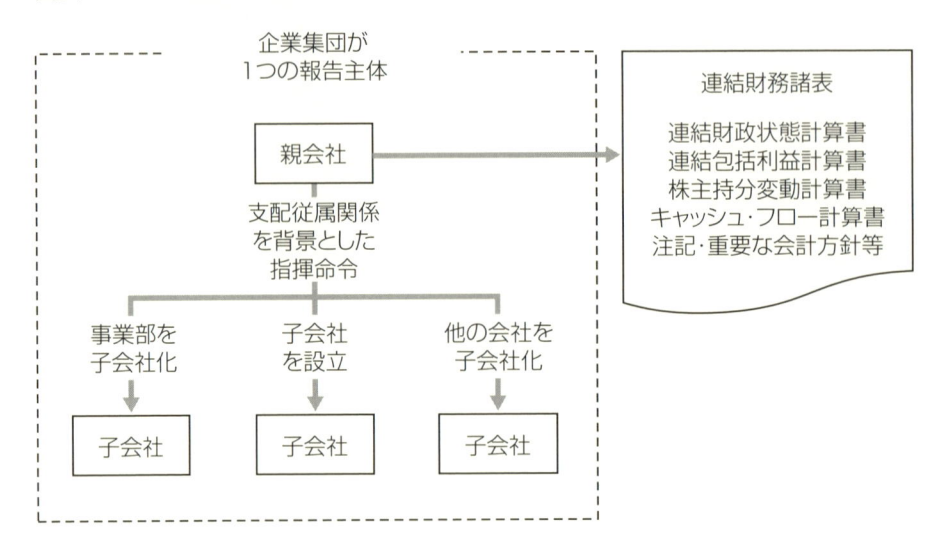

```
                    企業集団が
                    1つの報告主体
┌ ─ ─ ─ ─ ─ ─ ─ ─ ─ ─ ─ ─ ─ ─ ─ ─ ─ ┐
│         ┌──────┐                    │         ┌──────────────┐
│         │ 親会社 │ ───────────────────────→ │ 連結財務諸表      │
│         └──────┘                    │         │ 連結財政状態計算書│
│         支配従属関係                │         │ 連結包括利益計算書│
│         を背景とした                │         │ 株主持分変動計算書│
│         指揮命令                    │         │ キャッシュ・フロー計算書│
│   ┌────────┼────────┐              │         │ 注記・重要な会計方針等│
│ 事業部を  子会社  他の会社を        │         └──────────────┘
│ 子会社化  を設立  子会社化          │
│   ↓        ↓        ↓              │
│ ┌────┐ ┌────┐ ┌────┐               │
│ │子会社│ │子会社│ │子会社│          │
│ └────┘ └────┘ └────┘               │
└ ─ ─ ─ ─ ─ ─ ─ ─ ─ ─ ─ ─ ─ ─ ─ ─ ─ ┘
```

　また、連結財務諸表は、親会社が業績を良好に見せる目的で支配従属関係を悪用し、子会社への損失の付け替えといった子会社を利用した粉飾決算の防止に役立つ財務諸表という性格をもつ。

2 連結基礎概念

　誰の立場から何を目的として連結財務諸表を作成するかという理論的枠組みを「連結基礎概念」という。この連結基礎概念には、大きく「親会社説」と「経済的単一体説」という相対する2つの考え方がある。両者の間には、連結財務諸表の作成目的、連結決算手続の全般にわたり会計処理に差異があることから、基礎概念により連結財務諸表上の会計数値および表示に違いが生じる。IFRSは、親会社説と経済的単一体説のどちらを採用するかについて検討[2]していないが、概ね経済的単一体説に沿った体系といえる。

---

[2] 非支配持分との取引を資本取引として取り扱うことを求めているが、これは非支配持分が資本であることの帰結であって、経済的単一体説を採用したことを意味しない（IFRS10.BCZ170）。

(1) 親会社説

　親会社説では、支配従属関係にある会社から構成される企業集団は、究極的には親会社の株主によって支配されていると考える。このため、連結財務諸表は、親会社の株主のために作成し、親会社の株主の観点から会計処理をする。親会社以外の株主は企業集団の意思決定に関与できないため企業集団の株主でもなく、またその出資持分は返済義務のある負債ではないことから、負債と資本の中間的な位置づけとなる。親会社説では、連結財務諸表は企業集団を支配する親会社の経営成績と財政状態の実態を把握するという社会的要請に起因した財務諸表であること、および親会社以外の株主にとっては、自らが投資を行っている個別企業自体の個別財務諸表が一義的に重要であって企業集団全体の連結財務諸表の利用価値は小さいと考える。このため、親会社株主とそれ以外の株主とを同等に扱うことは、かえって連結財務諸表の利用価値を低めることになるとの立場に基づく概念である。

(2) 経済的単一体説

　経済的単一体説では、企業集団を構成するすべての会社を1つの経済的単位とみなす。この経済的単一体説では、連結財務諸表は、企業集団の財務諸表そのものであり、企業集団全体の出資者の観点から会計処理し、企業集団の利害関係者のために作成することが目的となる。企業集団を1つの経済的単位とみなし、親会社以外の株主も親会社と同様に企業集団に対して返済不要の資金の提供者であることから、親会社以外の株主も親会社と同等に扱う。経済的単一体説は、特定の資本提供者に対してだけでなく企業集団に対するすべての資本提供者に対して意思決定に有用な情報を提供することを重視する立場に基づいており、非支配持分と親会社持分を資本として扱い、異質なものとして扱わない。

図表1-2 親会社説と経済的単一体説の対比

	親会社説	経済的単一体説
前提	親会社株主の利益・立場を重視	企業集団は1つの経済単位
	子会社の親会社株主持分を強調し、子会社に対する親会社の投資を、子会社の資産および負債に置き換えて連結財務諸表を作成する。	単一の経営者によって企業集団が支配され、単一の集団として事業を営んでいる親会社と子会社の集合体についての情報を提供するのが連結財務諸表である。
親会社とその他の株主の関係	利害対立関係	利害が一致する関係
報告主体	親会社	企業集団そのもの
報告先	親会社の株主	親会社と一般投資家
連結の範囲	所有比率基準	支配力基準
親会社以外の株主持分（非支配持分）の性格	負債または負債と資本の中間項目	資本の1項目
のれんの認識	買入れのれん （親会社持分部分のみののれん）	全部のれん （非支配持分にものれんがある）
子会社の資産・負債の時価評価方法	部分時価評価法	全面時価評価
持分変動	損益取引 親会社と外部の第三者である非支配持分との取引とみなし、売買損益を計上する。	資本取引 非支配持分も資本の一部であり、一部売却は連結においては資本取引となり、売却損益を計上しない。
当期純利益	親会社の株主に帰属する損益を表示	親会社株主以外の株主に帰属する利益も含んだ利益を表示
未実現損益の消去方法		
ダウンストリーム	親会社持分相当額消去	全額消去・親会社負担
アップストリーム	親会社持分相当額消去	全額消去・持分比率按分
財務諸表の表示		
財政状態計算書	資産 ｜ 負債／少数株主持分／純資産	資産 ｜ 負債／純資産（親会社帰属分）（非支配持分帰属分）
包括利益計算書	… 少数株主調整前当期利益　XXX 控除　少数株主持分損益　XXX 当期純利益　XXX	… 当期純利益　XXX 内訳 　親会社帰属分　XXX 　非支配持分帰属分　XXX

3 IFRS の企業結合および連結会計の特徴

(1) 企業結合会計として取得法のみ採用

　企業結合とは、一般的には M&A (Mergers & Acquisitions) と呼ばれるもので、2つ以上の企業が統合し、1つの企業になることをいう。この企業結合には、合併・株式交換、会社分割、営業譲渡等の様々な形態がある。企業結合後に残る企業を取得企業、企業結合後になくなる企業を被取得企業という。企業結合に関係する企業を結合企業という。この企業結合の会計処理方法には図表1－3に示すように、当事者である企業のうち取得企業が被取得企業を購入したと考える「取得法（またはパーチェス法）」、企業結合のすべての当事者の持分（投資）が継続していると考える「持分プーリング法」および新たな企業が設立されたと考える「フレッシュスタート法」の3つの会計処理方法がある。

図表1－3　企業結合に関する理論上の会計処理手法の種別

会計処理方法	企業結合の捉え方および内容		企業結合後	
			取得企業	被取得企業
取得法	取得	企業結合により被取得企業の株主の投資の継続が断たれ、投資の清算および再投資が行われたと考える。	帳簿価額	公正価値
持分プーリング法	持分の結合（継続）	企業結合するすべての企業の持分が継続していると考える。取得企業の決定ができない。	帳簿価額	帳簿価額
フレッシュスタート法	新たな企業の設立	企業結合するすべての企業の持分の継続がいったん断たれ、すべての投資者がいったん投資を清算し、再投資を行ったと考える。	公正価値	公正価値

「取得」と「持分の結合」という異なる経済的実態を有する企業結合について、それぞれ別々の会計処理方法を適用するという考え方があるが、IFRSでは、様々な形態を取るにしても企業結合の本質は、ある企業が「資産または持分」を「他の企業の資産（または事業）に対する支配」と交換する取引であると捉え、また図表１－４に示す論拠をもとに、すべての企業結合について「取得法」を適用する。

図表１－４　取得法を選択した論拠

①　比較可能性を担保する	類似した企業結合が異なる方法による会計処理を容認すると、会計情報の比較可能性が損なわれる。
②　経営者の裁量の余地をなくす	持分プーリング法は取得法に比べ企業結合後の費用負担が軽減される傾向があり、実質的に同一の取引に２つの会計処理を認めることは経営者にとって望ましい結果となるように経営者の裁量の余地が生じる。
③　企業結合によって持分は変質している	企業結合後に株主が有するリスクと便益は結合前のものと同一ではなく、資産および負債の帳簿価額を引き継ぐ持分プーリング法は企業結合に対する持分を適切に反映しない。
④　公正価値が投資意思決定に有用な情報である	取得法であれば、被取得企業の資産および負債は取得日の公正価値で評価され、企業結合の結果として結合企業から生じると期待される将来キャッシュ・フローの性質、時期および範囲を評価できる。
⑤　交換取引である	企業結合の経済的実質は交換取引であり、取得法は交換取引において交換された項目の公正価値で会計処理するという一般的な会計原則と整合している。

(2)　フレッシュスタート法

　極めて稀なケースとして、相対的に同一規模である同格の企業同士による真の対等合併がある。この場合、どの結合企業も取得企業とはいえない。誰も取得企業とはいえない企業結合は、両方の結合企業にとっても新規の投資と同じといえる。IFRSは、このような取得企業が識別できない企業結合もあり得ることを認識している。

　同格の企業同士が結合し以前の企業とはまったく異なった新しい企業を組成する企業結合には、図表１－３に示すようにフレッシュスタート法という会計処理の適用が考えられる。しかし、この会計処理を実際に適用する際に

は、同格の企業同士の結合であって従来とは異なったまったく新しい企業を組成したと判断する基準やのれんの算定方法等を明確にしなければならない。しかし、それらは明確になっていない。このため、IFRS第10号の結論の根拠において、取得会社を識別できない企業結合には持分プーリング法よりもフレッシュスタート法による会計処理が適切である可能性が高いことに言及しているが、その適用を認めていない。

(3) 単一の支配モデル

連結決算の際に、まず支配関係にある連結子会社の範囲を決定する。一般的な、連結子会社の判定基準には、「持株基準」と「支配力基準」がある。

投資先が典型的な事業を営む上場株式会社の場合は、株主総会や取締役会等といった投資先の意思決定機関が明確となっている。このため、このような投資先には持株基準や持株割合に持株割合以外の要素を加味した支配力基準を適用し、意思決定機関に対する支配の有無を判定できる。これに対し、事業の範囲を明確に限定し、粛々と事前に取り決められた業務の遂行を目的として設立された事業体（特別目的事業体）では、日々の意思決定が必要となる範囲が狭いことから継続的な意思決定機関が存在しないか、または機能しないように設計されている場合がある。このような事業体に対しては、持株基準や支配力基準によって意思決定機関に対する支配を判断できないため、その事業体から生じる便益の享受者およびリスクの負担者の分析によってその事業体の支配者を推定する「リスク・経済的便益基準」を適用する。

このような投資先の形態や性質によってそれぞれ異なった基準により支配の判定をする体系では、支配の有無を判定する際にどの基準を適用するのかの判断が難しく、適用する基準によって結果が異なるといった実務上の運用において課題が生じていた。この実務上の課題を解決するために、IAS第27号およびSIC第12号に含まれていた支配判定基準を置き換える形で、IFRS第10号が公表された。IFRS第10号では、投資先の形態や性質に関わらず、単一の支配モデルに従って支配の有無を判定する体系となっている。

図表1-5　支配の判定基準の変遷

支配判定基準	基準書	内容	適用する投資先
持株基準	IAS第27号	議決権の保有割合に基づき、過半数超の議決権の保有の有無で判定	株式会社等
支配力基準		議決権＋ヒト・モノ・カネ等の議決権以外の要素を加味し、支配を判定	
リスク・経済的便益基準	SIC第12号	事業体から生じる経済的便益およびリスクの大半の享受者または負担者を分析し判定	会社に準ずる事業体等

| 支配モデル | IFRS第10号 | ・単一の支配モデルを定め、その要件に基づき判定 | 事業体の形態を問わない |

(4) 支配の獲得および喪失の会計処理

　支配の獲得および喪失は、従前とは異なった投資者と投資先の関係が始まることから、投資の性質を大きく変える重要な経済事象であると捉える。このことから、支配の変化を伴う前後の取引の間に、あたかもいったん既存の投資を清算し新たに再投資したかのように、既存の投資を支配獲得時に一括して公正価値で測定し、その評価差額を純損益として認識する。また、支配を獲得した投資先の資産および負債のすべてを公正価値で測定する。「支配獲得後の親会社による非支配持分の追加取得」および「支配喪失を伴わない持分売却」はすべて非支配持分との資本取引として会計処理し、また、それらの取引からのれんを認識せず、資産および負債について公正価値による再評価はしない。

4 IFRSにおける投資に係る基準書

　連結財務諸表、合併、買収および売却といったM＆Aでの組織再編行為に関連した会計基準には、IFRS第3号およびIFRS第10号がある。新たに他の企業に対する支配を獲得する取引にはIFRS第3号を適用し、支配を獲得

したかどうかの判定とその後の結果を報告する連結財務諸表にはIFRS第10号を適用する。IFRS第10号で規定されている支配モデルを適用することで他の企業の支配を獲得する取得企業を判定するが、その支配モデルを適用するための追加ガイダンスがIFRS第3号に設けられている。IFRSにおける投資の会計に係る基準書の体系は、**図表1－6**のとおりである。

図表1－6　基準書の体系

基準書	内　容
IFRS第3号	企業結合の会計処理
IFRS第10号	単一の支配モデルによる支配の判定 連結固有の会計処理
IAS第28号	重要な影響力を行使できる投資先への投資の会計処理
IFRS第11号	共同支配の判定 共同支配事業と共同支配企業の会計処理
IAS第39号／IFRS第9号	上記以外の投資の会計処理

これら基準書の相互関係は、**図表1－7**のとおりである。

■第1章 連結財務諸表

図表1－7　基準書の相互関係

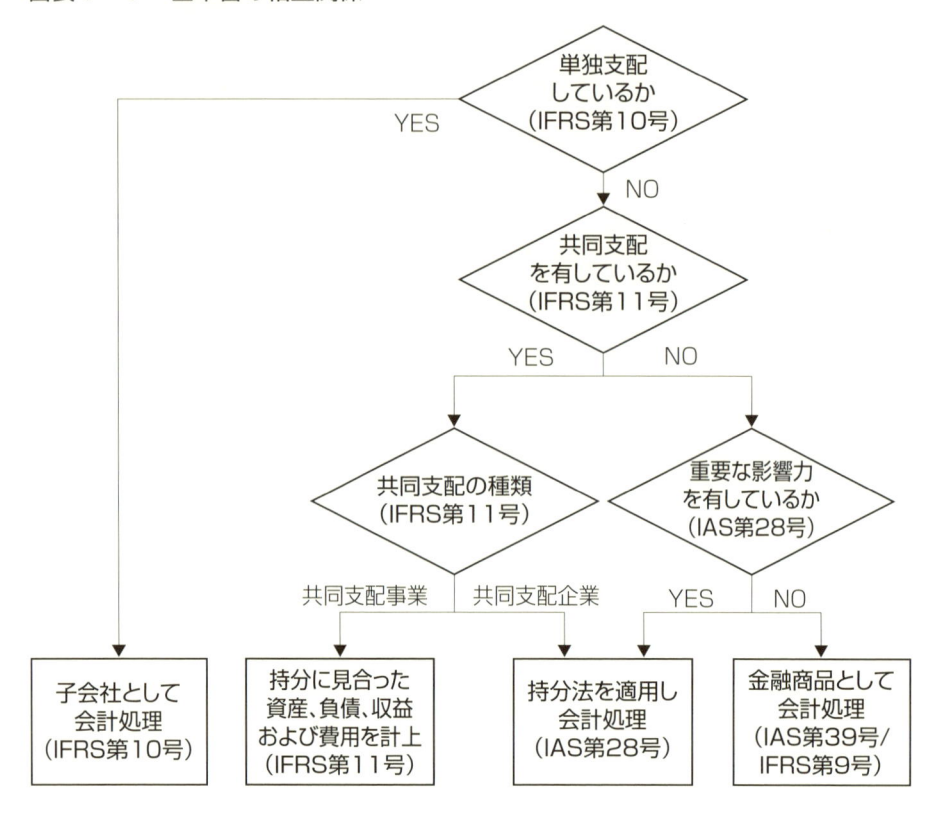

```
                          ┌─────────────┐
                          │  単独支配    │
                          │ しているか   │
              YES         │(IFRS第10号)  │
        ┌─────────────────┤             │
        │                 └──────┬──────┘
        │                        │ NO
        │                 ┌──────▼──────┐
        │                 │  共同支配    │
        │                 │ を有しているか│
        │                 │(IFRS第11号)  │
        │                 └──┬───────┬──┘
        │               YES │       │ NO
        │            ┌──────▼──┐  ┌─▼──────────┐
        │            │共同支配の│  │重要な影響力 │
        │            │  種類    │  │を有しているか│
        │            │(IFRS第11号)│ │(IAS第28号) │
        │            └─┬──────┬─┘  └─┬────────┬─┘
        │    共同支配事業│   │共同支配企業 YES│  │NO
        ▼              ▼   ▼              ▼  ▼
┌──────────┐  ┌──────────┐ ┌──────────┐ ┌──────────┐
│子会社として│  │持分に見合った│ │持分法を適用し│ │金融商品として│
│ 会計処理  │  │資産、負債、収益│ │ 会計処理   │ │  会計処理  │
│(IFRS第10号)│  │および費用を計上│ │(IAS第28号) │ │(IAS第39号/ │
│           │  │(IFRS第11号) │ │           │ │ IFRS第9号) │
└──────────┘  └──────────┘ └──────────┘ └──────────┘
```

2 連結財務諸表作成要件

1 作成要件

　親会社とは、1つ以上の子会社を保有する企業をいう。子会社とは、親会社に支配されている会社（パートナーシップ等法人格のない企業を含む）すなわち被支配会社をいう（IAS27.4）。企業集団の親会社は、すべての子会社に対する投資を連結した連結財務諸表を作成する。ただし、以下の条件のすべてに該当する場合にのみ、連結財務諸表を作成しないことが認められている（IAS27.4）。

- 親会社自身が他の企業に100％所有されている完全子会社、または一部を所有されている子会社であり、議決権のない株主を含む株主に対し、親会社が連結財務諸表を作成しないことに関して通知し、他の所有者からの異議申立てがない場合
- 親会社の負債または持分証券が公開市場（国内、海外市場または店頭市場等）で取引されていない場合
- 親会社は公開企業ではない、または公開する過程にもない場合
- 親会社の最上位／中間的な親会社が、IFRSに準拠した連結財務諸表を公表している場合
- 親会社が投資企業に該当する場合（本章 3 投資企業を参照）

　IFRS第10号は、子会社の連結除外の根拠を許容していない。例えば、以下の事象を根拠に子会社を連結から除外することを認めていない（IFRS10.BCZ20-28）。

- 一時的な支配である。
- 資金を親会社に送金する能力を損なう長期の厳しい制限が存在する。
- 子会社が営む事業が親会社およびグループ内の他の企業と本質的に異なる。

2 投資先の一部である特定の資産

(1) 概要

通常、法的な事業体を単位に支配の有無を判断する。しかし、法律および契約上の取決めに基づいて投資先の全体ではなく一部分（特定の資産と負債）に対して持分を有している場合がある。この、持分を有している投資先の一部分が別個のみなし事業体である場合、当該別個のみなし事業体に対して支配を有しているかどうかを判断する。その結果、支配を有している場合、投資先の当該部分を連結する。

図表1－8　みなし事業体の概要

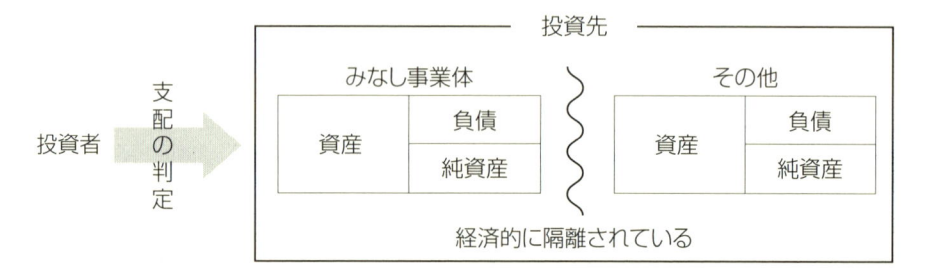

(2) みなし事業体の識別

みなし事業体は、その一部が投資先の全体から分離または分断されているかどうかによって判断する。全体から一部分が分離または分断されていると判断するには、以下の要件を満たす必要がある（IFRS10.B77）。

- 投資先の特定の資産（関連する信用補完を含む）は、特定の負債または特定の他の持分を決済するために用いられる唯一の原資となっている。
- その特定の負債を有する者以外は、その特定の資産からの残余キャッシュ・フローに関連する権利または義務を有しない。

これらの要件を満たす場合、他の残りの投資先は実質的にみなし事業体の資産からリターンを享受できず、みなし事業体の負債は残りの部分から返済

されることはないため、みなし事業体の資産、負債および資本のすべては、投資先の全体から分離または分断されていることになる。このため、みなし事業体が識別された場合、それを1つの事業体であるとみなし、支配の有無を個別に判断する。

3 投資企業

1 背景

　一般的な投資企業とは、起業段階や成長段階にあるベンチャー企業の未公開株式を取得し、営業支援、経営管理に関する助言といったハンズオン支援等を通じて企業価値を高め、株式公開時に保有株式を売却することで利益を実現させるなどのキャピタルゲインを得ることを目的としたベンチャー・キャピタルやファンドなどをいう。このような事業を行う投資企業には、以下の特徴がある。

- 投資先の事業を企業集団の事業として行うことが目的ではなく、キャピタルゲインを得ることが事業目的である。
- 投資先の価値向上を図るために投資先の経営に関与し、また相当程度の持分比率を保有するため、支配を有していることに該当する要件を満たすことがある。
- 投資企業に対する投資者は、投資企業を自身の投資の管理者と捉え、投資企業を通じて投資そのものを見ることを望んでいる。

　このため、IFRS第10号では、投資企業が支配している投資先の連結情報（投資企業が投資先の資産および負債を合算した財務情報）よりも公正価値測定により得られる情報が有用な情報を提供するという考えに基づき、連結の例外規定を設けている。連結の例外を設けるにあたり、どのような場合に投資企業となるのか、投資企業はその投資をどのように会計処理するのか、および投資企業の親会社が存在する場合、投資企業に対する連結の例外規定をその親会社に引き継げるかどうかを明確にしている。

　連結の例外とする判断基準には、投資の性質や特徴に基づいて個々の投資を判断単位とするアプローチと、投資者をその判断単位とするアプローチが

ある。個々の投資を判断の単位とする場合、連結の範囲を著しく広げることになり不適切な例外規定の適用を招くおそれがあること、および投資企業は特有の事業モデルを有していることから、企業を単位として連結の例外を判断するアプローチを採用している。

また、投資企業の定義および典型的な特徴を明示し、投資企業の適格性についてそれらを形式的に満たしているかどうかではなく実質的な判断を求めることで、企業集団内での投資企業の濫用（例えば、親会社が子会社として投資企業を設立し、連結の例外規定を適用し連結から除外すること）を防止する体系となっている。

投資企業の定義を満たす可能性がある企業には、プライベート・エクイティ企業、ベンチャー・キャピタル企業、年金基金、ソブリン・ウェルス・ファンドおよびその他の投資ファンドがある。

図表1－9　投資企業のイメージと連結の例外規定

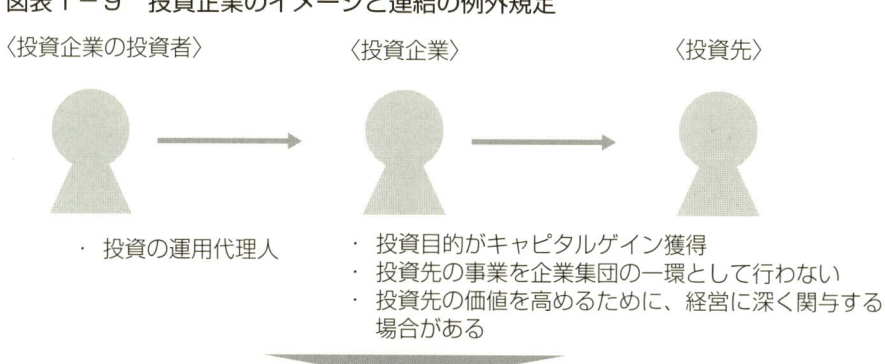

〈投資企業の投資者〉　　〈投資企業〉　　〈投資先〉

・投資の運用代理人

・投資目的がキャピタルゲイン獲得
・投資先の事業を企業集団の一環として行わない
・投資先の価値を高めるために、経営に深く関与する場合がある

投資企業の投資者にとって、投資先の資産・負債を合算した財務情報よりも、投資先の公正価値情報のほうが意思決定に有用である

2 概要

投資先を支配している場合、その投資先の形態および性質に関わらず連結することが原則である。しかし、報告企業が投資企業である場合、投資先を

支配している場合であっても、その投資先を連結するのではなく、その投資についてIFRS第9号またはIAS第39号を適用し、純損益を通じて公正価値で測定する。この連結の例外規定によって、投資企業と投資先の関係を支配企業と被支配企業という関係ではなく、投資企業による一種の金融資産への投資として会計処理することになる。ただし、投資企業が支配している投資先が投資企業の投資活動に関連するサービスを提供している場合には、連結の例外規定が適用されず当該投資先を子会社として連結する。

図表1-10　投資企業の連結の例外規定の概要

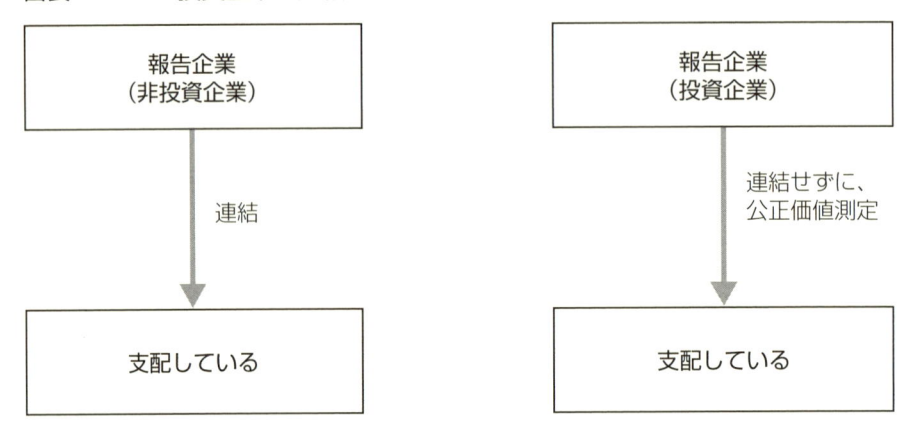

報告企業 （非投資企業）	報告企業 （投資企業）
↓連結	↓連結せずに、公正価値測定
支配している	支配している

3 投資企業の定義

　投資企業は、①投資管理サービス、②事業目的および③公正価値測定の3要件をすべて満たす必要がある。この投資企業の定義を満たすかどうかを判断する際に、①複数の投資先、②複数の投資者、③関連当事者でない投資者および④所有持分が資本または類似した形態であるという4つの投資企業の典型的な特徴を有しているかどうかを考慮する。これらの検討の際には、その企業の目的および設計を含むすべての事実と状況を勘案する（IFRS10.27, B85A, B85N）。

図表1−11　投資企業の定義および典型的な特徴

定義：3つの要件
① 投資管理サービス
② 事業目的
③ 公正価値測定

4つの典型的な特徴
① 複数の投資先
② 複数の投資者
③ 関連当事者でない投資者
④ 所有持分が資本または類似した形態

・定義の3つの要件のすべてを満たす必要がある。
・4つの典型的な特徴を有しているかどうかを考慮する。

　1つ以上の典型的な特徴が欠落している場合でも、そのことのみをもって投資企業の適格性は否認されない。この場合、投資企業であると判断した根拠の開示が必要である。

(1)　投資管理サービス

　投資企業を他の種類の企業と区別する基本的な要件の1つとして、単一または複数の投資者から資金を調達し、それらの投資者に投資管理サービスを提供していることが求められる。

(2)　事業目的

　企業の事業目的およびその実質的な活動が、資本増価、投資収益（配当または利息等）、またはその両方のためにのみ資金を投資することを投資者に対して明確に確約していることが求められる。目論見書、公表資料、設立趣意書などの書面によって示されている事業目的および投資目的がこの要件の典型的な根拠となる。これに対し、投資先と共同して製品開発、生産および販売が事業目的である場合、投資からのみならず開発、生産および販売からリターンを得るため、投資企業としての事業目的と整合しない（IFRS3.B85B）。

(2)-1　関連した事業

投資活動と投資活動以外のサービスの両方を行っている場合、投資企業の事業目的の要件との整合性が問題となる。自己のため、自己の投資者または外部の第三者に対する投資関連サービスの提供は、投資企業の投資活動の範囲内であり、投資関連サービス自体からの成果というよりは資本増価や投資収益の最大化を期待したものであることから、投資企業の事業目的と整合している。このことから、投資関連サービスが、自己または子会社により行われている場合でも、そのことのみをもって投資企業の適格性は否認されない。

同様に、投資先に対する財務的支援、経営管理サービスの提供という事業活動を行っている場合も、資本増価や投資収益以外の便益を得るのではなく、投資先の価値を最大化することが目的であれば投資企業の事業目的と整合している。このため、財務的支援等の事業活動が他の重要な事業活動および重要な収益源でない限り、投資企業の適格性は否認されない（IFRS10. B85E,BC240,BC241）。

ただし、投資企業の子会社が投資関連サービスまたは事業活動を行っている場合、その子会社は連結対象となる。

図表1-12　投資活動以外の投資に関連したサービスの提供または活動

	適格性の判断（IFRS10. B85C,B85D）
第三者や自己の投資家に対して投資関連サービス[*1]の提供	実質的な提供を行っていても、投資企業の事業目的と整合する。 • 投資事業の一環として行われていると考えられるため、実質的な活動（重要な収益の源泉）であってもよい • 第三者に実質的な投資関連サービスを提供するというだけでは、企業が投資企業の範囲から除外されることにはならない
投資先に対する投資に関連した事業活動[*2]	以下の両方を満たす状況であれば、投資企業の事業目的と整合する。 • 実質的な活動ではない（重要な収益の源泉となっていない） • 投資先からの投資収益を最大化する目的で実施されている場合に限る

*1 投資関連サービスとは、例えば、投資アドバイザリーサービス、投資管理、投資支援および管理サービスといった投資に関連したサービスをいう。
*2 投資に関連した事業活動とは、投資先の経営管理および戦略的助言サービスや財務的支援（貸付、資本、保証等）の提供をいう。

(2)-2　出口戦略

　投資企業は、資本増価や投資収益の獲得を目的として投資を保有することから、無期限に投資を保有することを前提としない。投資企業の事業目的と整合するためには、投資の処分可能性が高いことが必要条件となる。したがって、資本性金融商品（持分投資）および非金融資産投資など無期限に保有することが可能な投資については、資本増価等を実現する出口戦略を文書化によって明確にしていることが求められる。この出口戦略は、資本増価や投資収益の獲得という投資の性質の裏付けとなる。負債性金融商品への投資に関して満期日が確定している債券を満期まで保有することは出口戦略に該当する。個々の投資のそれぞれについて具体的な出口戦略を有している必要はないが、契約不履行、業績未達成を条件とした投資の処分という方針のみでは、出口戦略には該当しない（IFRS10.B85F）。出口戦略の例示は、図表1-13のとおりである。

図表1-13　出口戦略の例示（IFRS10.B85G）

投資の種類	出口戦略の例示
・株式の未公開会社（または事業）に関する投資 ・市場性のある持分証券	・新規株式公開 ・第三者割当て ・事業の売却 ・所有持分の分配 ・資産の売却等
不動産投資	・不動産業者を通じた売却 ・市場での売却等

(2)-3　投資以外からの便益

　投資企業またはその子会社が、投資先から関連当事者のみが利用できる便益を得ることができる場合、その投資は資本増価や投資収益の獲得のみを目的とした投資とはいえない。この場合、投資先を異なる事業目的で保有しており、投資企業の適格性を満たさない可能性がある。投資企業の事業目的と整合しない便益の例示は、以下のとおりである（IFRS10.B85I,BC242）。

① 投資先が有するプロセス、資産またはテクノロジーの取得、使用、交換または開発
　・投資先が有する資産テクノロジー製品またはサービスを購入する優先的または独占的な権利を有している
　・資産の開発が成功したと考えられるときに資産を購入するオプションの保有
② 投資先との間の製品やサービスの開発、生産製品やサービスの販売の共同支配の取決め（IFRS 第11号で定義されている）やその他の契約の締結
③ 投資先からの財務上の保証または資産提供
　・借入契約の担保の提供、投資企業が投資先に対する投資を借入の担保として使用することができる。企業の借入の担保として提供するために、投資先より提供された金融保証または資産
④ 投資先に対する所有持分を購入するオプションの保有
⑤ 投資先との特殊な取引
　・一般的な市場条件ではない投資先の関連当事者以外には利用できない条件である
　・公正価値でない取引
　・投資先または投資者の事業規模の大半を占める

同一の業種や市場、地域に複数の投資を行う場合があるが、これらは投資先からシナジーの便益を得るための投資である限り上記⑤に関わらず、投資企業の事業目的と不整合とはならない（IFRS10.B85J）。

(3) 公正価値測定

投資企業として適格であるには、実質的にすべての投資を公正価値で測定および業績評価していることが求められる。この要件は、投資に該当しない本社建物や金融負債等の非投資資産および負債には適用しない（IFRS10.B85K, B85L）。この要件を満たすには、以下の両方の項目を満たす必要がある。

　・IFRSにおいて公正価値の使用が求められるか、許容される場合には、

常に公正価値測定しその情報を投資者に開示している。(図表1－14参照)
- 経営幹部に対して内部的に公正価値情報を報告している（この経営幹部は、IAS第24号「関連当事者についての開示」で定義されている）。

図表1－14　投資企業に求められる会計方針

項　目	会計方針
IAS第40号が適用される投資不動産	公正価値モデルと原価モデルのどちらかを会計方針として選択できるが、公正価値モデルを選択している。
IAS第28号が適用される関連会社および共同支配企業に対する投資	持分法の適用の免除規定を選択し、持分法ではなく公正価値測定する会計方針を選択している。
金融資産	IAS第39号またはIFRS第9号を適用し公正価値で会計処理している。 資本性金融商品についてFVTOCIオプションを採用し、その公正価値変動をその他の包括利益に計上していても、投資を公正価値で測定しているという要件を満たす。

4　投資企業の典型的な特徴

　投資企業の定義を満たすかどうかを判断する際に、①複数の投資先、②複数の投資者、③関連当事者でない投資者および④所有持分が資本または類似した形態であるという4つの投資企業の典型的な特徴を有しているかどうかを考慮する（IFRS10.28）。投資企業の定義の3要件は、投資企業として適格であるためにはすべて満たすことが要求される。これに対し、投資企業としての典型的な特徴について、1つ以上の典型的な特徴が欠落している場合であっても、そのことのみをもって投資企業としての適格性は否認されない。投資企業としての典型的な特徴が欠落しているが投資企業として適格であるとする場合、投資企業であると判断した理由、すなわち、自らの事業活動がどのように投資企業の定義と整合すると判断したのかその根拠の開示が求められる（IFRS12.9A）。このように、投資企業であるかどうかの決定に際して、専門的な判断を認める体系となっている。投資企業としての典型的な特徴の各項目が定義に含められなかった理由は、図表1－15に示す懸念事項があるためである。

図表１－15　典型的な特徴が定義に含められない理由

典型的な特徴	懸念事項
① 複数の投資先	リスク分散や小口の投資単位のニーズなどから、存続期間を通じて単一投資となるファンドを組成する場合も投資企業とならない。
② 複数の投資者	ソブリン・ウェルス・ファンドのような政府系ファンドや、年金基金が100％保有する投資ファンド等、投資企業となるべきものまで除外される。
③ 関連当事者でない投資者	共同投資型のファンドや投資家が従業員や家族に限定したファンドまで、投資企業にならない可能性がある。
④ 所有持分の形態	持分が資本ではなく負債に区分される投資ファンドや、実質的な資本持分の概念がない債務担保証券（Collateralized Debt Obligation）やローン担保証券（Collateralized Loan Obligation）などの証券化ビークルなどが投資企業に該当しないことになる。

(1) **複数の投資先**

投資企業は、リスクの分散とリターンの最大化を目的に、直接または間接的に複数の投資を保有する特徴があることから、通常、投資企業は複数の投資先を有している。しかし、例えば、以下の状況では、投資企業は１つの投資先となっている。

- 設立当初の企業であり、適当な投資をまだ特定していない。
- 処分した投資に代わる他の投資を行っていない。
- 特定の資産の購入に必要な資金をプールするために設立されている場合。
- 清算手続の過程にある。

このように、単一の投資先のみとなる場合もあることから、その場合には、その理由と投資企業の定義に整合しているかどうかを確かめる必要がある（IFRS10.B85O,B85P）。

(2) **複数の投資者**

通常、投資企業は複数の投資者を有しているが、例えば、以下の状況では、投資企業は、一時的に単一の投資者となっている。

- 当初の募集期間中であり、追加の適当な投資者を積極的に探している場合。
- 償還した所有持分に代わる適当な投資者をまだ特定していない場合。
- 清算手続の過程にある場合。

このように、単一の投資者のみとなる場合もあることから、その場合には、その理由と投資企業の定義に整合しているかどうかを確かめる必要がある（IFRS10.B85S,B85Q）。

(3) 関連当事者でない投資者

投資企業に対する投資者は、通常、関連当事者ではない。この関連当事者とは、IAS第24号の関連当事者についての開示で定義された関連当事者をいう（IFRS10.B85T）。しかし、運用会社（ファンドマネジャー）が、その従業員に対するインセンティブとして報酬を与えるために、同一の投資に複数のファンドが投資する並行ファンドを設ける場合のように、投資企業の関連当事者が投資者として存在する場合でも、投資企業に該当する場合がある（IFRS10.B85U）。関連当事者が投資者となっている場合、企業が資本増価や投資収益以外の便益を得ることができる可能性がより高くなると考えられるため、関連当事者がいる場合、すべての事実および状況を考慮し投資企業としての適格性を判断する。

(4) 所有持分の形態

投資企業は、その投資収益からの価値を分配ないし帰属させる手段を必要とする。異なる種類の投資者を有すること自体で、投資企業としての適格性は否認されない。所有持分がIAS第32号における資本の定義を満たさず、負債として会計処理される場合でも、当該持分の保有者が企業の純資産の公正価値変動による変動リターンにさらされる限り、投資企業としての適格性は否認されない（IFRS10.B85V,B85W）。

5 会計処理

(1) 投資企業の例外処理

投資企業は子会社またはIFRS第3号を適用し投資先の支配を獲得した場合でも、その投資先について連結することは認められない。その代わりに、その投資先をIFRS第9号またはIAS第39号を適用し純損益を通じて公正価値測定する（IFRS10.31）。ただし、自己の投資活動に関連したサービスを提供する子会社を有している場合、この連結の例外規定を適用せずその子会社は連結対象となり、このような子会社の支配を獲得した時にはIFRS第3号を適用する（IFRS10.32）。

図表1－16　投資企業の会計処理

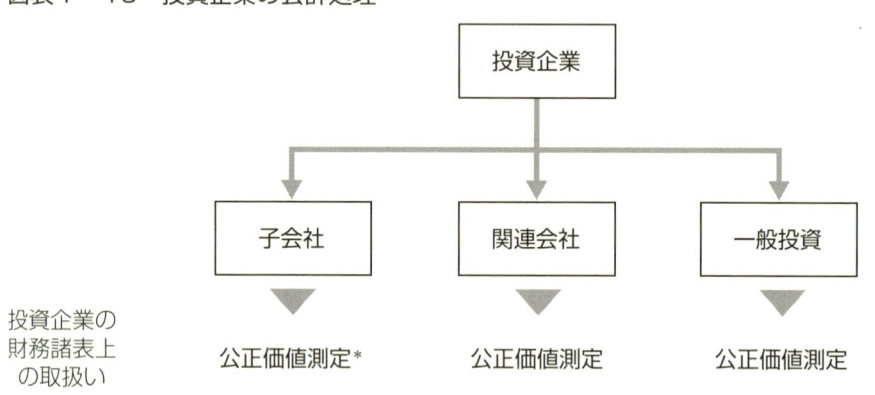

```
              投資企業
        ┌───────┼───────┐
        ▼       ▼       ▼
      子会社   関連会社   一般投資
        ▼       ▼       ▼
投資企業の
財務諸表上  公正価値測定*  公正価値測定  公正価値測定
の取扱い
```

＊自己の投資活動に関連したサービスを提供する子会社である場合、連結対象となる。

(2) 投資企業の親会社

投資企業の親会社が非投資企業である場合、子会社である投資企業に対する連結の例外規定は親会社に引き継がれず、その親会社は投資企業を通じて支配しているすべての子会社を連結する（IFRS10.33）。

3 投資企業

図表1－17　非投資企業である投資企業の親会社の連結処理

```
                    親会社
                 （非投資企業）
                      ↓
                    子会社
                 （投資企業）
          ┌───────────┼───────────┐
          ↓           ↓           ↓
      投資企業の    投資企業の    投資企業の
       子会社       関連会社      一般投資
          ↓           ↓           ↓
親会社の
連結財務諸表上  子会社として連結*  公正価値測定   公正価値測定
の取扱い
```

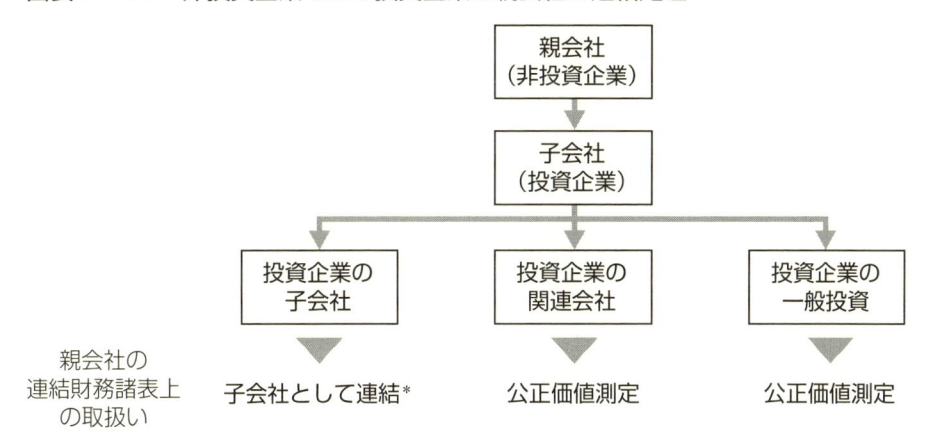

＊投資企業に対する子会社の連結の例外規定を非投資企業である親会社には引き継がず、連結対象となる。

　図表1－18に示すように、非投資企業である親会社に連結の例外規定を引き継ぐことを認めるべきという考え方がある。IFRSでは、投資企業の事業モデルの特異性に基づいて連結の例外を認めたことを根拠に、非投資企業の親会社には投資企業の連結の例外規定を引き継がないとしている。

図表1－18　非投資企業の親会社に投資企業の連結の例外規定を引き継ぐか否か

異なった考え方	論　拠
親会社に引き継ぐ	・非投資企業である親会社が支配する投資企業の活動の性質や事業目的は変わらないため、子会社である投資企業における公正価値測定情報は、親会社レベルでも有用である。 ・投資企業が保有する関連会社や共同支配企業に対する持分について、親会社による会計処理と整合する。
親会社には引き継がない	・連結の例外は、投資企業に固有の事業モデルを考慮したものであり、投資企業に該当しない親会社はそのような事業モデルを有していない。 ・親会社の投資者は非投資企業に投資したのであって、当該経営者に資本増価と投資収益を期待しているわけではない。 ・米国会計基準には、投資企業の業種別ガイダンスが存在するが、IFRSにはない＊。

＊米国会計基準においては、特定の業種別ガイダンスに従う場合、親会社は、子会社が適用した特別の会計処理を親会社においても引き継ぐことが求められている。

(3) 関連会社およびジョイント・ベンチャーに対する投資

　投資企業が関連会社およびジョイント・ベンチャーに対する投資を有している場合、IAS第28号の持分法免除規定（公正価値オプションを適用し、その投資を持分法ではなく公正価値で測定する）の適用が前提となる。この持分法の免除規定は、子会社投資の連結の例外規定の取扱いとは異なり、投資企業の親会社の連結財務諸表にも引き継がれる。

6 継続的な判定

　投資企業は、その定義の充足性または典型的な特徴に変化が生じたと考えられる場合、投資企業の適格性を見直す。この見直しの結果、新たに投資企業に該当する場合、または該当しなくなった場合、その変更は将来に向かって会計処理する。投資企業に該当しなくなったために、投資先を新規に連結する場合には、IFRS第3号を適用し、従来の投資簿価との差額はのれんまたは割安購入益として認識する。新たに投資企業に該当した場合、従来連結していた投資先を公正価値測定し、従来の投資簿価との差額を当期純利益に含めて認識する。

4 子会社の決算日

1 連結報告日

　親会社の決算日が連結報告日となる。連結財務諸表は連結報告日における単一の企業集団としての財務諸表であり、親会社と子会社の個別財務諸表を合算して作成することから、子会社の決算日は連結報告日と一致している必要がある。しかし、実際には、以下の理由により子会社の決算日が連結報告日と異なっている場合がある。

- 子会社が所在する国の法規制によって、特定の決算日の財務諸表を作成しなければならない。
- 子会社の通常の営業循環サイクルが親会社と異なっている。
- 子会社が連結決算スケジュールに従って、決算報告することが困難である。

　子会社の決算日が連結報告日と異なる場合、実務上不可能な場合を除き子会社は連結報告日現在の財務諸表を作成しなければならない。また、子会社の決算日と連結報告日の差異は3ヵ月を超えることは認められない（IFRS10,B92,B93）。

2 決算日の統一

　子会社の決算日が連結報告日と異なる場合、以下のいずれかの対応を図る必要がある。

- 決算日を変更して連結報告日に一致させる。
- 連結報告日に、連結決算目的の決算を実施し、決算日が一致している場合と同一の結果とする。
- 上記の対応が実務上不可能な場合、異なる決算日の財務諸表をもとに、連結決算手続において調整する。

3 実務上不可能な場合

　子会社の決算日が連結報告日と異なる場合、実務上不可能な場合を除き子会社は連結報告日現在の財務諸表の作成が求められるが、どのような場合が実務上不可能に該当するのかが問題となる。しかし、IFRS第10号は、実務上不可能な場合の定義や例示を示していない。

　IAS第8号では、実務上不可能な場合とは「企業がある定めを適用するためにあらゆる合理的な努力を払っても適用することができない場合（IAS8.5）」としている。この規定を類推適用する場合、実行不可能な場合とは、あらゆる合理的な努力を払っても連結決算の財務諸表を作成できない場合といえる。したがって、連結報告日と異なった子会社の決算日を正当化できる根拠はかなり限定されると考えられる。

図表1-19　子会社の決算日が親会社の決算日と異なる場合

```
              決算日は一致
          YES ／       ＼ NO
         ↓              ↓
                    差異が3ヶ月未満
                 YES ／       ＼ NO
                    ↓              ↓
              連結報告日に決算
              を行うことが実務上不可能
              YES ／       ＼ NO
                 ↓              ↓
              重要な取引・事象が
                 生じている
              NO ／       ＼ YES
                 ↓              ↓
```

| 決算日の差異の調整は必要なし | 決算日差異の間に生じた重要な取引・事象の影響を調整する | 連結決算目的の決算を行う |

4 決算日の差異の期間に生じた重要な取引

　子会社の決算日と連結報告日が異なる場合、その差異の期間に生じた重要な取引および事象について、その影響額を注記による開示ではなく必要な調整を連結財務諸表に反映させる（IFRS10.B93）。調整を行う重要な取引および事象の範囲が問題となるが、連結会社間で生じた取引および事象のみならず連結会社間以外で生じた重要な取引および事象についても影響額の調整対象となる。決算日の差異の間に生じた在外営業事業体との重要な取引および事象は、取引日の換算レートにより換算し、その換算差額は為替換算差額として認識する。

5 会計方針

1 会計方針の統一

　連結財務諸表は、親会社および子会社の個別財務諸表を合算して作成することから、合算される個別財務諸表は類似の状況における同様の取引について首尾一貫した会計方針に基づいている必要がある（IFRS.10.19）。連結会社がそれぞれ一般に公正妥当と認められた会計基準に準拠し作成した個別財務諸表をそのまま連結財務諸表に合算する、いわゆる現地主義を認めていない。類似した状況における同様の取引および事象について、親会社と子会社（在外営業活動体を含め）は同一の会計方針の適用が求められる。

2 会計方針を統一する修正

　個別財務諸表の作成段階で会計方針の統一を図ることが原則である。個別財務諸表の段階で会計方針の統一がされていない場合、その異なった会計方針による影響額を連結決算手続上で修正する（IFRS10.B87）。会計方針の統一は、画一的に統一するのではなく、類似の状況における同様の取引の実態を適切に表す会計処理の原則および手続を選択すべきである。子会社の会計方針を親会社の会計方針に合わせる場合が多いが、親会社の会計方針を子会社の会計方針に合わせる場合も考えられる。

3 会計方針統一の範囲

　会計方針を統一すべき類似の状況における同様の取引および事象となる範囲を検討し、企業がおかれている環境、事業の種類、棚卸資産の種類によって会計方針が異なるという合理的な根拠がない限り統一した会計方針を適用する。しかし、IFRS第10号は、類似の状況における同様の取引および事象

を判断する判断要素を明確にしていない。例えば、IAS 第2号では、棚卸資産の原価算定方式について、棚卸資産の地理的な場所が異なる（または所在地の税法が異なる）ということのみで異なった原価算定方式の適用を正当化できないとしている（IAS2.26）。この規定を類推適用する場合、異なった会計方針を正当化できる根拠はかなり限定されると考えられる。会計方針の統一の検討対象となる項目の例示は、以下のとおりである。

- 棚卸資産の評価方法（先入先出法、平均法等）
- 固定資産の減価償却方法（定額法、定率法等）
- 同一種類に属する無形資産の償却方法
- 引当金の認識および測定基準
- 収益の認識および測定基準

これらの会計方針が統一されていない場合には、類似の状況における同様の取引および事象ではないと判断するための合理的な理由があるかどうか、および重要性に乏しいといえるかどうかを検討する。

6 連結の開始と連結除外

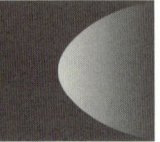

1 連結の開始

　他の会社の議決権付株式の過半数の取得等により支配を獲得した日（支配獲得日）から子会社として連結対象となる。支配獲得日において子会社の財政状態計算書を連結し、支配獲得日以降の連結報告日においては、財政状態計算書以外の財務諸表も連結する（IFRS10.20）。

2 連結の除外

　子会社に対する支配を解消した日、すなわち支配喪失日以後はその子会社は連結除外となる。

3 みなし処理

　連結報告日以外の日に、子会社に対する支配獲得、支配喪失および持分比率の割合の変動が生じる持分の取得や売却等があった場合、連結報告日に事象が発生したとみなして処理することを許容する明文規定はない。実際の支配獲得日と異なった日（連結報告日）を支配獲得日とみなした会計処理は、財務諸表に与える影響が僅少であり重要性がない場合にのみ許容されると考えられる。

4 支配獲得日における子会社の資産および負債の認識および評価

(1) 子会社の資産および負債の認識および評価

　新たに子会社を連結する際に、支配獲得日において子会社の識別可能な資産および負債を識別し、かつ、それらのすべて（非支配持分に相当する部分を含め）を支配獲得日の公正価値[3]で評価する（IFRS3.18）（ただし、公正価値測

定しない例外がある。第8章「企業結合」5 ステップ4を参照)。

(2) 在外営業活動体の公正価値測定差額およびのれん

　在外営業活動体の取得により生じたのれん[4]、資産および負債の帳簿価額の公正価値評価に伴って生じる評価差額およびそれに対応して計上した繰延税金資産および繰延税金負債は、在外営業活動体に帰属する。したがって、当該繰延税金資産および繰延税金負債は、以下のように処理する(IAS21.47)。

- 在外営業活動体の資産および負債として当該活動体の機能通貨によって表示する
- 決算日の期末日レートで換算する

3　公正価値とは、「測定日時点で、市場参加者間の秩序ある取引において、資産を売却するために受取るであろう価格または負債を移転するために支払うであろう価格」と定義されている(IFRS13.9)。
4　在外営業活動体ののれんは個別に識別不能な資産であるが、他の資産と同じように在外営業活動体の機能通貨建て資産の一部として扱う(IAS21.47)。

7 連結決算手続

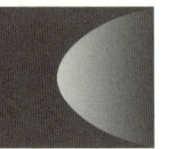

　連結財務諸表は、親会社と子会社の個別財務諸表を合算し、必要な連結修正仕訳を加えて作成する。一般的な連結手続は、図表1－20に示すとおりである。

図表1－20　連結手続の概要

連結の範囲の検討	・投資先について、以下を判定 　支配の有無 　重要な影響力の有無 　共同支配の有無

↓

個別財務諸表の作成	・決算日の統一 ・会計方針の統一 ・在外営業活動体の財務諸表の外貨換算 ・企業結合時の公正価値測定 ・非支配持分およびのれんの認識

↓

連結修正仕訳	・資本連結 ・損益およびその他の包括利益に関する非支配持分帰属額算定 ・累積的優先株式に関する未配当部分の調整 ・内部取引および未実現利益の消去 ・上記に関連する税効果会計 ・のれんの減損 ・持分法

↓

連結財務諸表

　連結手続で行う連結修正仕訳の影響は、図表1－21で示すように個別財務諸表には反映されない。このため、連結決算にあたって前期までの利益剰余金およびその他の包括利益等の純資産に影響がある修正仕訳を累積して開

始仕訳として繰越し、当期に必要な連結修正を加える。

図表1－21　連結修正の繰越

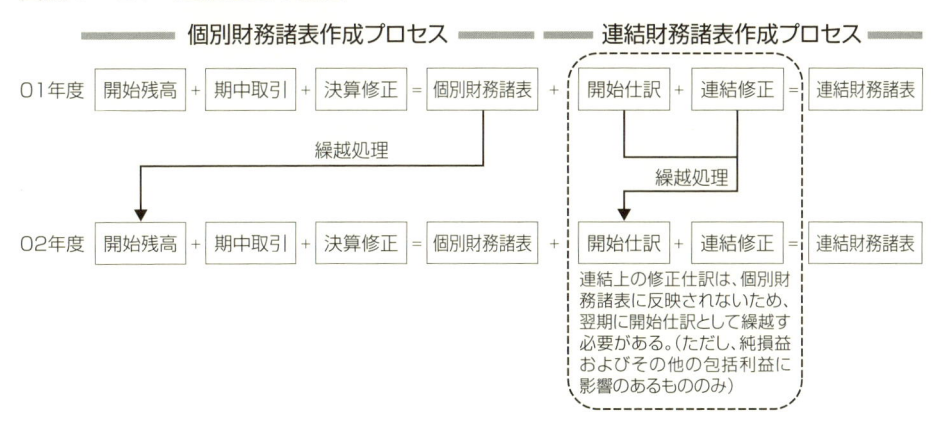

	個別財務諸表作成プロセス	連結財務諸表作成プロセス
01年度	開始残高 ＋ 期中取引 ＋ 決算修正 ＝ 個別財務諸表	＋ 開始仕訳 ＋ 連結修正 ＝ 連結財務諸表
	繰越処理 ↓	繰越処理 ↓
02年度	開始残高 ＋ 期中取引 ＋ 決算修正 ＝ 個別財務諸表	＋ 開始仕訳 ＋ 連結修正 ＝ 連結財務諸表

連結上の修正仕訳は、個別財務諸表に反映されないため、翌期に開始仕訳として繰越す必要がある。（ただし、純損益およびその他の包括利益に影響のあるもののみ）

第2章
子会社の判定

- 投資先の性質や形態に関わらず単一の支配モデルを適用し支配している投資先を子会社として連結する。
- 支配モデルでは判定要件の優先順位や数値基準のような明確な判断指標を定めておらず、支配の有無の判定には関連するすべての事実および状況を考慮し総合的な判断が求められる。
- 支配を有しているためには、①投資先に対するパワーを保有している、②変動性リターンにさらされているおよび③パワーとリターンの関連性の3要件を満たす必要がある。
- 3要件の検討には、本人と代理人の区別、防御権など判断が求められる。
- 議決権株式または類似する権利が有効とならないように設計されている事業体に対する支配の判断には、その設立目的および設計の理解および検討が重要となる。
- 議決権による支配を判断する際には、単純な場合では議決権付株式の過半数以上の保有者が支配するが、過半数未満の議決権の保有によって支配を有する場合もある。

1 支配モデル

　投資者は、投資先[1]の性質や形態に関わらず、すべての投資先に対して単一の支配モデルを適用し投資先に対する支配の有無を判定し、その結果、支配している投資先を子会社として連結する。支配の判定の基準として数値基準を設けることは、支配の有無を判定する客観的なベースとなるが、その数値基準の形式的な適用による意図的な連結はずしの余地が生じる。このため、IFRS第10号が規定する支配モデルでは判定要件の優先順位や数値基準のような明確な判断指標を定めておらず、関連するすべての事実および状況を考慮した総合的な検討を通じて支配の有無を判定する（IFRS10.8）。

1 支配の定義

　投資者が、投資先の関与により生じる変動性を有するリターンに対してさらされているまたはそれに対する権利を有し、かつ、投資先に対するパワーによりそのリターンに影響を及ぼす能力を有している場合に、投資先を支配していると判定する。したがって、投資者が投資先に対して支配を有するには、図表2−1に示す支配の3要件のすべてを満たすことが求められる（IFRS10.6,7）。

1　IFRS第10号は、投資先の定義を明確にしていない。負債性または資本性持分は、それらを所有している投資先が支配を有しているかどうかを判断する際の重要な要因となるが、負債性または資本性持分を有していなくても、投資先に対する支配を有する場合があることに留意する。

図表2-1　支配モデルの3要件

支配の3要件
要件1　投資先に対してパワーを有している。
要件2　投資先への関与からの変動性を有したリターンにさらされている、またはそれに対する権利を有している。
要件3　自己のリターンの大きさに影響を与えるために投資先に対するパワーを使用することができる能力を有している。

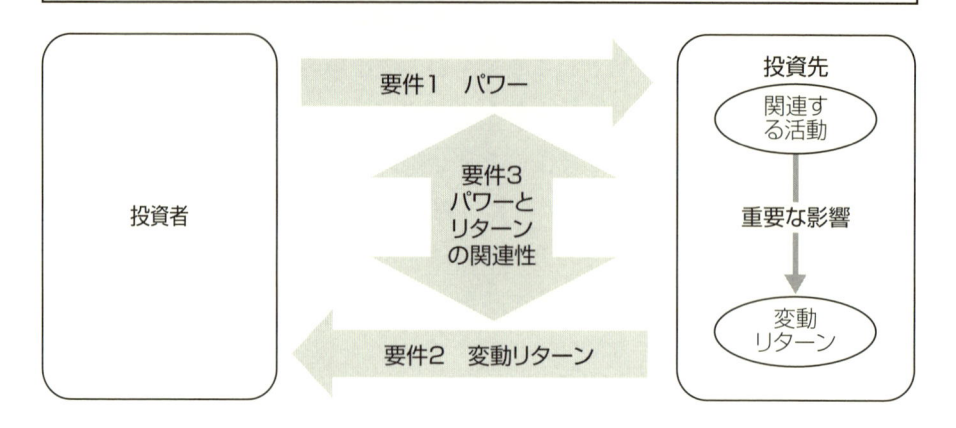

投資者 → 要件1　パワー → 投資先（関連する活動）
要件3　パワーとリターンの関連性
重要な影響
投資者 ← 要件2　変動リターン ← 変動リターン

　1人の投資者のみが投資先を支配することができ、複数の投資者が投資先を共同で支配する場合には（例えば、複数の投資者が投資先の関連性のある活動を指図するために共同で行動しなければならない場合）、どの投資者も他の投資者の協力なしにはその活動を指図できないため、どの投資者も単独で投資先を支配していないことになる（IFRS10.9）。どの投資者も単独で支配していない投資先に対する持分は、IFRS第11号、IAS第28号、またはIFRS第9号（またはIAS第39号）に従って会計処理する。

2　投資先の目的および設計の理解

　議決権付株式または類似する権利が有効とならないように設計されている事業体[2]に対する支配の有無の判断には困難が伴う場合がある。このような投資先に対してはその設立目的および設計、すなわち「なぜその事業体が設立されたのか」、「事業の目的は何か」および「どのようなリスクを生み出し配分されるように設計されているか」等の検討を通じて、投資者の投資先に対する関与の目的およびその関与の仕方がどのようなものであるかを理解することにより、支配の3要件について評価する（IFRS10.B8）。

　具体的には、投資先がさらされているリスクは何か、投資先に関与している当事者に移転するように設計されたリスクは何か、および投資者がそれらのリスクにさらされている程度はどうかについて検討することで、その投資先の関連性のある活動、その活動の意思決定がどのように行われているかおよび誰がその意思決定能力を有するかを識別する。

図表2-2　投資先の設立目的と設計の検討

投資先の設立目的と設計の検討	
・投資先がさらされているリスクは何か。 ・投資先に関与している当事者に移転するように設計されたリスクは何か。 ・投資者がそれらのリスクにさらされている程度はどうか。	・関連性のある活動は何か。 ・その活動がどのように意思決定されているか。 ・誰がその意思決定能力を有するか。 ・関連性のある活動からのリターンを誰が受け取るか。

2　議決権によらず契約の取決めに起因するパワーが存在するような複雑な場合であり、これを組成された企業（ストラクチャード・エンティティ）という。

組成された企業のスキームでは、サービス契約や設立時に設けた契約上の取決めおよび定款等規約等の内容によって、その事業体の活動内容に影響力を行使する場合があるため、以下の事項についても検討する。
- 投資先の設計に関与した当事者
- 法的な境界線外で行われる活動
- 投資先に対するコミットメント

1 投資先の設計に関与した当事者

投資先の事業目的や資金調達・運用といったスキーム等の設計の関与者または意思決定者は、自らが投資先に対するパワーが付与されている権利を獲得する機会または動機を有していることが示唆される。このため、設計された取引条項や関与の程度が投資先の設計に関与した当事者にパワーを有するために十分な権利を与えられているかどうかを評価する。ただし、単に投資先の設計にのみに関与したというだけでは、投資先を支配するという十分な根拠とはならない（IFRS10.B51,BC77,BC78）。

2 法的な境界線外で行われる活動

投資先の設立時に設けられた契約上の取決め（例えば、コール、プットの権利または清算権等）に基づく活動がたとえ投資先の法的境界線の外で発生するものであっても、関連性のある活動となる場合がある。このため、パワーを決定する際には、投資先に密接に関連し投資先の全体的な活動における不可欠な部分といえる契約上の取決めに組み込まれた明示的または黙示的な意思決定も関連性のある活動として考慮する（IFRS10.B52,BC80）。

例えば、投資先が債権流動化を目的とした事業体の場合、債権ポートフォリオの信用リスクをもとにしたリスクと便益を投資者に分配することを目的として設立されている。このような事業体の場合は、投資先の外で行われる債権の不履行発生時の債権管理がリターンに重要な影響を与える活動となる。したがって、その債権不履行時に債権をオリジネーターがその債権を買

い戻し、その後、投資先の外で管理する場合であっても、オリジネーターが支配を有することになる。

3 投資先に対するコミットメント

　投資先の事業に対して設計どおりの事業遂行が行われることについて明示的または黙示的なコミットメントをしている場合、投資者がパワーを有していることの指標となる。このようなコミットメントは、投資者がさらされているリターンに対する変動性を増大させるため、投資者がパワーを有するに十分な権利を得ようとする動機がより大きく働くと考えられる。ただし、投資先の事業に対するコミットメントが存在するという状況のみではパワーを有している根拠とはならない。また、他の当事者がパワーを有することを阻害することにもならない。

3 要件1：パワーを有している

　投資者が投資先に対するパワーとは、投資先のリターンに重要な影響を及ぼす投資先の活動を指図する現在の能力をもたらす既存の権利をいう（IFRS10.10）。したがって、まず投資先の関連性のある活動およびその意思決定がどのように行われているかを識別し、それに対して指示ができる現在の能力を持った権利を誰が有しているかを検討し、投資者が投資先に対するパワーを有するかどうかを判断する。また、投資先に対するパワーを評価する際は、投資者および他の当事者が有する投資先に関連する実質的な権利および防御権でない権利のみを考慮対象とする[3]（IFRS11.B9）。

図表2－3　パワーの評価

パワー	投資先のリターンに重要な影響を及ぼす投資先の活動（関連性のある活動）を指図する現在の能力をもたらす既存の権利である。

⬇

【パワーとは】
- 関連性のある活動を指図する
- 指図する能力である
- 現在の能力である
- 実質的な権利である
- 防御権ではない

---

[3] 「ある企業からの便益を得るために、その企業の財務および営業方針を左右するパワー」が、従来の支配の定義となっていたが、支配モデルにおいては、「財務および営業方針を指図するパワー」は、投資先の活動を指図する1つの手段に過ぎないとしている（IFRS10.BC42）。

1 関連性のある活動

(1) 要件

　関連性のある活動とは、投資先の活動のうち投資先の変動性を有したリターンに重要な影響を及ぼす活動をいう（IFRS10.付録A）。意思決定の結果を踏まえた決定事項を単に遂行する活動や投資先のリターンにほとんど影響を与えない活動は、関連性のある活動には該当しない。関連性のある活動およびそれに対する意思決定の例示は、図表２－４に示すとおりである（IFRS10.58.B11,B12）。

図表２－４　関連性のある活動およびそれに対する意思決定の例示

関連性のある活動	関連性のある活動に対する意思決定
・商品またはサービスの販売または購入 ・金融資産が存続する期間（債務不履行時点を含む）における管理 ・資産の選定、調達または処分 ・新製品・新製造工程の研究開発 ・資金調達の設計および調達	・投資先の営業上の業務設計および投資意思決定（予算を含む） ・投資先の主要経営幹部やサービス提供者の選任および解任、報酬の支払いおよびサービスを中止する意思決定

(2) 複数の関連性のある活動がある場合

　複数の独立した投資者が、それぞれ異なる関連性のある活動を無条件に指図する能力をもつ現在の権利を有している場合がある。この場合、その異なった活動の中から投資先のリターンに最も重要な影響を及ぼす活動を関連性のある活動として識別する。その識別された活動を指図する現在の能力を有する投資者が、投資先に対するパワーを有することになる。また、投資先のリターンに最も重要な影響を及ぼす活動に関連する事実または状況が変化した場合には、支配の有無を再評価する（IFRS10.13）。

(3) 関連性のある活動が継続的に行われない場合

　特定の状況や事象が生じるまで関連性のある活動に対する指図やリターン

が、事前に決定されている場合（いわゆる、自動操縦の場合）がある。この場合、特定の条件を満たす状況または事象が生じた場合の前後においてのみ関連性のある活動が行われる。パワーは、現在の能力（後述する、必要なときにその意思決定ができる能力）を意味する。したがって、関連性のある活動を識別する際には、その関連性のある活動の前提となる特定の状況または事象がすでに発生しているかどうかを考慮しない（IFRS10.B53）。

2 指図する能力

一般的に、パワーは、所有や契約等を裏付けとした法的権利として考えられる。しかし、法的な強制力だけが唯一ではなく、他の方法により投資先を支配する状況があるため「権利」ではなく指図する「能力」と定義している[4]。

(1) 所有や契約等に基づく権利

所有や契約等に基づく権利には、議決権、潜在的議決権、契約に基づく主要経営幹部の選任・解任権およびマネジメント契約による意思決定権などがある。

(2) 契約に基づかない権利

投資者が受動的な持分以上のものを有することで投資先の関連性のある活動に対して指図する能力を有することがある。このため、契約等を裏付けとしたパワーの識別によっても、投資者が有する権利が投資先に対するパワーを与えるに十分かどうかの判断が困難な場合、投資者が投資先に対して受動的な持分以上の権利を有することにより、投資先に対してパワーを有しているかどうかを検討する。例えば、図表2-5に示す受動的な持分以上の権利に示す事実および状況が存在する場合、投資者は投資先に対して受動的な持分以上の権利を有していると考えられる。

---

[4] このことから支配なき所有がありえる。名義上は過半数超の株式を所有している投資者がいるが、実質的な支配は他の投資者による場合である。この場合、所有が支配とならないことを立証する必要がある。

図表2-5　パワーは能力である

| パワーは能力である | → | 契約に基づく明確な権利がなくとも、投資先を支配する状況がある。 |

↓

契約等の取決めを裏付けとした能力	・議決権、潜在的議決権 ・主要経営幹部の選任・解任権 ・マネジメント契約等による意思決定権　等
受動的な持分以上の権利 （＝契約等の取決めを裏付けとしない能力）	・一方的に関連性のある活動を指図する実務上の能力 ・投資先との特別な関係による能力 ・権利に比例しないリスク負担

(2)-1　一方的に指図する実務上の能力

　投資者が関連性のある活動を一方的に指図する実務上の能力を有している場合、その投資者がパワーを有していることを示唆するか、または投資先に対するパワーが存在する証拠となる場合がある。一方的に指図する実務上の能力の例示は、図表2-6に示すとおりである。投資先に対する支配の有無を評価する際に、投資先に対する一方的に指図する実務上の能力を有する要因は、投資先との特別な関係よりもより強い決定要因として取り扱う（IFRS10.B18.B21）。

■第2章　子会社の判定

図表2-6　契約等の取決めを裏付けとしない能力

契約等の取決めを裏付けとしない能力	一方的に指図する実務上の能力[*1]（IFRS10.B18）	①契約上の権利なしに、 ・主要な経営幹部を選任、承認する権限を有している。 ・投資先に対して投資者の便益のための重要な取引を実行する、または主要な変更を拒否する権限を有している。 ②統治機関のメンバーを選出する指名プロセス、または他の議決権保有者からの委任状獲得を支配している。 ③投資先の主要な経営幹部、統治機関のメンバーの過半数が、投資者の関連当事者[*2]である。
	投資先との特別な関係（IFRS10.B19）	①主要な経営幹部が現在または過去の投資者の被雇用者である。 ②投資先の活動が投資者に依存している。 ・投資者との緊密な業務関係 ・重要な割合を占める投資者から資金調達 ・重要な割合を占める負債（義務）に対する保証 ・主要なサービス、技術、部品または原材料を調達 ・ライセンスや、商標権等の営業上重要な資産の供与 ・主要な経営幹部や専門的知識を有している者 ③投資者の代理として行われる投資先の活動。権利に比例しないリスクにさらされている[*3]。

[*1] 一方的に指図する実務上の能力を有する要因は、投資先との特別な関係の要因よりもより強い決定要因として扱う（IFRS10.B21）。
[*2] IAS第24号「関連当事者についての開示」で定義されている。
[*3] 投資者のエクスポージャーの大きさのみをもって、投資者がパワーを有する根拠にはならない（IFRS10.B20）。

(2)-2　投資先との特別な関係

　投資者と投資先の間に特別な関係がある場合、投資者が投資先に対して受動的な関与以上のものを有していることが示唆される。図表2-6に示すような投資者と投資先との特別な関係は、投資先に対するパワーを投資者に与えるのに十分な他の関連する権利を投資者が有していることを示唆するか、または投資先に対するパワーが存在する根拠となる場合がある（IFRS10.B19）。

(2)-3　権利に比例しないリスクに対するエクスポージャー

投資者の投資先へ関与から生じるリターンの変動性に対するエクスポージャーや権利が大きくなるほど、投資者にとってパワーを与えるのに十分な権利を保有しようとする動機がより大きくなると考えられる。このため、リターンの変動性に対して大きなエクスポージャーを有することは、関連性のある活動に対する一方的に指図する実務上の能力を有することが示唆される。ただし、投資先に対するエクスポージャーの大きさのみをもって、投資者がパワーを有する根拠とはならない（IFRS10.B20）。

3 現在の能力

現在の能力とは、必要な時にその意思決定ができる能力でありそれを行使しているかどうかを問わない。特定の状況および事象が将来発生した場合にのみ意思決定ができる能力、すなわち未だ行使していない、または現在は行使できない能力であっても、それは現在の能力となる。しがたって、投資先に対するパワーを有するかどうかを判断する際は、パワーを行使するか否かといったその意図を問わず、関連性のある活動を指示する現在の能力の有無のみを考慮する（IFRS10.12）。例えば、議決権の過半数を有していても議決権を普段行使しない受動的な株主であっても、いつでもその議決権を行使できることから、投資先を支配していることになる。

図表2-7　現在の能力の有無の評価

| 現在の能力 | ⇒ | ・必要なときに意思決定ができる能力である。
・将来に特定の事象が生じた場合にのみ意思決定ができる能力も現在の能力に含む。
・契約上の権利に基づかない能力を含む。
・パワーを行使するか否かの意図や行使の実績の有無は問わない。 |

4 実質的な権利

(1) 要件

投資先に対するパワーの評価においては、投資者および他の当事者が有する投資先に関連する実質的な権利のみを考慮する（IFRS11.B9）。実質的な権利とは、投資先の関連性のある活動に対して指図する必要がある時に、その行使ができる権利であり、かつ、他の当事者によってその権利行使が阻害されない権利をいう。したがって、支配の有無を評価する際に、その権利を行使する実際の能力（他の当事者によってその権利行使が阻害されない）を有しているかどうかが問題となる。実質的な権利であるかどうかの評価は、図表2-9にあげる例示などすべての関連する事実と状況を総合的に検討する（IFRS10.B22,B23）。

図表2-8　実質的な権利の概要

実質的な権利 →	・必要な時に意思決定ができる能力である。 　＝現在の能力 　　　　　　　　　　＋ ・その他の当事者によってその権利行使が阻害されない。

↓

権利行使を妨げる障壁（経済的およびその他）があるか否か	障壁がない場合、実質的な権利である可能性が高い。
権利行使に関して他の当事者の同意が必要な場合または当該権利が複数の当事者により保有されている場合	同意が必要な当事者が少ない方が、実質的な権利である可能性が高い。
権利行使により便益を得られるか否か	行使によって便益が得られなければ、実質的な権利ではない。

図表2-9　実質的な権利の評価

検討事項	内　容
権利行使を妨げる障壁（経済的およびその他）があるか否か	障壁の例は以下のとおり。 ①権利行使を妨げる（阻止する）経済的なペナルティーやインセンティブ ②権利行使の可能性を低くするような契約条件 　・行使または転換価格 　・行使期間 ③法律や規制によって権利行使が認められるという明示的なまたは合理的な仕組みがない。 ④権利行使に必要な情報を得ることが不可能な状況にある。 ⑤権利行使を行わない業務上の障壁またはインセンティブ（専門的なサービスを提供する意思またはそのスキルをもったものが他にいない） ⑥外国投資家による権利行使が禁止されている等の法律・規制が存在する。 ⑦権利行使の際に、正当な理由が求められる。
権利行使に関して他の当事者の同意が必要な場合または当該権利が複数の当事者により保有されている場合	①集合的に権利行使することを求める取決めがあるかどうかを問わない。 ②権利行使への同意が必要な当事者が多いほど、実質的な権利に該当しない可能性が高い。 ③構成員が意思決定者から独立している取締役会では、多くの権利を集合的に行使するように行動するメカニズムを提供する場合がある。独立した取締役会によって行使可能な解任権は、同様の権利が多数の当事者によって個別に行使可能であったとすれば、実質的である可能性が高い。
権利行使により便益を得られるか否か	以下は、実質的である可能性が高い。 ①潜在的議決権の条件が、潜在的議決権がイン・ザ・マネー（オプション行使時に利益が出る状況）である場合 ②投資者がその他の理由で潜在的議決権の行使または転換の権利行使により便益を得る場合（投資者と投資先のシナジーが実現する）

(2)　他の当事者が意思決定に参加する権利を有する場合

　他の投資者が関連性のある活動の指図に参加する能力を与える現在の権利を保有している場合（例えば、他の投資者が重要な影響力を有している場合）であっても、必ずしも投資者の現在の能力を阻害することにならない。例えば、他の当事者が意思決定に参加する権利を有していてもそれが防御的な権利のみである場合、その他の当事者は投資先に対するパワーを有していないことになる。

(3) 他の当事者が有する実質的権利

他の当事者が意思決定能力を有していなくとも投資者の関連性のある活動に対する意思決定を承認するまたは拒否する権利を有している場合、投資者による支配を阻害する場合がある。ただし、その権利が当事者自身の利益の保護を目的とした防御権である場合を除く（IFRS10.B25）。このため、投資者のパワーの有無を判断する際には、他の当事者が有する実質的な権利によって投資者が有する権利が阻害される影響を検討する。

図表2－10　実質的権利と防御権の対比

	実質的権利	防御権（IFRS10.B26-B28）
定義	投資先の業績に大きな影響を与える活動の意思決定に関与することができる権利	当事者自身の利益を保護するために付与された権利
例示	・主要経営幹部の選任・再任・解任する権利 ・通常の事業活動の遂行における決算および予算の承認 ・重要な新規事業投資・買収の承認 ・契約に基づく重要な活動を指図する権利	・新たな借入を拒否する権利 ・通常の事業で想定される規模より大きい資本的支出を拒否する権利 ・資本または負債証券の新規発行を拒否する権利 ・特定借入金の返済未履行時に投資先の資産を差し押さえる貸し手の権利 ・投資先の活動の根本的な変更（定款、清算、破産手続開始等）に対する拒否権
支配の判定	・意思決定者の支配を覆す可能性がある。 ・単一の他の当事者が上記権利を有する場合、その事実だけで意思決定者は代理人となる。	・防御権のみでは、意思決定者の支配を覆すことにならない。

(4) 防御権

　防御権とは、その権利を有する当事者に対して投資先に対するパワーを与えることなしに当事者自身の利益の保護を目的として設計された権利をいう（IFRS10.付録A）。したがって、投資先に対して有する権利が防御権のみである場合、投資先に対するパワーを有しておらず、また、他の投資者が投資先に対してパワーを有することを防ぐことはできない。このため、投資者は、投資先に対する支配の有無の判定の際に、自己の権利および他の当事者が有する権利が防御権であるかどうかを判断する。

　例えば、権利保有者の同意なしに投資先の活動の根本的な変更ができないなど、例外的な状況において拒否権等の形で行使され得る権利が、防御権に該当する。しかし、例外的な状況および偶発的な事象が生じた場合に認められる権利のすべてが防御権であるとは限らない。これに対し、通常の投資の意思決定に対する拒否権、主要な経営幹部を任命する権利は、防御権には該当しないため、このような権利は他の当事者による支配を阻害することになる。また、同様の効果を持つものとして、意思決定者の解任権がある。単一の当事者が何時でも一方的に解任権を行使して意思決定者を解任できる場合、その意思決定者は単なる代理人にすぎず、投資先の支配を有していない（IFRS10.B26-B28）。

4 要件2：変動性リターンにさらされる、またはそれに対する権利を有している

1 要件

　投資者が投資先に対して支配を有しているためには、投資先への関与から生じる変動性を有したリターンにさらされている、またはその変動性を有したリターンに対する権利を有していなければならない。この第2の要件を検討する際には、「リターン」とは何か、および「変動性を有している」とはどのような場合をいうのかが問題となる。

2 リターン

　リターンとは、配当、報酬、ノウハウ、経費削減、シナジー等様々な形で投資者に生じうるもので、定量化されないものを含んだ利益にも損失にもなり得る概念をいう。また、投資先自身が生み出すリターンのみに限定されず、投資先への関与を通じて投資者が直接的に嫁得するもの（例えば、シナジー効果によるリターン）を含んだ広範なものとなっている（IFRS10.BC63）。

■ 4 要件2：変動性リターンにさらされる、またはそれに対する権利を有している

図表2-11　リターンの概要

| リターン | 投資先への関与からの変動性を有したリターンにさらされている、またはそれに対する権利を有している |

⬇

【リターン】
- 定量化されないものを含む
- 利益にも損失にもなり得る
- 投資先自身が生み出すものに限定されず、投資者先への関与を通じて直接的に嫁得するものを含む

【リターンの例示（IFRS10.B57）】
- 配当金
- 投資先発行の負債証券に係る利息等その他の経済的な便益
- 投資先に対する投資の価値の変動
- 投資先の資産または負債のサービシング業務報酬、信用補完または流動性補完に対する報酬やそれから生じる損失に対するエクスポージャー
- 投資先の清算時に受け取る投資先の資産および負債に対する残余持分
- 税務上のメリット
- 投資先への関与から投資者が得られる将来の流動性
- 他の持分保有者に与えられることのないリターン
  ▶ 規模の経済の達成（例えば、営業機能の統合によるシナジー効果）
  ▶ コスト削減
  ▶ 希少な製品調達
  ▶ 投資先固有の知識へのアクセス、またはシナジー効果等

【リターンと支配の判断指標】
- 高いリターンを期待してリスクを負っているかどうか
- 投資先から最大のリターンを得るどうか
- 事業に対するコミットメントの有無

　投資先を支配することができるのは1人の投資者のみであるが、リターンは、投資先の利益または分配を複数の投資者の間で共有するように複数の投資者により共有することができる（IFRS10.15,16）。

3 リターンの変動性

変動性を有したリターンとは、投資先の業績の結果として変動する可能性のあるリターンをいう。リターンに変動性があるかどうかは、リターンの法的形態ではなく、実質に基づいて判断する（IFRS10.B56）。

図表２−12　実質的に変動性を有したリターン

例示	固定/変動性の判断		
	形式判定	実質判定	
固定金利付き社債	固定的	変動的	社債発行者のディフォルトリスクにさらされており、金額の変動性を有している。
資産管理の固定報酬	固定的	変動的	固定の報酬であってもその支払は投資先が報酬を支払うに十分な収益を嫁得する能力に依存するため、投資先の業績リスクにさらされている。

4 変動リターンと「リスクと経済価値」

リターンに類似したものに「リスクと経済価値」の概念がある。リスクと経済価値に重点を置く支配の判定基準は、投資者がリスクの過半を有しているかどうかというように、リスクに対する一定水準のエクスポージャーを支配の推定の根拠とする定量的な評価と結びつく可能性がある。定量的な基準値による評価は、その評価基準を回避するための操作の機会を生じさせる可能性があることから、IFRS第10号は「リスクと経済価値」を基にした支配の定義を採用していない。

しかし、投資先に対する支配の有無の判定に際して「リスクと経済価値」の考慮が重要でないことを意味しているのではない。投資先への関与による「リスクと経済価値」に対するエクスポージャーがない場合には、投資者は自らが有している可能性のあるパワーから便益を受けることができず、投資先を支配することができない。また、投資者が投資先への関与により「リスクと経済価値」に多くさらされているほど、投資者がパワーを得られる意思

決定権を獲得するインセンティブは大きくなると考えられる。しかし、「リスクと経済価値」にさらされていても、投資先への関与により投資者のリターンの金額に影響を及ぼすことができるような投資先に対するパワーを有していない場合には、投資者は投資先を支配しているとはいえない。したがって、投資先の「リスクと経済価値」に晒されている状態は、支配を有することの必要条件といえるが、それだけでは支配は成立しないことになる。IFRS第10号においても、「リスクと経済価値」は、支配の有無を判断する際の重要な要因の1つと位置づけている（IFRS10.BC32,BC36）。

図表2-13 「リスクと経済価値」の位置づけ

「ノーリスク、ノーリターン」というように リスクとリターンは表裏一体
⬇
「リスクと経済的便益」は支配の必要条件ではあるが、 十分条件ではない。

5 風評リスク

　風評リスクとは、投資先の破綻が投資者の信用を損なうリスクをいう。投資者に法律上または契約上の義務がなくても、自らの信用を守るために投資先に対する支援を行わざるを得なくするリスクをも意味する。風評リスクは、契約以外を要因とするリスクであるが、リスクと経済価値に対する投資者のエクスポージャーの一部であると考える。風評リスクそれ自体ではパワーを有することを示すものではないが、投資先に対するパワーが得られる権利を投資者が確保しようとするインセンティブを増大させ、パワーがあることを示唆する可能性がある。このため、支配を判定する際に、風評リスクは他の事実および状況とともに考慮すべき要因として扱う（IFRS10.BC37-BC39）。

5 要素3：パワーとリターンの関連性

1 要件

　投資者が投資先に対するパワーと投資先への関与から生じる変動リターンに対するエクスポージャーとの間に関連性が存在することが求められる。したがって、投資先を支配する投資者は、自己の便益のために投資先のリターンに影響を与えるパワーを投資先に対して行使する能力を有していなければならない。

　投資者が投資先に対してパワーを有しているものの、そのパワーから便益を享受することができない場合、投資先を支配していない。その逆に、投資先からの変動リターンにエクスポージャーを有しているものの、投資先のリターンに重要な影響を及ぼす活動を指図するようにパワーを行使できない投資者も、その投資先を支配していない。このため、投資先の関連性のある活動に対するパワーを有する投資者（意思決定者）が投資先を支配しているかどうかを評価する際には、以下の事項を検討する（IFRS10.B58）。

- 意思決定者は、本人と代理人のどちらの立場で意思決定を行っているか。
- 意思決定権を有する他の当事者が投資者の代理人（事実上の代理人）として行動しているか。

　意思決定者が他人のために意思決定を行う代理人である場合、その意思決定者は関連性のある活動に対する指図する権利を有していても、パワーとリターンの関連性がないため投資先を支配していない。また、事実上の代理人が存在する場合、その代理人の意思決定権を投資者が直接保有しているものとして扱う。

■5 要素3：パワーとリターンの関連性

図表2-14　パワーとリターンの連動性

| パワーとリターンの連動性 | 自己のリターンの大きさに影響を与えるために、投資先に対するパワーを行使することができる能力を有している。 |

- 投資先への関与から生じる自己へのリターンに影響を及ぼすようにパワーを行使できる能力をいう。
- 意思決定者が代理人に該当する場合、この要件を満たさない。

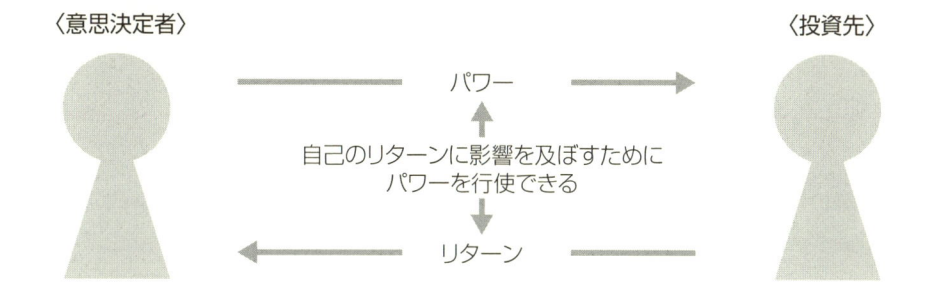

〈意思決定者〉　　　　　　　パワー　　　　　　　〈投資先〉

自己のリターンに影響を及ぼすために
パワーを行使できる

リターン

| 代理人の検討 | 意思決定者は、本人または代理人のどちらかの立場で意思決定をしているか |
| 事実上の代理人の検討 | 意思決定権を有する他の当事者が投資者の代理人であるか |

2 代理人

(1) 定義

　代理人とは、契約または法律によって他の当事者（本人）のための行動に従事する者をいう。したがって、代理人が投資先の活動を指図するパワーを有する意思決定者の場合、その代理人は他の当事者の最善の利益のために行動しなければならない。代理人の定義から、代理人はより広い受託者責任による他の当事者の利益ではなく、パワーを委任した当事者（すなわち、本人）の利益を最優先にして行動する義務がある場合に限定される。したがって、法律または契約により他の当事者の利益を最優先にして行動する義務のある

意思決定者（広く受託責任を有するもの）のすべてが常に代理人に該当することにはならない。受託責任者の意思決定により影響を受けるリターンの大半をその受託者が受領する場合（受託者による支配が示唆される）、受託責任を有する意思決定者は、必ずそのように行動することが前提とされるためである。したがって、意思決定者は、単に自らの意思決定により他の者が便益を受けられるというだけでは、その意思決定者は代理人とはいえない（IFRS10. B58, BC130）。このように、パワーを委任した当事者の最善の利益のために行動する義務があったとしても、意思決定者が本人に該当する場合がある。

(2) 判定基準

意思決定者が本人と代理人のどちらであるかの検討は、図表２－15に示すように、意思決定者自身と投資先および他の当事者との全体的な関係を考慮し判定する。ただし、１人の当事者が、意思決定者から意思決定権を何時でも理由なく剥奪する解任権を有している場合、その解任権は実質的な権利であることから他の要件を考慮することなく、その意思決定者は代理人となる（IFRS10.B60,B61）。１人の当事者が単独で解任権を有していても、理由がなければ行使できない解任権（例えば、不正、不法行為、重過失があった場合に限り行使できる場合）は、実質的な権利の要件を満たさないと考えられる。

■ 5 要素３：パワーとリターンの関連性

図表２−15　意思決定者の本人または代理人の判定

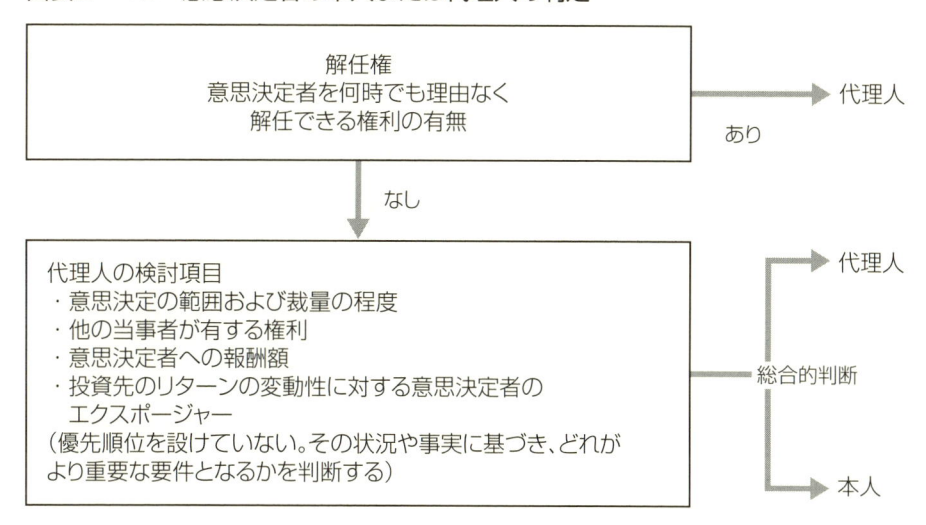

```
┌─────────────────────────────────────┐
│           解任権                     │
│   意思決定者を何時でも理由なく       │──── あり ──→ 代理人
│     解任できる権利の有無             │
└─────────────────────────────────────┘
              │ なし
              ▼
┌─────────────────────────────────────┐
│ 代理人の検討項目                     │
│ ・意思決定の範囲および裁量の程度     │        ┌──→ 代理人
│ ・他の当事者が有する権利             │        │
│ ・意思決定者への報酬額               │── 総合的判断
│ ・投資先のリターンの変動性に対する   │        │
│   意思決定者のエクスポージャー       │        └──→ 本人
│ (優先順位を設けていない。その状況や事実│
│  に基づき、どれがより重要な要件となる│
│  かを判断する)                       │
└─────────────────────────────────────┘
```

図表２−16　代理人がパワーを保有するか否かの判定

項　目	内　容
投資先の目的および設計の理解	投資先がさらされるリスクを識別し、どの当事者にそのリスクを負担または享受するように設計されているかを評価する（IFRS10.B63）。

項　目	内　容	ガイダンス
意思決定ができる範囲や裁量の大きさ（IFRS10.62）	活動が契約や特定の法律により認められているか	・代理人と本人の間の法律上の契約関係は必須ではない。
	意思決定者の裁量の程度	【裁量に制限がない場合】 ・本人である可能性が高い。 【裁量に制限がある場合】 ・常に代理人とはいえない。

他の当事者が有する権利－排除権および解任権 （IFRS10.B64）	他の当事者が有する意思決定権者に対する実質的な排除権や解任権の存在	【単一の当事者が無条件に解任権を行使できる場合】 • 単一の当事者が無条件に意思決定者を解任できる場合には、意思決定者は代理人となる。 【複数の当事者の同意で解任権が行使される場合】 • 複数の当事者が解任権を有する（複数当事者同意により行使できる解任権を含め）場合、それのみでは代理人とは判断できない。 • 解任権を保有するまたは同意が必要な当事者が多いほど、代理人でない可能性が高い。 【実質的な権利であるか】 • 投資先の破綻や財務制限条項に抵触する場合等の一定の事由がなければ解任権が行使できない場合、その解任権は自己を保護する権利に過ぎない。 【解任権と同等の権利】 • 意思決定者の裁量を制限する他の当事者が有する実質的な権利（清算権等）がある場合、解任権と同様に考慮する。理由なく行使できる清算権は、清算することで意思決定者も解任されることになり、解任権と同等の権利である。
報酬の内容や水準 （IFRS10.B68）	意思決定者の報酬が、投資先への関与の程度やリターンに比して金額の多寡や変動幅 （ただし、この要件を満たすことのみで意思決定者は代理人であるとは判断できない）	【本人となる可能性が高い場合】 • リターンに対比して報酬の金額や報酬の変動幅が大きいく見合っていない。 【代理人となる可能性が高い場合】 • サービス提供に必要な水準に見合っている。 • 独立した第三者間の取引条件に基づいて決定されている。
投資先に対して保有する他の持分や関与に起因するリターンの変動性にさらされる程度 （IFRS10.B72）	投資先に対する投資や投資先の業績に関する保証の提供等報酬以外の利害関係の影響	【本人である可能性が高い場合】 • 金銭的持分や報酬および他の持分の合計額の程度や変動性の関連性が高い場合。 • 劣後的な持分を意思決定者が保有している場合や投資先の信用リスクを補完する場合。

(3) 他の当事者との関係（事実上の代理人）

投資者が他の当事者に対して自己のために行動することを指図できる他の当事者を事実上の代理人という。投資者と事実上の代理人は、契約上の取決めを伴った関係である必要はない（IFRS10.B73-B75）。ある他の当事者が投資者の事実上の代理人であると判断された場合、支配の有無の判定の際には、事実上の代理人の意思決定権および変動リターンへのエクスポージャーおよび権利をあたかも投資者が直接保有しているかのように扱う。このため、投資者が単独では支配を有していない場合であっても、事実上の代理人が有する権利やリターンの変動性を投資者自身のものと合わせ考慮する結果、投資者が投資先に対する支配を有する場合がある。

図表2-17 事実上の代理人

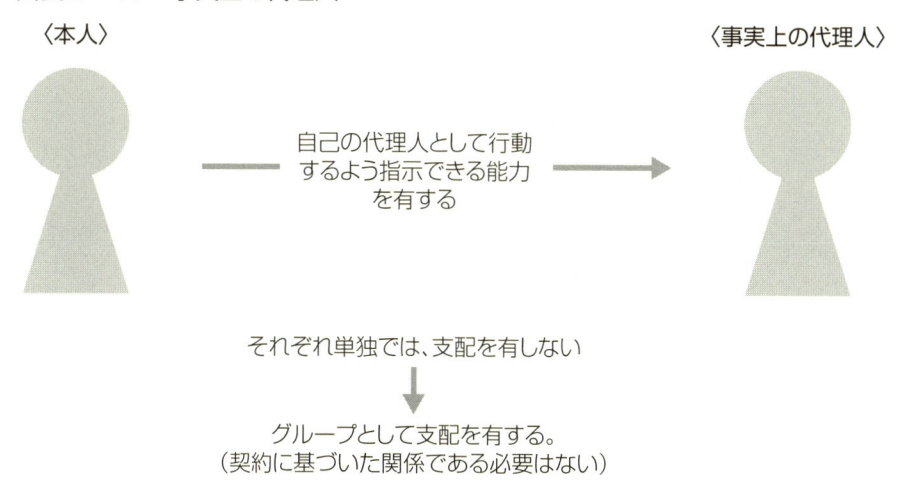

〈本人〉 → 自己の代理人として行動するよう指示できる能力を有する → 〈事実上の代理人〉

それぞれ単独では、支配を有しない
↓
グループとして支配を有する。
（契約に基づいた関係である必要はない）

例えば、以下の事項に該当する当事者は、投資者の事実上の代理人として行動している可能性がある。
- 投資者の関連当事者（IAS 第24号で定義されている）
- 投資先に対する持分を投資者からの出資または借入で調達する当事者

- 投資者の事前承認なしに、投資先の持分の売却、譲渡または担保差入ができないことに同意している当事者（ただし、投資者と他の当事者が事前の承認権を有しており、かつ、当該権利が意思のある独立した当事者により相互に合意された条件を基礎としている場合を除く）
- 投資者の劣後的財務支援なしに、事業活動に必要な資金を調達できない当事者
- 統治機関のメンバーの過半数または主要な経営幹部が投資者のそれらと同じである当事者
- 投資者と密接な業務関係にある当事者（例えば、弁護士事務所、会計事務所や投資銀行等の専門的なサービス提供者とその重要な顧客の関係）

6 議決権による支配の評価

1 議決権によって支配の評価ができる場合

　投資先の関連性のある活動に対する指図が、以下の要件を満たす場合、議決権または類似した権利により関連性のある活動が指図されている場合に該当する。

- 投資先は、そのリターンに重要な影響を与える営業および財務活動を有しており、かつ、それら活動に関する実質的な意思決定が継続的に必要とされる場合。
- 関連性のある活動が、議決権の過半数を保有する投資者による投票によって指示される場合。
- 経営意思決定機関の構成員が多数決により関連性のある活動を指図し、その構成員が議決権の過半数を保有する投資者の投票によって任命される場合。

　株式の所有割合に応じた議決権を与える持分証券によって支配される投資先の場合は、株式の保有から生じる権利である利益の分配請求権や残余財産請求権が株式の保有割合に比例することから、リターンを受け取る当事者とパワーを有する当事者が一致している。したがって、他の要因がない単純な場合、議決権付株式の過半数以上の保有者が、投資先の支配を有することになる。ただし、議決権が管理業務のみに関連し、議決権以外の契約上の取決めにより関連性のある活動の指図が行われる場合は、議決権により関連性のある活動に対する指図する場合に該当しない（IFRS10.B16,B17）。

2 過半数以上の議決権の保有

(1) 単純な場合

議決権によって関連性のある活動に対する指図が行われ、かつ、関連性のある活動に係る意思決定に関して契約上の取決めがない場合、投資先の議決権の過半数を有している投資者が、投資先に対する支配を有している。

(2) 過半数の議決権の保有で支配がない場合

投資先の議決権の過半数を有している場合であっても、以下に該当する場合は、その投資者は投資先に対するパワーを有していない。

- 投資者の議決権が実質的な権利ではない。
- 他の当事者が意思決定に関する契約上の取決め、または実質的な潜在的議決権等を通じて投資先の関連性のある活動を指示する現在の能力を有しており、かつ、その当事者が投資者の代理人ではない。

(2)-1 議決権が実質的な権利ではない場合

投資者の議決権が実質的な権利ではない例として、投資先が更正会社、整理会社、破産会社その他これらに準ずる会社等であって、更正会社の場合の更正管財人、破産会社の場合の破産管財人等の第三者に投資先の支配が委ねられ投資者との間に有効な支配従属関係が存在しない場合がある。この場合、投資先の議決権の過半数を有している場合でも、投資者が保有する議決権はその実質を伴わないためパワーを有していない。これに対し、更正会社の議決権の過半数を有した投資者が中心となって再建を行う場合や、法律的に清算会社となっていても実質的には投資者の支配下にある休眠会社と異ならない場合には、投資者が実質を伴ったパワーを有する場合がある。

(2)-2 他の議決権保有者が有する実質的な権利

他の議決権保有者が実質的な経営参加権(実質的な権利)を有している場合、

投資者による投資先に対する支配の前提を覆すため、投資者は支配を有していない。これに対し、他の議決権保有者の権利が防御権である場合、投資者の支配を覆さない。

③ 事実上の支配（過半数未満の議決権保有で支配する場合）

　事実上の支配とは、過半数未満の議決権保有により投資先の支配を有する場合をいう。事実上の支配の有無については、図表２－18および図表２－19に示す事項の検討により判定する。投資者が有する議決権、潜在的議決権、および契約上の権利によって誰がパワーを有するのか十分に決定することが可能な場合がある。それ以外の場合では、投資者の持株比率が低いほど、他の株主の分散度合いが低いほど、追加的事項に重きを置いた評価となる。事実上の支配の概念は、10％～15％の低い議決権しか有しない株主による連結を意図したものではない。また、投資先の支配は、投資者がパワーを持つという十分な証拠に基づいているはずであり、逆の証拠がない限り、持株比率最大のものが支配するとみなすことを意図していない。したがって、検討の結果、投資者が支配を有しているかどうかが明確にならない場合には、投資者は投資先の支配を有していないと判断される。

図表2－18　事実上の支配の判定フロー

- ① 他の議決権保有者との契約上の合意により、パワーを与えるに十分な議決権を保有している、または、
- ② 契約に付与された他の権利を保有している

⬇

下記項目の個別および組み合わせによる検討。
- ③ 投資者の議決権の保有規模や議決権の分散状況
- ④ 潜在的議決権の影響
- ⑤ 他の契約上の取決めにより付与された権利と議決権の組み合わせ

⬇

- ⑥ 過去の株主総会における投票パターンの検討

⬇

追加的な事実および状況を検討する。
- ⑦ 契約に基づかない権利
  - 一方的に指示する実務上の能力を有するか（IFRS10.B18）
  - 投資先との特別な関係（IFRS10.B19）
  - 権利に比例しないエクスポージャー（IFRS10.B20）

⬇

以上の検討を行っても投資者が支配を有していることが明確にならない場合、投資者は投資先の支配を有していない（IFRS10.B46）。

図表2－19　事実上の支配を判定する検討事項

検討事項	内　容
①他の議決権保有者との契約上の合意がある場合（IFRS10.B39）	投資者と他の議決権保有者間の契約上の取決めによって、投資者がパワーを得るのに十分な議決権の行使を指示できる場合。
②他の契約により付与された権利がある場合（IFRS10.B42(c)）	他の意思決定権が、議決権との組合せにより関連性のある活動を指図する現在の能力を有することが示唆される場合。例えば、契約に基づき、以下の事項を指示できる権利を保有する場合。 • 投資先のリターンに重要な影響を及ぼす投資先の製造工程の一部を変更できる。 • その他の事業または財務活動を指示できる。 　ただし、投資先が投資者に対する経済的依存（供給業者の主要顧客との関係等）だけでは、投資者が投資先に対するパワーを有することにはならない。
③投資者の議決権の保有規模、議決権の分散状況(IFRS10.B42(a))	投資先の関連性のある活動を指図する契約上の権利のみならず、規模や分散状況によっては、指図する現在の能力による支配が存在し得る。 以下のすべてを満たせば、過半数未満の議決権が関連性のある活動を指示することになる。 • 投資者が筆頭株主である（絶対的な割合）。 • 他の株主の保有株式が広く分散している（相対的な割合）。 • 活発に協力的な議決権行使が行われるように組織化されていない（分散の程度）。 投資先の過去の株主総会における議決権の行使状況（例えば、過去の株主総会に参加した株主の持株比率やその際の議決権の行使状況が現在の行使行動の指標として参照できる可能性）等を含め分析する。 ただし、この要件は議決権の保有割合が最大である投資者による支配の推定を意図したものではなく、また、10％から15％の低い議決権しか有しない投資者による連結を意図したものではない（IFRS10.BC107）。
④潜在的議決権（IFRS10.B42(b)）	実質的な権利であるオプションや転換商品の転換権部分の影響を考慮する。
⑤上記の組み合わせによる場合	上記の各項目について単独の評価のみならず、それらを組み合わせた場合の影響も考慮する。
⑥過去の株主総会における投票パターンの検討	他の株主の投票内容ではなく、株主総会に通常出席する株主の議決権の総数を検討する。 投資者の保有割合が少ないほど、または議決権保有者の分散の程度が低いほど、⑦「契約に基づかない権利の評価」の重要性が増す。

図表2−20　過半数に満たない議決権の保有―例示

議決権の保有割合状況	A社がパワーを有するかの判断
例示1 • A社：48% • A社以外の株主：すべて1%以下 • 議決権行使について、お互いに協議・共同するような契約等の取決めはない。	A社がパワーを有する。
例示2 • A社：40% • 他に12名の株主：それぞれ5% • 株主の契約によりAは関連性のある活動に対する指示に対して責任を有する管理者を任命、解任等する権限を有している。この契約の変更は、3分の2の議決権を必要とする。	議決権のサイズでは、A社が支配を有しているか否か十分な結論を出せない。 しかし、A社は経営管理者の任命、解任等をする契約上の権限は、投資先に対する支配を示唆する。
例示3 • A社：45% • B社：26% • C社：26% • 他に3株主がそれぞれ1% • 議決権行使について、お互いに協議・共同するような契約等の取決めはない。	A社はパワーを有していない。 他の2つの株主が共同することで、A社が行う関連性のある活動に対する指示を妨げることができるため。
例示4 • A社：45% • 他に11名の株主：それぞれ5% • 議決権行使について、お互いに協議・共同するような契約等の取決めはない。	保有規模とその他の株主の分布状況のみでは判断できない。 追加的な証拠または指標の検討が必要である。

4 潜在的議決権

　潜在的議決権とは、その権利行使によって投資先の財務または営業の方針決定に関する追加的な議決権を与えるか、または他の株主の議決権の減少をもたらすものをいう。例えば、新株予約権、株式コールオプション、転換社債等がある（IFRS10.B47）。投資先に対する支配の評価に際し、既存の議決権のみならず投資者および他の当事者が保有する潜在的議決権の影響を含め、それらの組み合わせによってパワーを有するかどうかを評価する。

図表2-21　潜在的議決権の評価

| 潜在的議決権 | ・パワーは能力である。
・未行使および現在行使可能でない潜在的議決権もパワーとなり得るため、その影響を考慮する。 |

⬇

・影響を考慮する潜在的議決権は、実質的な権利の要件を満たす場合に限られる。
・自己の保有分だけでなく、他の当事者の保有分も考慮する。

⬇

【潜在的議決権が実質的なものであるかどうかの評価項目（IFRS10.B48）】
潜在的議決権が実質的なものであるか否かの決定は、行使価格または転換価格とその時点の株式の市場価格との比較のみによって判断しない。以下項目を総合的に判断する。
・投資者が投資先に関与する目的および設計
・潜在的議決権の目的およびその設計
・権利行使を妨げる障壁（財務上およびその他）があるか
　▶権利行使に関して他の当事者の同意が必要か
　▶権利行使により便益が得られるか
　▶潜在的議決権の契約条件に合意した当事者の意図、動機および理由
・潜在的議決権の取得目的
　▶投資者が他の理由で便益を得られるか

(1) 潜在的議決権の評価が求められる背景

　パワーとは、投資先の活動を指図する現在行使可能な能力を意味し、契約に基づく権利以外の能力を含んだ概念であることから、未行使の潜在的議決権であってもその保有者にパワーをもたらすことがある。例えば、潜在的議決権の保有者の意向により投資先の財務および営業の方針が決定される等、潜在的議決権の保有という事実が結果として意思決定に影響を与える状況がある場合である。また、現在行使可能な潜在的議決権が自動的に支配の評価に影響を与えるものではなく、また、それらが必ずしも現在行使可能である必要はない。

(2) 潜在的議決権の評価

　潜在的議決権が現在行使可能であるかどうかではなく、実質的な権利であるかどうかが問題となる。潜在的議決権が実質的な権利であるということは、潜在的議決権によって投資先の関連性のある活動の指図を必要な時に行使できる実務上の能力をその保有者にもたらすことを意味する。潜在的議決権の影響の分析は、図表２−21に示すように、潜在的議決権の目的および設計、投資者が投資先に対する関与の目的および設計を総合的に検討する（IFRS10. B47-B49）。

(3) 潜在的議決権の影響に関する留意事項

　例えば、株式の市場価格の変動といった市場の変化によって潜在的議決権がイン・ザ・マネー（オプション行使時に経済的利益が生じる状態）になったりアウト・オブ・ザ・マネー（オプション行使時に経済的損失が生じる状態）になったりするような事象が、潜在的議決権の実質性の判定に影響を与えるかどうかが問題となる。潜在的議決権が実質的なものであるかどうかを判定する際は、図表２−21に示す要因を考慮した総合的な検討が求められる。行使価格または転換価格と基礎となるその時点の株式の市場価格との比較のみによって判断するものではないことから、市場の状況の変動だけでは、潜在的議決権の実質性には影響を与えないと考えられる（IFRS10.BC124）。

7 議決権による支配の評価ができない場合

1 組成された企業

　組成された企業とは、事業体の支配の判定の要因に議決権付株式または類似する権利が有効とならないように設計されている特徴がある事業体をいう（IFRS12.付録A）。例えば、定款や契約等において事業の範囲を明確に限定して（例えば、リース、研究開発または金融資産の証券化等）設立され、設立後は粛々と事前に取り決められた業務の遂行を前提としており、日々の意思決定が必要な範囲が狭いまたは意思決定の必要がない等のために、継続的な意思決定機関自体が存在しないかまたは機能しないように組成されている事業体である。この組成された企業には、会社形態のみならず、組合、パートナーシップ、有限責任会社、信託等のあらゆる形態が含まれており、一般的に以下の1つ以上の特徴を有している。

- 活動範囲および内容が制限されている。
- 狭く十分に明確化された目的（例えば、税務上有利なリースの実行、研究開発活動の実施、企業への資金源の提供、または組成された企業の資産に関連するリスクと経済価値を投資者に移転することによる投資者への投資機会の提供等）。
- 劣後的な財政的支援なしに活動資金を調達するには不十分な資本規模である[5]。
- 信用リスクまたはその他のリスクの集中（トランシェ）を生み出す、投資者への複数の契約上関連した金融商品の形での資金調達を行っている。

---

[5] ただし、議決権により支配されている企業が、リストラクチャリングの結果として第三者から資金提供を受けた場合、そのこと自体により当該企業が組成された企業とされるものではない（IFRS12.B24）。

このような特徴を有した組成された企業には、証券化ビークル、資産担保金融および一部の投資ファンドなどがある（IFRS12. B22,B23）。

2 組成された企業の支配の評価

　組成された企業が投資先の場合、議決権付株式の所有割合といった法的形式により支配の有無を判定できないことから、支配の3要件について組成された企業の経済的実態の実質的な分析を通じて支配の有無を評価する。

　IFRS第10号は、定量的な指標や具体的な判断指針を設けずに支配の3要件について形式的ではなく実質的な分析によって支配の有無の判断を求めている。これは、組成された企業に対して強い関与を確保しているにも関わらず、支配の有無の判断材料として明示されていない様々な手段を用いることによって支配を有しているとの判定の回避を阻止することを意図している。

8 継続的な評価

　支配の3要件のうち1つでも変更が生じたことを示唆する事実および状況がある場合、各報告日末に限定せず投資先に対する支配の有無を再評価する（IFRS10.8）。例えば、以下の事象が生じたときに、支配の3要件の変化が生じる可能性がある。

- 投資先に対する持分の増減
- 潜在的議決権の付与または失効
- 関連性のある活動に対する意思決定方法の変更
- 破産
- ある当事者が他の投資者から持分を取得または売却

設例1

過半数の議決権を有する株主が支配を有することを妨げる追加的な権利

前提条件

- D社の普通株式の所有割合は以下のとおりである。
  A社：60％、B社：20％、C社：20％
- D社の関連性のある活動の意思決定は、少なくとも75％の保有する株主の同意が必要である旨の取決めを3社間で取り交わしている。

問題

A社はD社を支配しているか。

分析

(1) B社とC社は、実質的な権利を有しているか

B社とC社が有する取決めに基づく権利は、A社がD社の関連性のある活動に対する一方的な決定を行うことを妨げる能力を与えているため、B社とC社の持分を保護する単なる防御的な権利ではない。このため、B社とC社は、D社の関連性のある活動に対する実質的な権利を有していると考えられることから、A社は、D社に対する支配を有していない。

(2) 共同支配の要件を満たすか

B社またはC社のどちらも同意を差し控えることによって決定を阻止することはできないため（同意者が特定されていない）、D社は共同支配の取決めの定義を満たさない。

結論

A社はD社に対して支配を有していない。また、共同支配の取決めにも該当しない。

設例2

ある投資者が議決権の過半数を保有する一方で、他の投資者が少数の議決権と追加的な議決権を取得するオプションを有している場合

＜IFRS第10号付録B 設例9を加筆修正＞

前提条件

- 投資者Aは、投資先Cの議決権の70％を保有し、議決権の行使によって投資先Cの関連性のある活動を積極的に指図している。
- 投資者Bは、投資先Cの議決権の30％とともに、投資者Aの議決権の半分を取得するオプションを有している。オプションの行使によって投資者Bは、65％の議決権を有することになる。
- このオプションは今後2年間にわたり固定価格で行使可能であるが、ディープ・アウト・オブ・ザ・マネー（オプション行使時に大きな経済的損失が生じる）の状態であり、また、その状態が今後2年間続くと見込まれている。

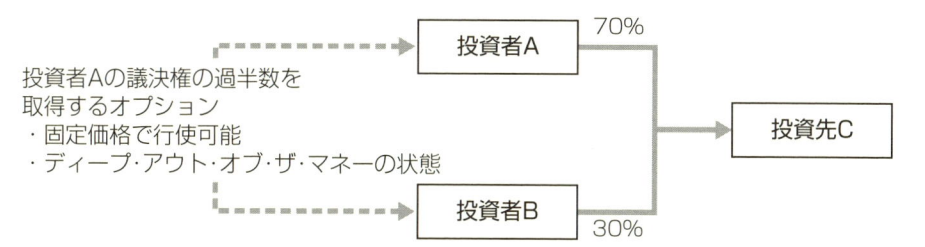

```
投資者Aの議決権の過半数を
取得するオプション
・固定価格で行使可能
・ディープ・アウト・オブ・ザ・マネーの状態
```

投資者A ── 70% ──→ 投資先C
投資者B ── 30% ──→ 投資先C

問題

投資先C社を支配する投資者は誰か。

> 分 析

(1) 投資者Bが有するオプションは、実質的な権利であるか

　投資者Bは、追加的な議決権を購入する現在行使可能なオプション（行使されれば、投資先に対する議決権の過半数を得ることになるオプション）を有しているが、行使によって経済的損失を被る状態にあることから、当該オプションは実質的な権利とはいえない。

(2) 投資者Aは、実質的な権利を有しているか

　投資者Aは、関連性のある活動を指図する現在の能力を有しており、パワーの要件を満たす可能性が高い。

> 結 論

　投資者Aが、投資先Cを支配している。

設例3

潜在的議決権の影響
＜IFRS 第10号付録 B 設例10を加筆修正＞

前提条件
- 投資者 A および他の2名の投資者が、それぞれ投資先の議決権の3分の1を保有している。
- 投資先の事業活動は投資者 A の事業と密接に関連したものである。
- 投資者 A は投資先の普通株式に固定価格でいつでも転換できる転換社債を保有しており、それはアウト・オブ・ザ・マネー（オプション行使時に経済的損失が生じる）の状態にある。しかし、ディープ・アウト・オブ・ザ・マネーではない。当該転換社債を転換した場合、投資者 A は投資先の議決権の60％を有することになる。

問題
投資者 A が保有する転換社債は実質的な権利といえるか。

分析
投資先の事業は投資者 A の事業と密接に関連している。このため、投資者 A は、転換社債を普通株式に転換することによって、双方の事業活動を組み合わせ融合させることで従来以上の便益を得ることができる。このため、その転換社債は、投資先に対する議決権とともに関連性のある活動を指図する現在の能力を与える実質的な潜在的議決権といえる。

結論
投資者 A は投資先に対するパワーを有している。

設例4

特定の事象が発生するまで、投資先の活動が事前に決定されている場合
＜IFRS第10号付録B 設例11を加筆修正＞

前提条件

- 事業体Aの設立文書に明記されている唯一の事業活動は、投資者のために債権を購入して、日々、回収サービス業務を行うことである。回収サービス業務には、期限が到来した元本および金利の回収および引渡が含まれる。
- 購入債権が不履行となった場合には、事業体Aは自動的に当該債権を投資者Bに売却するプット契約が別途合意されている。

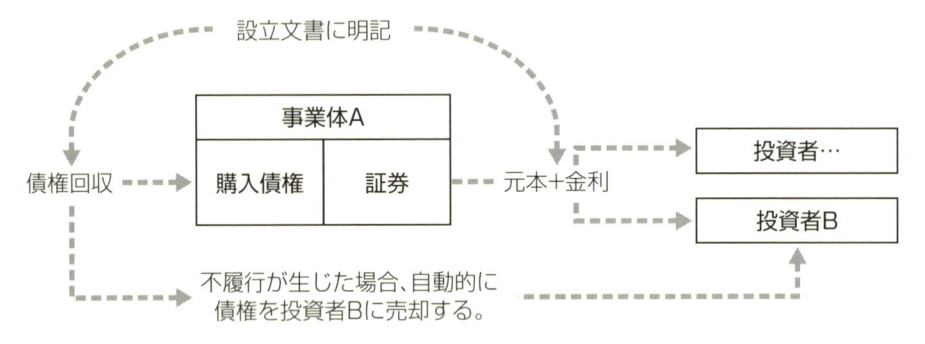

```
         ┈┈┈┈ 設立文書に明記 ┈┈┈┈
        ↓                        ↑
              ┌──────────────┐
              │   事業体A     │
              ├──────┬───────┤         ┌─────────┐
        →    │購入債権│ 証券 │ ┈┈→    │投資者…  │
 債権回収     └──────┴───────┘ 元本+金利├─────────┤
                                        │投資者B   │
              不履行が生じた場合、自動的に  └─────────┘
              債権を投資者Bに売却する。      ↑
                                          ┈┘
```

問題

事業体Aの関連性のある活動は何か、また支配を有するのは誰か。

分析

(1) 不履行発生前の管理活動

不履行発生前の債権の管理活動は、事前に決定された行動（期限が到来する都度キャッシュ・フローを回収してそれを投資者に引き渡すだけ）であり、事業体Aのリターンに重要な影響を及ぼす可能性のある実質的な意思決定を

必要としないため、関連性のある活動とはいえない。
(2) 不履行発生時の管理活動
　事業体Aの資産は債権のみであり、不履行発生時の債権の管理が事業体Aのリターンに重要な影響を及ぼす可能性のある唯一の活動（事業体Aの関連性のある活動）である。債務不履行時の債権を管理する能力は、投資者Bが有している。
(3) 特定の条件を前提としたパワー
　投資者Bは、債務不履行という特定の状況が生じた場合のみ債権管理の活動を指図でき、不履行前の段階では意思決定できない。しかし、不履行発生時にのみ意思決定が必要であり、投資者Bは、必要な時に意思決定できるといえる。
(4) 法的な境界線の内外
　不履行債権の管理は事業体Aが行う活動ではなく、事業体Aの外で行われる活動（法的な境界線の外で管理する活動）であるが、その活動は取引の全体および事業体Aの設立と不可分であり、プット契約の条件と事業体Aの設立文書とを一緒に考慮する。

結論

　不履行発生時の債権の管理が事業体Aの唯一の関連性のある活動である。投資者Bが不履行発生時にのみ債権の所有権を取得し、事業体Aの法的な境界線の外で不履行債権を管理することになるが、不履行が生じていない状況においても投資者Bが事業体Aに対するパワーを有しているといえる。

■第2章　子会社の判定

設例5

ファンド・マネジャーが本人か代理人かの評価（1）
＜IFRS第10号付録B 設例13を加筆修正＞

前提条件

- ファンド・マネジャー（意思決定者）は、規制対象の上場ファンドを設立し、販売および管理を行っている。このファンドは、上場企業の持分証券の分散ポートフォリオへの投資として投資者に販売された。
- 国内法等で要求されている投資委任事項において事前設定されているパラメーターの範囲内で、ファンド・マネジャーは投資する資産について自由裁量を有している。
- ファンド・マネジャーは、ファンドに10％の比例的投資を行い、10％の投資を超えるファンドの損失に対して何ら義務を負わない。
- ファンドは、独立の取締役会を設置する必要はなく、設置していない。投資者は、ファンド・マネジャーの意思決定権限に影響を及ぼす実質的な権利を有していないが、ファンドが設定した特定の限度内で持分の償還を受けることができる。
- ファンド・マネジャーは、ファンドの純資産価値の1％に相当する報酬を受け取る。この報酬は提供するサービスに見合った市場ベースのものである。

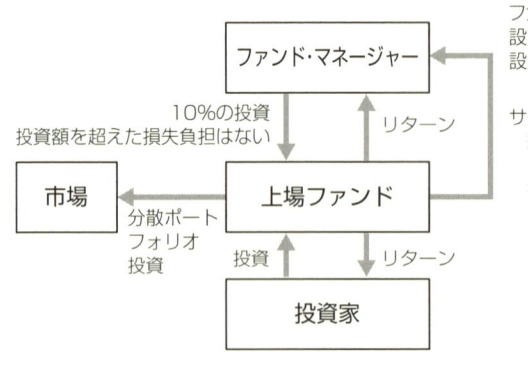

ファンド・マネジャーは、投資委任事項で狭く設定されたパラメーターに従い、上場ファンドを設立し、販売および管理を行っている。

サービス報酬
　純資産価値の1％
　サービス報酬は、ファンド・マネジャーが提供するサービスに見合っている

（図）
ファンド・マネジャー ← 10％の投資／投資額を超えた損失負担はない／リターン ← 上場ファンド → 分散ポートフォリオ投資 → 市場／投資 ← リターン → 投資家

84

■設例5

問題
意思決定者であるファンド・マネジャーは本人または代理人のどちらか。

分析
(1) 意思決定の範囲

投資委任事項に示されたパラメーターの範囲内で、かつ、規制上の要求に従ってファンドの運営が行われているが、ファンド・マネジャーは、ファンドと関連性のある活動を指図する現在の能力を与える意思決定権を有している（投資者は、ファンド・マネジャーの意思決定権限に影響を及ぼし得る実質的な権利を有していない）。

(2) 報酬のレベル

ファンド・マネジャーは、提供するサービスに見合った市場ベースのサービス報酬を受け取るとともに、上場ファンドへの比例的投資を行っている。投資と受領する報酬により、ファンド・マネジャーは上場ファンドの活動からのリターンの変動性に対するエクスポージャーにさらされているが、ファンド・マネジャーが本人であることを示すほどの重要なエクスポージャーとはいえない。

結論

上場ファンドからのリターンの変動性に対するファンド・マネジャーのエクスポージャーと、制限されたパラメーターの範囲内での意思決定権限（意思決定権限の範囲が狭い）とを併せて考慮すると、ファンド・マネジャーが代理人であることが示される。

設例6

ファンド・マネジャーが本人か代理人かの評価（2）
＜IFRS第10号付録B 設例14－14Cを加筆修正＞

前提条件

　ファンド・マネジャー（意思決定者）は、多数の投資者に投資機会を提供するファンドを設立し、販売および管理を行っている。以下シナリオ1～3における共通の前提は以下のとおりである。また、各シナリオは独立している。

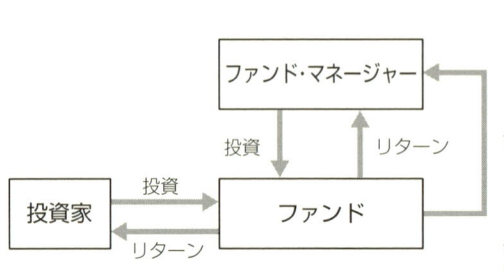

```
                    ファンド・マネジャー
                     ↑         │
                     │投資    │リターン
                     │         ↓
  投資家  ──投資──→  ファンド
         ←─リターン──
```

ファンド・マネジャーは、すべての投資家の利益を最優先し、当該ファンドの管理契約に従って、意思決定を行う必要があるが、広い範囲の意思決定の自由裁量を有している。

サービス報酬
　定　額　報　酬：運用資産の1％
　業績連動報酬：所定の業績を達成した場合、
　　　　　　　　利益の20％

サービス報酬は、ファンド・マネジャーが提供するサービスに見合っている

●シナリオ1

前提条件の追加

- ファンド・マネジャー自身のファンドに対する投資

　ファンド・マネジャーは、ファンドに対して2％の投資を有しているが、これは自らの利害を他の投資者と一致させるものである。また、2％の投資を超えるファンドの損失に対しては何ら義務を負っていない。

- ファンド・マネジャーの解任権

　投資者はファンド・マネジャーを単純過半数の投票で解任できるが、契約違反を理由とする場合のみである。

> **問　題**

意思決定者であるファンド・マネジャーは本人または代理人のどちらか。

> **分　析**

(1) ファンドの活動からのリターンの変動性に対するエクスポージャー

　2％の投資により、ファンドの活動からのリターンの変動性に対するエクスポージャーは増加しているが、ファンド・マネジャーが本人であることを示すような重要なエクスポージャーは生じさせていない。報酬を単独で考えた場合にファンド・マネジャーが本人であることを示すような、ファンドの活動からのリターンの変動性に対する重要なエクスポージャーを生じさせているとはいえない。

(2) ファンド・マネジャーの解任権

　契約違反の場合にのみ行使可能なものであるため、防御的な権利である。

> **結　論**

ファンド・マネジャーは代理人であり、ファンドを支配していない。

●シナリオ２

> **前提条件の追加**

- ファンド・マネジャー自身のファンドに対する投資

　ファンド・マネジャーは、ファンドに対して20％の比例的投資を有している。また、20％の投資を超えるファンドの損失に対しては何ら義務を負っていない。

- ファンド・マネジャーの解任権

　投資者はファンド・マネジャーを、契約違反を理由にのみ単純過半数の投票で解任できる。

■第2章　子会社の判定

> 問　題

意思決定者であるファンド・マネジャーは本人または代理人のどちらか。

> 分　析

(1)　ファンドの活動からのリターンの変動性に対するエクスポージャー
　　ファンド・マネジャーの20%の投資と報酬との組合せにより、ファンド・マネジャーが本人であることを示すだけの重要性のあるファンドの活動からのリターンの変動に対するエクスポージャーが生じている。
(2)　ファンド・マネジャーの解任権
　　契約違反の場合にのみ行使可能なものであるため、防御的な権利である。

> 結　論

ファンド・マネジャーは本人であり、ファンドを支配している。

● シナリオ3

> 前提条件の追加

- ファンド・マネジャーのファンドに対するファンド・マネジャーの投資
　　ファンド・マネジャーは、ファンドに対して20%の比例的投資を有している。また、20%の投資を超えるファンドの損失に対して何ら義務を負っていない。
- ファンド・マネジャーの解任権
　　ファンド・マネジャーとの契約を毎年更新する。無条件で解任できる。ファンド・マネジャーが行っているサービスは、その業界における他のマネジャーが行うことができる。

> 問　題

意思決定者であるファンド・マネジャーは本人または代理人のどちらか。

分 析

(1) ファンド・マネジャーの解任権

投資者はファンド・マネジャーを無条件で解任できるため、投資者が有する解任権は実質的な権利である。

結 論

投資者が実質的な解任権をするため、ファンド・マネジャーは代理人である。

設例7

ファンド・マネジャーが本人か代理人かの評価（3）
＜IFRS第10号付録B 設例15を加筆修正＞

前提条件

- 投資先は、固定金利の資産担保証券のポートフォリオを購入するために設立され、固定金利の債券と持分証券で資金調達している。持分証券は、債券投資者にファースト・ロスからの保護を提供し、投資先の残余リターンを受け取るように設計されている。

- 潜在的な債券投資者に対し、資産担保証券のポートフォリオへの投資として販売されており、当該証券は、ポートフォリオ中の資産担保証券の発行者に関する債務不履行の可能性についての信用リスクおよびポートフォリオの管理に関連した金利リスクへのエクスポージャーにさらされている。

- アセット・マネジャーは、このアクティブ資産ポートフォリオを、投資先の目論見書で示したパラメーターの範囲内の投資意思決定を行うことにより管理する。

- アセット・マネジャーは、市場ベースの定額報酬（運用資産の1％）と、投資先の利益が所定の水準を超えた場合の業績連動報酬（利益の10％）を受け取る。この報酬は、提供するサービスに見合ったものである。

- アセット・マネジャーは投資先の持分の35％を保有している。残りの65％の持分と、債券のすべては、多数の広く分散した関連のない第三者である投資者が保有している。

- アセット・マネジャーを、他の投資者の単純過半数の決定により無条件に解任することができる。

- 設立時に発行された持分証券は購入した資産の価値の10％である。

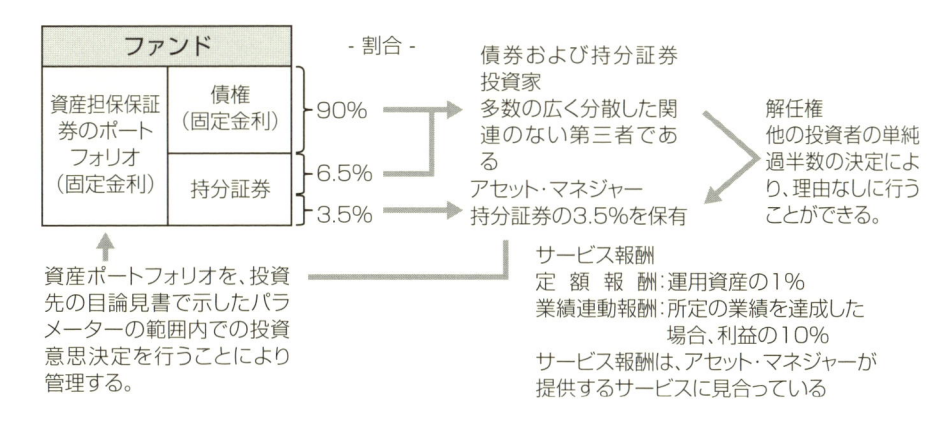

```
┌─────────────────────┐      - 割合 -    債券および持分証券
│      ファンド        │                  投資家              解任権
├──────────┬──────────┤                多数の広く分散した関   他の投資者の単純
│ 資産担保保証│  債権    │──90%─→      連のない第三者であ    過半数の決定に
│ 券のポート  │(固定金利) │                る                   より、理由なしに行う
│ フォリオ    ├──────────┤──6.5%─┐      アセット・マネジャー  ことができる。
│ (固定金利)  │  持分証券 │──3.5%─→    持分証券の3.5%を保有
└──────────┴──────────┘
      ↑                                サービス報酬
                                        定 額 報 酬:運用資産の1%
資産ポートフォリオを、投資                業績連動報酬:所定の業績を達成した
先の目論見書で示したパラ                            場合、利益の10%
メーターの範囲内での投資                サービス報酬は、アセット・マネジャーが
意思決定を行うことにより                提供するサービスに見合っている
管理する。
```

問 題

意思決定者であるアセット・マネジャーは本人または代理人のどちらか。

分 析

(1) アセット・マネジャーのパワー

投資先の目論見書で示したパラメーターの範囲内で運営しているが、アセット・マネジャーは、投資先のリターンに重要な影響を及ぼす投資意思決定を行う現在の能力を有している。

(2) ファンドの活動からのリターンの変動性に対するエクスポージャー

持分の35%の保有と報酬により、ファンドの活動からのリターンの変動性に対するエクスポージャーを有している。

(3) ファンド・マネジャーの解任権

他の投資者の有する解任権は、多数の広範囲に分散した投資者が保有しているため、分析における重要性は低い。

結 論

この設例では、負債に劣後する資本持分による、ファンドのリターンの変動性に対するアセット・マネジャーのエクスポージャーのほうが重視される。

持分の35％の保有により、損失への劣後エクスポージャーと投資先のリターンへの権利が生じており、アセット・マネジャーが本人であることを示すだけの重要性がある。

アセット・マネジャーは、本人として意思決定を行っており投資先を支配している。

設例8

ファンド・マネジャーが本人か代理人かの評価（4）
＜IFRS第10号付録B 設例16を加筆修正＞

前提条件

- スポンサー（意思決定者）が、複数の譲渡人から債権を買い入れるマルチセラー型導管体に出資し、短期債券を関連性のない第三者の投資者に発行する。この取引は、潜在的な投資者に高格付けの中期資産のポートフォリオへの投資として販売され、ポートフォリオ中の資産の発行者の支払不履行の可能性に関する信用リスクへのエクスポージャーは最小限なものとなっている。
- 各譲渡人は、
  ・導管体に売却する資産のポートフォリオの回収サービス業務を行い、支払不履行時の債権の管理を市場ベースのサービス報酬で行う。
  ・導管体に移転された資産の超過担保を通じて、導管体に対する信用補完を行っている。
- スポンサーは、
  ・導管体の条件を設定し、提供するサービスに見合った市場ベースの報酬で導管体の運営を管理する。
  ・導管体への売却が認められる売手の承認、導管体が購入する資産の承認、および導管体の資金調達に関する意思決定を行う。
  ・すべての投資者の利益を最優先に行動しなければならない。
  ・導管体の残余リターンに対する権利を有し、導管体に信用補完および信用供与枠も提供する。スポンサーが提供する信用補完は、譲渡人が損失を吸収したあとの、導管体のすべての資産の5％までの損失を吸収する。信用供与枠は、支払不履行となった資産に対しては提供されない。

問題

意思決定者であるスポンサーは本人または代理人のどちらか。

分析

(1) パワー保有者の分析

投資者は、スポンサーの意思決定権限に影響を与え得る実質的な権利を有していない。スポンサーは、導管体の条件を設定し、資産に関する意思決定（購入する資産と当該資産の譲渡人の承認）および導管体の資金調達といった広範な意思決定権限を有している。このため、導管体の資産の価値に影響を及ぼす意思決定権を有しているそれぞれの譲渡人よりも導管体のリターンに最も重要な影響を及ぼす活動を指図する現在の能力を有しているといえる。

(2) リターンのエクスポージャーにさらされているか

スポンサーには、そのサービスに見合った市場ベースの報酬が支払われるが、さらに導管体の残余リターンに対する権利および信用補完ならびに信用供与枠の提供によって、スポンサーは導管体の活動からのリターンの変動性に対するエクスポージャーを有している。

(3) パワーとリターンの関連性があるか

スポンサーは、導管体の残余リターンに対する権利および信用補完ならびに信用供与枠の提供により、導管体の活動からのリターンについて他の投資者とは異なる変動性にさらされている。したがって、そのエクスポージャーは、スポンサーが本人であることを示している。スポンサーがすべての投資者の利益を最優先して行動する義務は、スポンサーが本人となることを妨げるものではない。

結論

スポンサーは本人として意思決定を行っており、導管体を支配している。

第3章
非支配持分とのれん

- 非支配持分とは、子会社に対する持分のうち親会社に直接または間接的に帰属しないものであり、具体的には①支配獲得日における非支配持分の帰属額と②支配獲得日以降の純資産の変動に係る非支配持分の帰属額から構成される。
- 支配獲得日の非支配持分帰属額の測定方法は、支配を獲得した子会社毎に、①支配獲得日の公正価値と②支配獲得日の子会社の識別可能な純資産に対する非支配持分相当額の2方法から選択適用する。
- のれんとは、企業結合で取得されたその他の資産から生じる経済的便益を表す資産であり、個別に識別されず他と区別して認識および測定できないものをいう。正ののれんは資産計上し、割安購入益（負ののれん）は損益として会計処理する。
- のれんは非償却資産として扱い、IAS第36号に従って、少なくとも年1回または減損の兆候がみられる都度減損テストを実施する。
- 非支配持分の測定について上述の代替的な測定方法が認められており、どちらを適用したかによってのれんの計上額が異なる。このため、純資産の持分割合額をもって測定した場合、公正価値測定した場合と同様ののれん計上額となるようにのれんをグロスアップし減損テストを行う。

1 非支配持分

1 非支配持分の定義

　非支配持分[1]とは、子会社に対する持分のうち親会社に直接または間接的に帰属しないものをいう（IFRS3. 付録A）。具体的には、以下の2つの要素から構成される。

- 支配獲得日における純資産の非支配持分帰属額
- 支配獲得日以降の純資産の変動に係る非支配持分帰属額

　子会社の純資産に対する非支配持分は、決済により企業集団からの経済的便益の流出が予想される現在の債務を生じさせないため、概念フレームワークにおける負債の定義を満たさない。むしろ、非支配持分は企業集団内の子会社の一部の株主が保有する当該子会社の純資産に対する残余持分を表していることから、資本[2]を構成するといえる。

　このため、連結財政状態計算書において非支配持分を資本の中に、親会社の株主資本と区分して表示する。

2 支配獲得日における非支配持分の測定

(1) 非支配持分の測定方法の選択

　支配獲得日における非支配持分帰属額の測定方法は、支配を獲得した子会社毎に、以下の2つの方法から選択適用する（IFRS3.19, BC217-BC218）。

1　持株基準ではなく支配モデルを適用し支配の有無を判定するため、過半数の株主保有者が必ずしも支配するとは限らず、少数の株主保有者が会社を支配する場合がある。このことから、支配者以外の株主の持分を、持分比率という量的な観点からの表現である「少数株主持分」ではなく、支配の有無の区分を表す「非支配持分」と呼称する。

2　概念フレームワークの4.4項(c)において、資本を企業のすべての債務を控除した後の資産の残余持分と定義している。

- 支配獲得日の非支配持分の公正価値
- 支配獲得日の識別可能な純資産に対する非支配持分割合

複数の測定方法からの選択適用が認められており、どちらの方法を選択適用するかにより、以下の事項において差異が生じる。

- のれんの計上額
- 資金生成単位が減損した場合、純損益を通じて認識するのれんの減損額

図表3-1　全部のれんと購入のれん

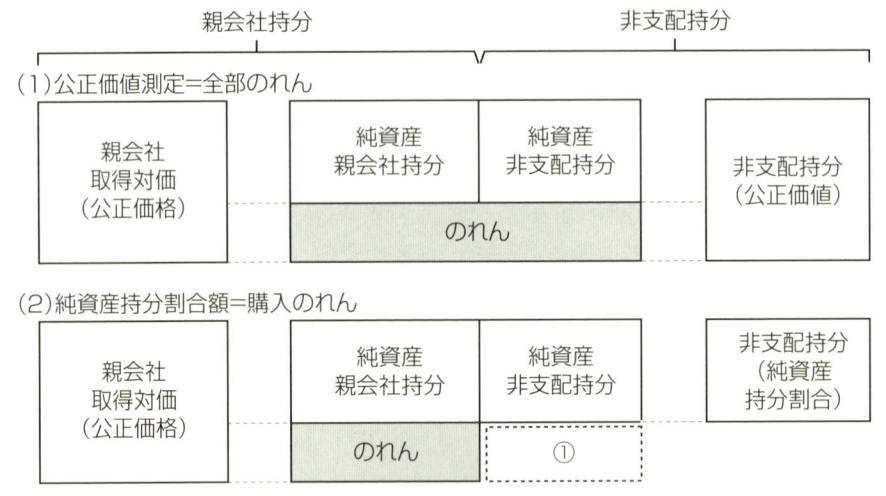

（1）公正価値測定＝全部のれん

| 親会社持分 | 非支配持分 |

| 親会社取得対価（公正価格） | 純資産 親会社持分 | 純資産 非支配持分 | 非支配持分（公正価値） |

のれん

（2）純資産持分割合額＝購入のれん

| 親会社取得対価（公正価格） | 純資産 親会社持分 | 純資産 非支配持分 | 非支配持分（純資産持分割合） |

のれん　①

非支配持分の当初測定を純資産持分割合額で行った場合、破線囲み部分（①）ののれんを認識しないため、公正価値測定した場合より、のれん計上額が小さく算定される。

　支配を獲得した子会社の非支配持分も企業結合における1つの構成要素であり、企業結合の他の構成要素（取得資産、引受負債等）の公正価値測定と整合することから、非支配持分帰属額についても支配獲得日の公正価値測定することが理論的に正しい。しかし、実務上の配慮から子会社の識別可能な純資産に対する非支配持分割合による測定を認めており、会計処理方針を統一する原則（IAS8.13）の例外的な扱いとなっている。

(2) 非支配持分の公正価値による評価手法

支配獲得日の非支配持分帰属額を公正価値測定する場合、その公正価値測定は、以下のどちらかの方法を適用する（IFRS3.B44）。

- 活発な市場価格に基づく公正価値
- 評価技法を用いて算定された公正価値

(3) 支配プレミアムとのれん

非支配持分を公正価値測定する場合、非支配持分および非支配持分に帰属するのれんを親会社持分から推定した額により測定する方法が考えられる。しかし、1株ベースの「親会社の持分（＝1株当たりの公正価値）」と1株ベースの「非支配持分の公正価値」が異なることがある。例えば、60％の持分を取得した場合、「譲渡した対価」の60％に非支配持分の公正価値を加算しても「子会社全体の価値」になるとは限らない。主な差異の原因は、1株ベースの親会社持分の公正価値には支配プレミアムが含まれているためである（IFRS3.B45）。

支配プレミアムとは、支払対価のうちその時点の時価総額（株価×発行済株式数）を超過する部分であり、投資先の支配を獲得するだけの割合を取得する場合に支払う対価の上乗せ分である。また、企業価値が株価に反映されている保証がないことおよび株価に企業の将来の拡大に対する過大な期待が含まれている場合がある。このため時価総額が公正価値に等しいとは必ずしもいえない。したがって、支払対価に含まれる支配プレミアムを識別でき、かつ、信頼性を持って測定可能である場合は支払対価をベースに、それ以外の場合は、直接評価した子会社の公正価値をもとに非支配持分帰属額の公正価値を測定することになる。

(4) 非支配持分の当初認識の測定方法と減損テスト

のれんは、IAS第36号「資産の減損」の対象資産である。非支配持分帰属額の測定方法の違いによってのれんの計上額が異なる影響を、減損テストの

際に考慮する必要がある。(第11章8 1 非支配持分の測定方法と減損テストを参照)

3 支配獲得日後の非支配持分が保有する割合の変動

　IFRS第10号は、企業結合時以外の取引、例えば、子会社に対する親会社および非支配持分の相対的な持分の変動を反映して、親会社および非支配持分に配分する金額を測定する方法について詳細なガイドラインを示していない。親会社による支配が継続する範囲で子会社持分の増減（例えば、追加取得および売却など）が生じた場合、相対的持分の変動を反映するために親会社持分と非支配持分の帳簿価額を修正し、非支配持分の修正額と支払対価または受取対価の公正価値との差額を、親会社の帰属額として資本（資本剰余金）に直接認識し、その際にのれんまたはその他の資産または負債に対する修正は行わないことを求めているのみである（IFRS10.B96）。

　図表3-2および図表3-3に示すように、支配喪失を伴わない持分の変動を伴う取引における相対的持分の変動額は、非支配持分の当初認識時の測定方法と整合した方法が考えられる。

　非支配持分を公正価値測定している場合、のれんを反映した純資産の比例持分を相対的持分変動額とする。これに対し、非支配持分を純資産の持分割合で測定している場合、のれんを反映しない純資産の比例持分を相対的持分変動額とする。

図表3-2　非支配持分割合の変動——公正価値測定の場合

———— 子会社純資産の帰属関係のイメージ ————

(1) 親会社持分の増加時（非支配持分の減少）

	持分変動前	親会社持分割合	非支配持分割合
	↓ 持分変動後	親会社持分割合	非支配持分割合
のれん			減少① 非支配持分
取得時純資産			
取得後純資産増加			

のれんを反映した非支配持分のうち、持分変動部分（①の部分）が非支配持分の減少（親会社持分の増加）となる。

(2) 親会社持分の減少時（非支配持分の増加）

	持分変動前	親会社持分割合	非支配持分割合
	↓ 持分変動後	親会社持分割合	非支配持分割合
のれん		増加② 非支配持分	
取得時純資産			
取得後純資産増加			

のれんを反映した親会社持分のうち、持分変動部分（②の部分）が非支配持分の増加（親会社持分の減少）となる。

■ 第3章 非支配持分とのれん

図表3-3 非支配持分割合の変動——純資産持分割合の場合

―――――― 子会社純資産の帰属関係のイメージ ――――――

(1) 親会社持分の増加時（非支配持分の減少）

	持分変動前	親会社持分割合	非支配持分割合
	↓		
	持分変動後	親会社持分割合	非支配持分割合

のれん		
取得時純資産		分減少① 非支配持
取得後純資産増加		

のれんを反映しない識別可能な純資産の非支配持分のうち、持分変動部分（①の部分）が非支配持分の減少（親会社持分の増加）となる

(2) 親会社持分の減少時（非支配持分の増加）

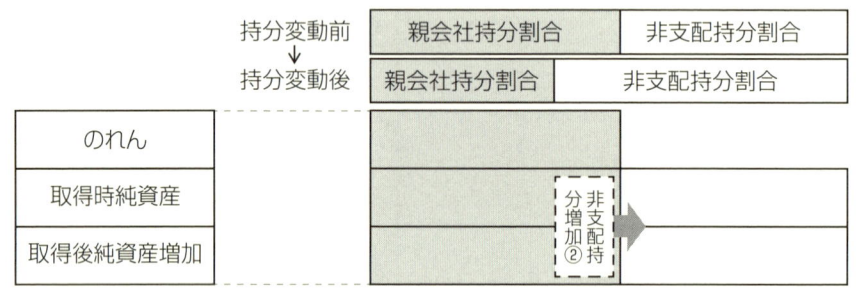

	持分変動前	親会社持分割合	非支配持分割合
	↓		
	持分変動後	親会社持分割合	非支配持分割合

のれん		
取得時純資産		分増加② 非支配持
取得後純資産増加		

のれんを反映しない識別可能な純資産の非支配持分のうち、持分変動部分（②の部分）が非支配持分の減少（親会社持分の増加）となる

2 のれん

1 のれんの定義

のれんとは、企業結合で取得されたその他の資産から生じる経済的便益を表す資産であり、個別に識別されず他と区別して認識されないものをいう（IFRS3.付録A）。したがって、のれんそのものを直接的に測定することができないため、以下の①から②を控除した残余として間接的に測定する（IFRS3.32,BC328）。

① 以下の合計
　①－1　支配獲得時の引渡対価
　①－2　子会社の非支配持分額
　①－3　段階的取得による支配獲得時の場合は、親会社が支配獲得前から保有している子会社に対する持分投資の支配獲得日における公正価値
② 識別可能な純資産（取得資産と引受負債の純額）

①＞②の場合、当該差額をのれんとして認識する。①＜②の場合、当該差額は割安購入益であり支配獲得日に親会社の利得として純損益に認識する。

図表3－4　のれんの算定

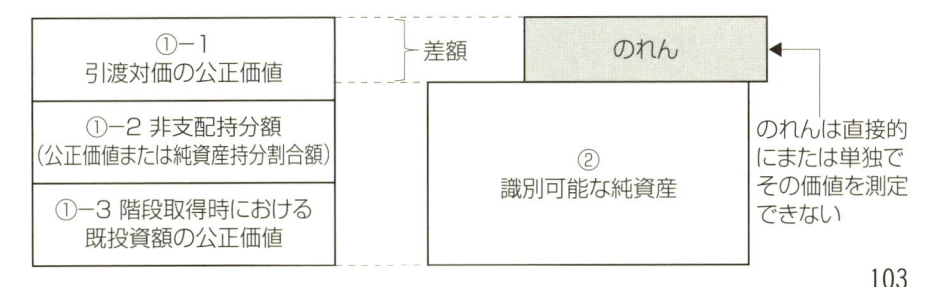

①－1 引渡対価の公正価値	差額	のれん
①－2 非支配持分額 （公正価値または純資産持分割合額）		② 識別可能な純資産
①－3 階段取得時における 既投資額の公正価値		

のれんは直接的にまたは単独でその価値を測定できない

2 コアのれん

　差額として算定された残余であるのれんの本質は、親会社および子会社の両方に関連して企業結合によって作られる超過収益力や企業結合によって生じると予測されるシナジー効果にある。このこのれんの本質を「コアのれん」といい、概念的には、図表３－５に示す２つの要素から構成される。

図表３－５　コアのれん

概念上ののれん	内　容
被取得企業が有していた未認識の既存のれん	・純資産を全体で用いた場合に、純資産を個別に用いた場合よりも高い収益力を獲得することができるという既存事業の能力を表す。 ・未認識のれんは企業結合の取得対価に織り込まれのれんとして認識する。
企業結合から期待されるシナジー	・取得企業と被取得企業の結合により期待されるシナジーの公正価値である。 ・取得企業と被取得企業の純資産および事業が結合されることにより期待されるシナジー効果の公正価値。

　のれんは差額で算定されるため、資産および負債等の公正価値の測定誤差や認識すべき資産および負債が認識されないといった認識誤差など、コアのれんに該当しない金額がのれんに紛れ込む可能性がある。このような残滓がのれんの算定額に紛れ込まないように、企業結合の会計処理の際に、取得価額および被取得純資産（取得資産および引受負債の公正価値測定）の両方に対する公正価値測定の徹底、および被取得企業が未認識であってもIFRSに従って被取得企業の資産および負債を認識する手続が設けられている。

3 のれん計上後の会計処理

　のれん計上後の会計処理には、図表３－６に示すようにその効果の及ぶ期間にわたり「定額法その他の合理的な方法による規則的な償却を行う（償却説）」という方法と、「規則的な償却を行わず、のれんの価値が損なわれた時

に減損処理を行う方法（非償却説）」が考えられる。

IFRSは非償却説を採用しており、のれんは、非償却資産として扱いIAS第36号「資産の減損」に従って、少なくとも年1回または減損の兆候がみられる都度減損テストを実施する（IAS36.10b）。

図表3－6　のれんの償却に関する異なった考え方

考え方	根　　拠
償却説	・企業結合の成果たる収益と、その対価の一部を構成するのれんの償却という対応関係を図るためにのれんを償却する。 ・のれんの価値が減価するにも関わらず償却しないことは、時の経過とともに自己創設のれんに入れ替わる可能性があり、禁止されている自己創設のれんを計上することと実質的に等しい。
非償却説	・のれんが消費され内部創設のれんと置き換わるとしても、のれんの有効期間の予測は不可能である。 ・のれんには規則的に価値が減少しないものがある。 ・どのようなパターンで価値が減少するか予測不可能であり、無理に有効期間を予測し、規則的に償却するよりも、事後的にのれんの減価を減損として測定する方が、意思決定により有用な情報が提供できる。

IFRSでは無形資産は償却資産[3]であるのに対しのれんは非償却資産という違いがあるため、無形資産とのれんを厳密に区分することが重要となる。

4 割安購入益

割安購入益が発生する要因として、以下の事象が考えられる。
- 被取得企業の実際の価値より低い価格による取得である。
- 負債の認識基準を満たさない将来予想される費用・損失が、取得価額の算定に反映されている。
- 見込まれる偶発損失の評価額が取得価額の算定に反映されている。
- 企業結合により受け入れる識別可能資産および負債の公正価値測定上の

3　ただし、耐用年数が確定できない無形資産または使用可能となっていない無形資産は、償却を行わず年1回減損テストを実施する。

誤り（資産の過大評価、または負債の過小評価）。

　割安購入益が生じるということは、等価交換を前提とする通常の状況を逸脱していると考えられる。このため、割安購入益が見込まれる場合、図表3－7に示す項目についてすべての情報が考慮されているか再検証し、それでもなお割安購入益が生じる場合は、等価交換でないため、その全額を支配獲得日に親会社の純損益として認識する（IFRS3.34,36）。

図表3－7　割安購入益が見込まれる場合の手続

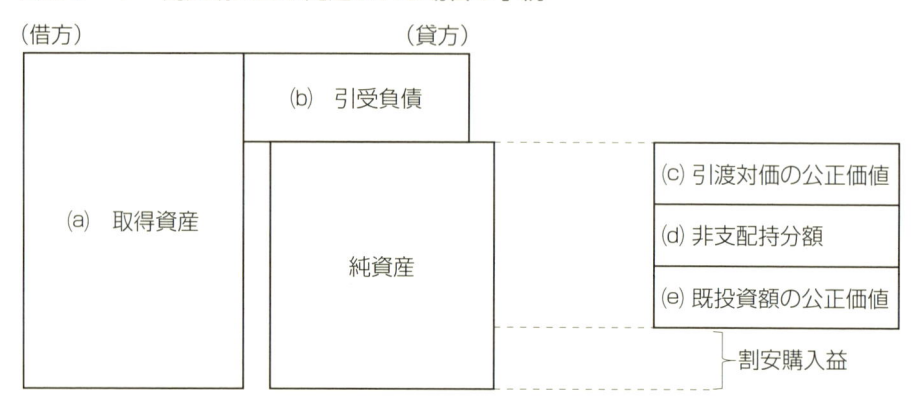

（借方）　　　　　　　　　（貸方）

- (a) 取得資産
- (b) 引受負債
- 純資産
- (c) 引渡対価の公正価値
- (d) 非支配持分額
- (e) 既投資額の公正価値
- 割安購入益

割安購入益が見込まれる場合の検証手続
　①認識漏れがないか
　　・すべての取得資産および引受負債が識別されているか　⇒　(a)および(b)
　②測定手続が適切か
　　・識別された取得資産および引受負債の公正価値評価額　⇒　(a)および(b)
　　・引渡対価　⇒　(c)
　　・子会社の非支配持分の公正価値評価額　⇒　(d)
　　・階段取得の場合は、既投資額の公正価値評価額　⇒　(e)

　正ののれんは、親会社によって支配されるものであり、かつ、将来何らかの経済的便益をもたらすものであることから資産の定義を満たすため資産計上する。これに対して、割安購入益は過去の事象から発生した現在の債務ではないこと、およびその決済により経済的便益を有する資源が流出することが予想されないため負債の定義を満たさない。このため、割安購入益を負債として認識せず、割安購入益として支配獲得日に親会社の純損益として認識

する。

　取得資産や引受負債等の公正価値の再測定手続において、公正価値に基づく取得原価を再配分するという考え方を採用していないため、取得資産に付された価額から割安購入益相当額を控除する手続は認められない。

　支配獲得後に親会社が負担する見込み損失が引渡対価に反映されることにより、割安購入益が生じる可能性がある。このような将来の損失見込み等が負債の要件を満たす場合は、別途負債の認識が求められる。

第4章
資本連結
(投資と資本の相殺消去)

- 資本連結(投資と資本の相殺消去)とは、親会社の投資と子会社の純資産に対する親会社持分を相殺消去し、非支配持分に帰属する持分を非支配持分として処理する連結修正手続をいう。
- 支配獲得後に支配が継続する範囲内で持分変動が生じた際には、資本取引として親会社と非支配持分の変動を反映する手続を行う。
- 支配を喪失する取引は、投資の性質を変更させる重要な経済事象であり、従前の支配従属関係とは著しく異なった投資者と投資先との関係が始まると考えるため、旧子会社のすべての資産および負債の認識を中止し、認識の中止に伴う利得または損失は損益として認識する。
- 支配喪失後に残存持分がある場合、その残存持分は投資の継続ではなく新たな投資として認識し公正価値で測定する。
- 包括利益の合計額が非支配持分が負の残高(マイナス)となる場合であっても、親会社持分と非支配持分に帰属させる。

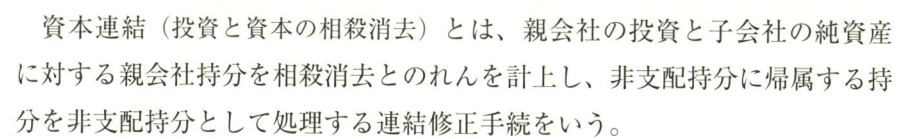

1 資本連結とは

　資本連結（投資と資本の相殺消去）とは、親会社の投資と子会社の純資産に対する親会社持分を相殺消去とのれんを計上し、非支配持分に帰属する持分を非支配持分として処理する連結修正手続をいう。

　支配を獲得する取引は、子会社のすべての資産および負債を取得する一括購入取引と考えられる。このことから、投資と資本の相殺消去は、支配獲得に要した投資とそれに対応する純資産の相殺消去によって、のれんと具体的な持分の運用形態である資産・負債に置き換えるという性格を持っている。また、親会社と子会社の個別財務諸表を合算した際に、2重計上される親会社の投資と子会社の資本を相殺消去する手続ともいえる。

■第4章 資本連結（投資と資本の相殺消去）

図表4－1　資本連結手続の概要

【資本連結の仕訳イメージ（新規に子会社を設立した場合）】

（借方）子会社資本　A　／　（貸方）投資　B

① 親会社の投資と子会社資本の2重計上を消去する。

② 親会社の投資を子会社の資産および負債に置き換える。

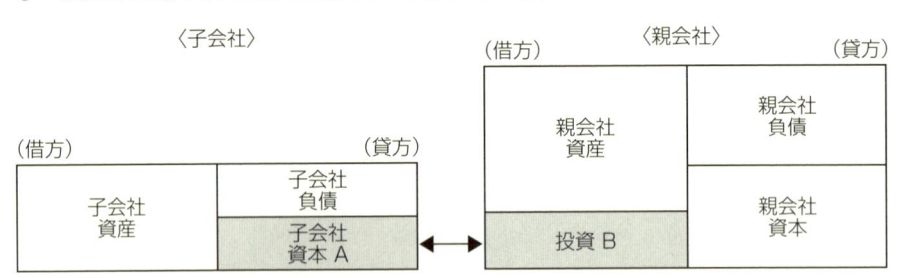

2 支配獲得時

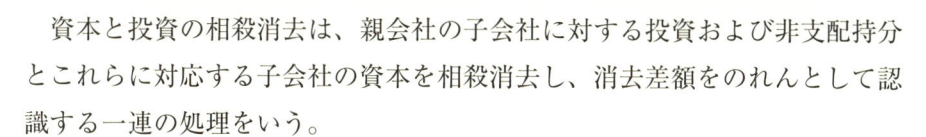

　資本と投資の相殺消去は、親会社の子会社に対する投資および非支配持分とこれらに対応する子会社の資本を相殺消去し、消去差額をのれんとして認識する一連の処理をいう。

　支配獲得時の非支配持分の測定は、①公正価値、②子会社の識別可能な純資産の持分割合の2つの方法の選択適用が認められており、どちらの方法を適用するかによりのれんの計上額が異なることになる。支配獲得時の資本連結の仕訳のイメージを図表4-2に示す。

図表4-2　資本連結仕訳のイメージ

(1) 非支配持分を公正価値測定する場合

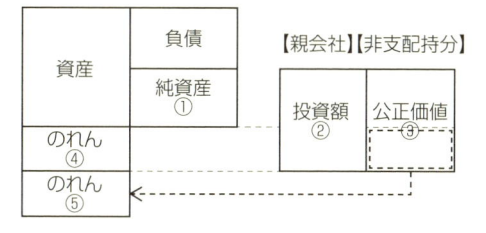

投資と資本の相殺消去

(借方)		(貸方)	
純資産	①	子会社株式	②
のれん	④+⑤	非支配持分	③

親会社持分と非支配持分ののれんが計上される。

(2) 非支配持分を識別可能な純資産持分割合により測定する場合

投資と資本の相殺消去

(借方)		(貸方)	
純資産	①	子会社株式	②
のれん	④	非支配持分	③

親会社持分のみののれんが計上される。

1 段階取得

　子会社に対する支配獲得が複数の取引により達成された場合を、段階取得という。段階取得には、持分法を適用している関連会社または共同支配企業に対して支配を獲得する場合と、金融資産として処理していた投資先に対して支配を獲得する場合がある。この段階取得による支配獲得時の取得原価の算定方法には、**図表4－3**に示すように「一括法」および「段階法」があるが、支配獲得により過去に所有していた投資の実態または本質が変わっていることから、支配獲得時点でいったん投資を清算して改めて再投資を行ったと考え、支配獲得時点での公正価値を新たな投資原価とする一括法を適用する（IFRS3.41）。

図表4－3　一括法と段階法

	会計処理方法	考え方
一括法	取得時点で取得対価の公正価値を取得原価とする。	・支配獲得により過去に所有していた投資の実態または本質が変わったものとみなす。 ・支配獲得時点でいったん投資を清算して改めて再投資を行ったと考え、支配獲得時点での公正価値を新たな投資原価とする。
段階法	個々の取引の合算を取得原価とする。	・個々の取引の交換取引はあくまでその時点での等価交換である。 ・取得が複数の交換取引により達成された場合でも、取得原価は個々の交換取引ごとに算定した原価の合計額とすることが経済実態を適切に反映する。

　したがって、段階取得によって支配を獲得した場合は、支配獲得以前から保有する当該子会社に対する持分証券についても支配獲得日の公正価値で再測定する。その結果、持分証券の帳簿価額との間に生じた公正価値評価差額は、支配獲得以前に当該持分証券に適用していた公正価値評価差額の会計処理に応じて純損益またはその他の包括利益として認識する（IFRS3.42）。

■2 支配獲得時

図表4−4　段階取得時の評価差額の会計処理

[前提]
- 既存持分 B を有している投資先の持分を追加取得 A し支配を獲得した。
- 支配獲得時の既存持分の公正価値評価差額は C である。
- 非支配持分は純資産の持分割合で測定する。
- 既存持分の公正価値評価をしていない。

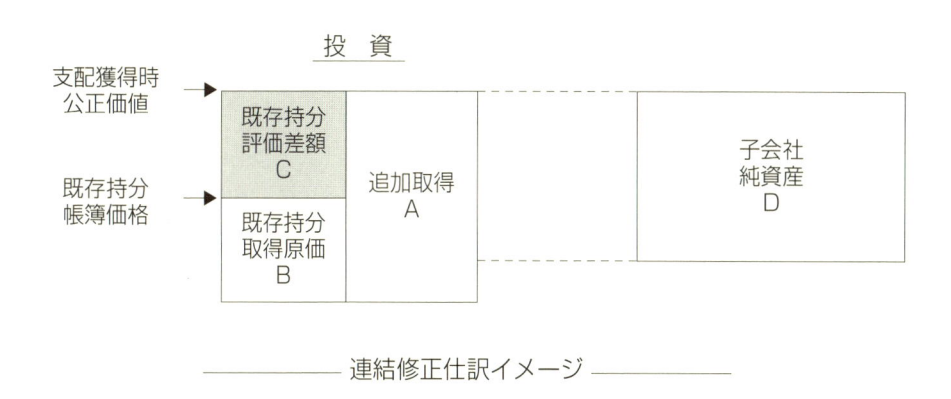

```
                    投　資
支配獲得時  ┌─────────────┐      ┌─────────────┐
公正価値 →  │ 既存持分   │      │              │
            │ 評価差額   │      │              │
            │    C       │ 追加 │   子会社     │
既存持分 →  ├────────────┤ 取得 │   純資産     │
帳簿価格    │ 既存持分   │   A  │     D        │
            │ 取得原価   │      │              │
            │    B       │      │              │
            └─────────────┘      └─────────────┘
```

――――― 連結修正仕訳イメージ ―――――

① 投資と資本の相殺消去仕訳

| (借)純資産 | D | (貸)取得対価 | A＋B＋C |
| のれん | 差額 | 非支配持分 | D×非支配持分割合 |

取得対価は、既存持分を含め公正価値となる。

② 既存持分の公正価値評価

| (借)既存持分 | C | (貸)その他の包括 | C |
| | | 利益評価差額 | |

③ 既存持分の評価差額

IAS 第39号を適用して売却可能金融資産の場合、評価差額を純損益に振り替える。

| (借)その他の包括利益 | C | (貸)純損益 | C |
| 評価差額 | | | |

IFRS 第9号を適用してその他の包括利益を通じて公正価値測定する金融資産の場合、評価差額は純損益に振り替えない。

| 仕訳なし |

支配獲得日以前に持分法を適用している場合も同様に、あたかも支配獲得日の公正価値で処分し改めて再取得されたかのように会計処理する。したがって、支配獲得日に当該投資を公正価値で測定し、支配獲得前の帳簿価額との差額は純損益として認識する。

2 その他の包括利益に認識している既存持分の評価差額

支配獲得以前から保有する当該子会社に対する持分証券の公正価値の変動をその他の包括利益で認識していた金額は、その持分を実際に処分した場合に求められる会計処理と同様の方法で認識する。IFRS 第9号を適用し公正価値変動をその他の包括利益で認識していた場合（いわゆる OCI オプションを採用している場合）、段階取得時においても、その他の包括利益に計上されている評価差額を純損益に振り替えない。これに対して、IAS 第39号を適用し公正価値変動をその他の包括利益で認識し処分時にその持分の処分損益を純損益で認識する場合には、段階取得時において、その他の包括利益に認識されている評価差額を純損益に振り替えることになる。

3 持分法適用時に認識したその他の包括利益

支配獲得前に持分法を適用していた場合、持分法適用時に認識した関連会社または共同支配企業のその他の包括利益について、「支配獲得後もその他の包括利益として引き継ぐ」と「段階取得時に係る損益に含める」のどちらかの会計処理が考えられるが、IFRS はそのガイドラインを明示していない。投資先に対する支配獲得により過去に所有していた投資の実態または本質が変わったため、その時点でいったん投資を清算し改めて新たな投資を行ったとみなし、支配獲得時の公正価値を新たな投資原価とするという考え方を類推適用することが考えられる。この場合、図表４−５に示すように持分法適用時に認識した関連会社のその他の包括利益の内容に応じて会計処理する。

図表4-5　持分法適用時に認識した関連会社のその他の包括利益の会計処理

その他の包括利益	例示	会計処理
直接処分したならば純損益として認識するその他の包括利益	・累積為替差額 ・繰延ヘッジ ・IAS第39号を適用している場合の売却可能金融資産の評価差額	純損益へ振替
上記以外のその他の包括利益	・IFRS第9号を適用している場合のその他の包括利益を通じて公正価値測定する金融商品 ・確定給付年金調整	何もしない、または、利益剰余金への振替（会計方針の選択）

4 子会社の資産および負債の公正価値測定

　支配獲得日においてのみ子会社の資産、負債および非支配持分を公正価値で測定する。支配獲得日後の持分の追加取得時（例えば、株式の追加取得時）には、子会社の資産および負債を追加取得日の公正価値で再測定せず、支配獲得日に非支配持分に計上された評価差額のうち追加取得持分に対応する部分を親会社持分へ振り替える。

　これは、新たに連結対象とする（支配を獲得する）事象は親会社による非支配持分からの支配の取得の結果であり、子会社の資産および負債に対する支配を獲得した時点での公正価値測定額が企業結合時の取得価額であるという考え方に基づいている。段階取得による支配獲得の場合でも、子会社の資産および負債のすべてを支配獲得日において一括して公正価値で測定する。

3 支配獲得後に生じた子会社の損益およびその他の包括利益

1 親会社および非支配持分への配分

　支配獲得後に生じた子会社の損益およびその他の包括利益の各構成要素の変動は、持分割合に基づき親会社と非支配持分に帰属させる。ただし、持分割合以外の指標をもとに利益を配分する特別な取決めがある場合、当該取決めで定められた指標により非支配持分へ利益の帰属額を算定すべきかどうかを検討する。

　支配獲得後のその他の包括利益の増減のうち親会社に帰属する持分部分は、その他の包括利益の該当区分に応じて会計処理する。支配獲得後の非支配持分に帰属するその他の包括利益の変動は、その変動額に応じて非支配持分帰属額を変動させる。非支配持分に帰属する額を、純利益の控除項目としてあたかも費用項目であるかのような表示ではなく、当期純利益について親会社および非支配持分のそれぞれの帰属の内訳額として表示する。したがって、子会社に対する持分比率によって、連結財務諸表上の当期純利益およびその他の包括利益額は変わらない。

2 関連会社を通した間接所有

　子会社の持分の一部が関連会社を通して間接的に保有されている場合の非支配持分の帰属額の算定方法についてIFRS第10号はガイドラインを示していない。企業集団は、親会社および子会社から構成されることから、関連会社によって保有される子会社の持分は企業集団外で保有する持分に該当するため、子会社に対する持分割合に含めない方法が適切であると考えられる。

3 代理人等を通じた間接所有

　代理人等を通じて投資先を支配している場合、投資先の議決権を有していなくとも投資先が子会社となる。連結財務諸表においては親会社および子会社が有する変動リターンに対するエクスポージャーのみを認識するため、連結対象外の事実上の代理人等の持分は、企業集団外が保有する持分に該当することから非支配持分として扱う。

4 潜在的議決権

　親会社と非支配持分に配分する損益の割合は、潜在的議決権または潜在的議決権を含んだ他のデリバティブが存在する場合であっても、現在の所有持分のみに基づいて算定し、潜在的議決権および他のデリバティブの行使または転換の可能性は考慮しない（IFRS10.B89）。

　潜在的議決権の存在および影響は、支配の有無を評価する場合にのみ考慮する。ただし、行使していないにも関わらず実質的に潜在的議決権から所有持分に関連するリターンを享受している場合には、現時点で親会社にリターンへのアクセスを与えている潜在的議決権および他のデリバティブの最終的な行使を考慮し配分割合を算定する。

　潜在的議決権を含んだ金融商品が、実質上、子会社に対する所有持分に関連するリターンへのアクセスを現時点で与えている場合は、当該金融商品についてIFRS第9号を適用しない（IFRS10.B90,B91）。

5 累積的優先的株式

　子会社の累積的優先的株式を非支配持分が所有している場合、配当決議が行われたかどうかを問わず累積的優先株に関する配当に係る非支配持分額を調整する（IFRS10.B95）。

■第4章 資本連結（投資と資本の相殺消去）

4 支配が継続する範囲内での持分割合の変動

1 概要

　親会社による支配が継続する範囲で親会社持分の増減（例えば、追加取得および売却など）が生じた場合、相対的持分の変動を反映するために親会社持分と非支配持分の帳簿価額を修正し、非支配持分の修正額と支払対価または受取対価の公正価値との差額を、親会社の帰属額として資本（資本剰余金）に直接認識する（IFRS10.B96）。

図表4−6　支配が継続する範囲内での持分の取得および売却

【追加取得時】
（借方）　　　　　　　　　　　　　　　　　　　　　　　　　　　　　　　（貸方）

資本剰余金	取得対価
非支配持分の減少	

【一部売却時】
（借方）　　　　　　　　　　　　　　　　　　　　　　　　　　　　　　　（貸方）

受取対価	資本剰余金
	非支配持分の増加

差額として借方差額（割安購入益相当）が生じた場合でも、その差額は損益ではなく、資本剰余金として会計処理する。

非支配持分は資本に分類されることから、支配喪失とならない親会社の所有持分の変動は、損益取引ではなく資本取引（すなわち、所有者としての立場での所有者との取引）として会計処理する[1]。また、支配獲得後の支配を喪失しない持分の増減取引において、子会社の資産（のれんを含む）および負債の帳簿価額を変更しない。したがって、親会社の所有持分の変動時に損益を認識するのは、支配を喪失する場合に限られる。また、「資本取引の費用は、その資本取引がなければ避けられていたであろう資本性金融商品に直接起因する増分費用である範囲で関連する税効果を控除後に、資本からの控除として会計処理しなければならない（IAS32.35）」と規定されていることから、非支配持分を買い取るための費用は、資本からの控除として会計処理する。

図表4-7　持分変動差額と支払対価の公正価値との差額の扱い

持分の変動		差額の扱い
支配継続	追加取得／一部処分	資本取引として会計処理 ・親会社に帰属する資本の減少（資本剰余金）として会計処理する。のれんまたは株式売却損益は認識しない。
支配喪失	一部／全部処分	損益取引として会計処理 ・支配喪失に伴う損益として処理する（残存持分の公正価値評価差額を含む）。

2　支配獲得後の子会社株式の追加購入

　子会社に対する支配獲得後の株式の追加取得は、個別財務諸表上は子会社株式の購入取引として会計処理するが、連結上は持分の購入取引となる。したがって、連結決算では、追加取得した子会社株式に対応する持分を非支配持分から減額し、親会社持分を同額増額（以下、追加取得持分）させ、その

1　IFRSが経済的一体説の体系であるからではなく、非支配持分は資本項目であるため資本取引として扱う。

追加取得持分と追加取得対価と相殺消去する。その相殺差額は、のれんではなく親会社持分の資本である資本剰余金の増減として会計処理する。これを仕訳の形で示すと、以下のとおりである。

① 親会社と非支配持分間の持分の異動
　　（借）　非支配持分　　　　　A　　　（貸）　親会社持分　　　　　A

② 取得対価の公正価値と持分異動額の差額を資本剰余金として認識
　　（借）　親会社持分　　　　　A　　　（貸）　取得対価　　　　　　B
　　　　　　　　　　　　　　　　　　　　　　　資本剰余金　　　　　B－C

③ 連結上のあるべき仕訳（①および②の合算仕訳）
　　（借）　非支配持分　　　　　A　　　（貸）　取得対価　　　　　　B
　　　　　　　　　　　　　　　　　　　　　　　資本剰余金　　　　　B－C

④ 個別財務諸表上の仕訳
　　（借）　子会社株式　　　　　B　　　（貸）　取得対価　　　　　　B

⑤ 連結上必要な修正仕訳（④を③となるように修正）
　　（借）　非支配持分　　　　　A　　　（貸）　子会社株式　　　　　B
　　　　　　　　　　　　　　　　　　　　　　　資本剰余金　　　　　B－C

支配獲得後の追加取得によって割安購入益相当が生じた場合でも、損益ではなく資本剰余金の増減として会計処理する。

■ 4 支配が継続する範囲内での持分割合の変動

図表4-8　追加取得：公正価値測定の場合

[前提]
- S社（純資産1,000）の発行済株式の80%を取得価額960で購入し支配を獲得した。
- 支配獲得時の非支配持分の公正価値は240である。
- 取得価額およびS社の純資産は、公正価値価額に等しい。
- S社の純資産の増減は、当期利益のみである。
- S社の10%の株式を200で追加取得した。

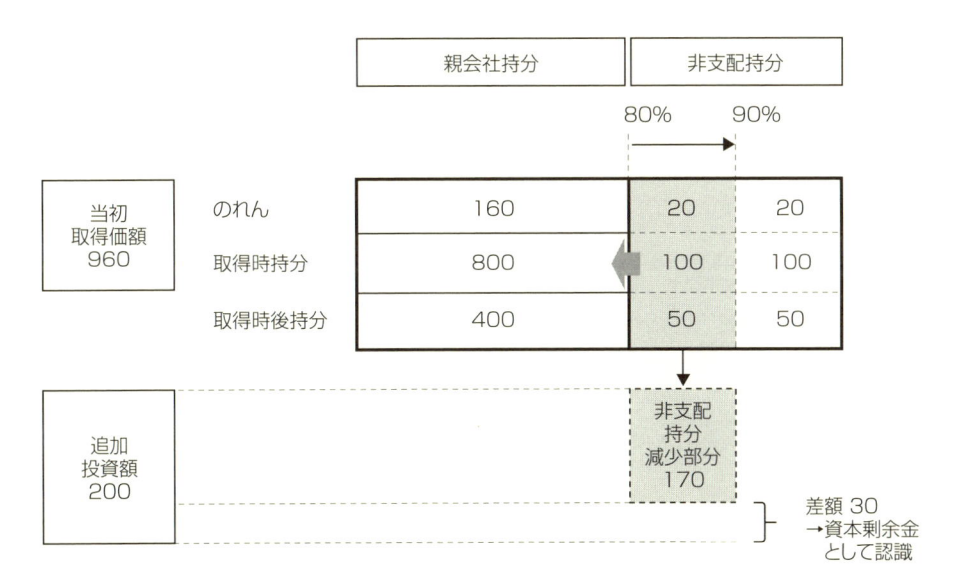

	親会社持分	非支配持分	
	80%	→	90%

当初取得価額 960

	親会社持分	非支配持分	
のれん	160	20	20
取得時持分	800	100	100
取得時後持分	400	50	50

追加投資額 200

非支配持分減少部分 170

差額 30
→資本剰余金として認識

(1) 連結上のあるべき仕訳

（借）非支配持分	170注	（貸）取得対価	200
資本剰余金	30		

注　170＝連結持分（のれん40＋取得時持分200＋取得後持分100）×追加取得割合10%／20%

(2) 個別財務諸表上の仕訳

（借）子会社株式	200	（貸）取得対価	200

(3) 連結修正仕訳　(2)を(1)にする修正仕訳

（借）非支配持分	170	（貸）子会社株式	200
資本剰余金	30		

■第4章　資本連結（投資と資本の相殺消去）

図表4-9　追加取得：純資産持分割合の場合

[前提]
- S社（純資産1,000）の発行済株式の80%を取得価額960で購入し支配を獲得した。
- 支配獲得時の非支配持分の公正価値は240である。
- 取得価額およびS社の純資産は、公正価値価額に等しい。
- S社の純資産の増減500は、当期利益のみである。
- S社の10%の株式を200で追加取得した。

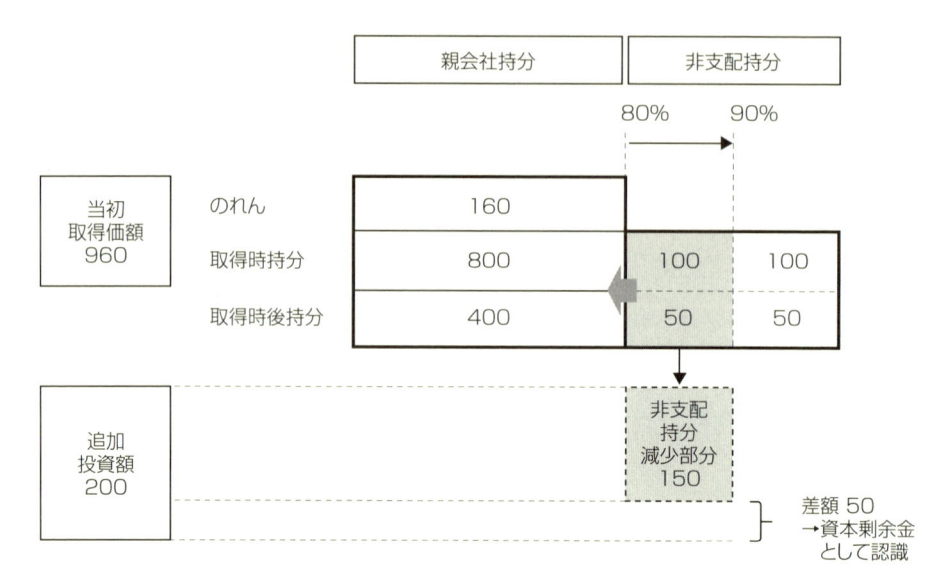

	親会社持分	非支配持分
	80%	90%
のれん	160	
取得時持分	800	100　100
取得時後持分	400	50　50

当初取得価額 960

追加投資額 200

非支配持分減少部分 150

差額 50
→資本剰余金として認識

(1) 連結上のあるべき仕訳

（借）非支配持分	150注	（貸）取得対価	200
資本剰余金	50		

注　150＝連結持分（取得時持分200＋取得後持分100）×追加取得割合10%／20%

(2) 個別財務諸表上の仕訳

（借）子会社株式	200	（貸）取得対価	200

(3) 連結修正仕訳　(2)を(1)にする修正仕訳

（借）非支配持分	150	（貸）子会社株式	200
資本剰余金	50		

3 支配を継続する一部売却・処分

　支配獲得後に支配を継続する範囲で子会社株式を一部売却した場合、個別財務諸表上は子会社株式の売却取引として会計処理するが、連結上は持分の売却取引として会計処理する。連結財務諸表上は、売却した子会社株式に対応する持分を親会社の持分から減額し、非支配持分を同額増額させ、その売却持分と売却額の公正価値の差額は、のれんではなく親会社持分の資本である資本剰余金の増減として会計処理する。したがって、連結財務諸表上は売却損益を認識しない。これを仕訳の形で示すと、以下のとおりである。

① 親会社と非支配持分間の持分の異動

（借）	親会社持分	A	（貸）	非支配持分	A

② 受取対価の公正価値と持分異動額の差額を資本剰余金として認識

（借）	受取対価	B	（貸）	親会社持分	A
				資本剰余金	A－B

③ 連結上のあるべき仕訳（①および②の合算仕訳）

（借）	受取対価	B	（貸）	非支配持分	A
				資本剰余金	A－B

④ 個別財務諸表上の仕訳

（借）	受取対価	B	（貸）	子会社株式	C
				子会社株式売却損益	D

⑤ 連結上必要な修正仕訳（④を③となるように修正）

（借）	子会社株式	C	（貸）	非支配持分	A
	子会社株式売却損益	D		資本剰余金	C＋D－A

　割安購入益相当が生じた場合でも、損益ではなく資本剰余金の増減として会計処理する。

■ 第4章　資本連結（投資と資本の相殺消去）

図表4-10　一部処分－連結継続：公正価値測定の場合

[前提]
- 図表4-8の前提と同様で、以下追加する。
- S社の10%の株式を200で一部売却した。
- 売却後も継続して支配が存在する。
- 税効果は考慮しない。

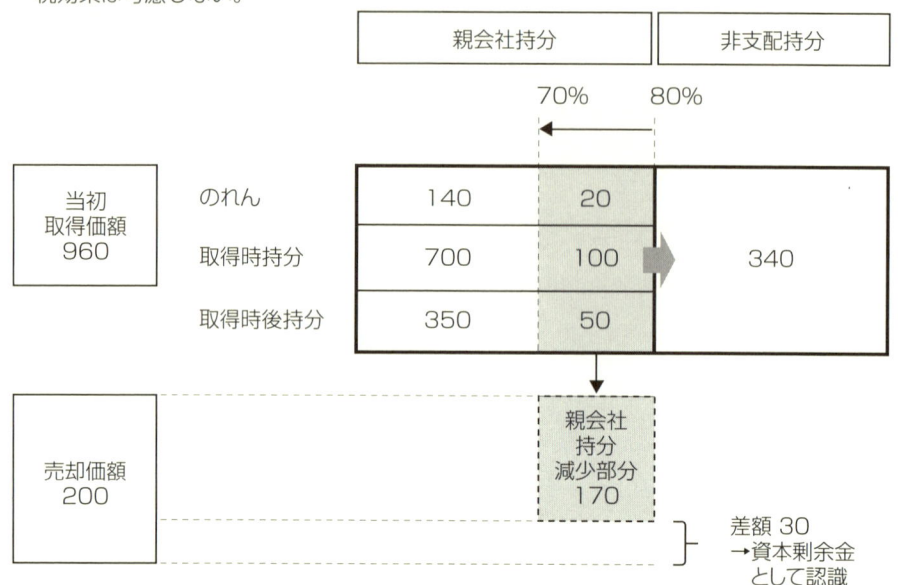

	親会社持分	非支配持分
のれん	140	20
取得時持分	700	100
取得時後持分	350	50

当初取得価額 960

70% ← 80%

→ 340

売却価額 200

親会社持分減少部分 170

差額 30 →資本剰余金として認識

(1) 連結財務諸表上のあるべき仕訳

（借）現金*1	200	（貸）非支配持分*2	170
		資本剰余金*3	30

*1 売却価額
*2 170＝連結持分（のれん160＋取得時持分800＋取得後持分400）×売却割合10%／80%
*3 連結持分と売却価額との差額

(2) 個別財務諸表上の仕訳

（借）現金*1	200	（貸）子会社株式*2	120
		子会社株式売却益*3	80

*1 売却価額
*2 120＝子会社株式簿価960×売却株式比率10%／80%
*3 売却株式簿価と株式売却価額との差額

(3) 連結修正仕訳　(2)を(1)にする修正

（借）子会社株式	120	（貸）非支配持分	170
子会社株式売却損益	80	資本剰余金	30

■ 4 支配が継続する範囲内での持分割合の変動

図表4－11　一部処分－連結継続：純資産持分割合の場合

[前提]
- 図表4－9の前提と同様で、以下追加する。
- S社の10％の株式を200で一部売却した。
- 売却後も継続して支配が存在する。
- 税効果は考慮しない。

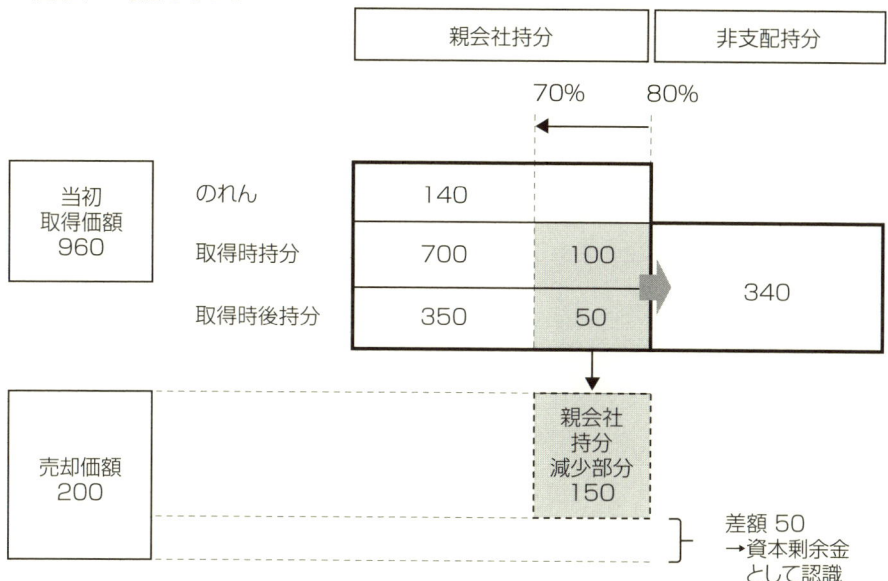

	親会社持分	非支配持分
のれん	140	
取得時持分	700	100
取得時後持分	350	50

当初取得価額 960
売却価額 200
70% ← 80%
340
親会社持分減少部分 150
差額 50 → 資本剰余金として認識

(1) 連結財務諸表上のあるべき仕訳

(借) 現金*1	200	(貸) 非支配持分*2	150
		資本剰余金*3	50

*1 売却価額
*2 150＝連結持分（取得時持分800＋取得時後持分400）×売却割合10％／80％
*3 連結持分と売却価額との差額

(2) 個別財務諸表上の仕訳

(借) 現金*1	200	(貸) 子会社株式*2	120
		子会社株式売却益*3	80

*1 売却価額
*2 120＝子会社株式簿価960×売却株式比率10％／80％
*3 売却株式簿価と株式売却価額との差額

(3) 連結修正仕訳　(2)を(1)にする修正

(借) 子会社株式	120	(貸) 非支配持分	150
子会社株式売却損益	80	資本剰余金	50

127

5 支配を喪失する持分割合の変動

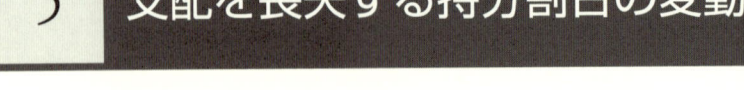

1 支配喪失を伴う売却・処分

　子会社に対する支配の喪失を伴う持分割合の変動には、子会社株式の一部売却または処分等により「持分法を適用する関連会社または共同支配企業へ移行する場合」と「金融商品となる場合」がある。支配喪失は投資の性質を変更させる重要な経済事象であり、支配喪失によって支配従属関係は解消され従前の支配従属関係とは著しく異なった投資者と投資先との関係が始まると考える。このため、支配喪失後に残存持分がある場合、その残存持分は投資の継続ではなく新たな投資として認識し公正価値で測定する。この残存持分の公正価値評価額は、IAS 第28号を適用する関連会社に対する投資や共同支配企業に対する持分の当初認識時の取得原価、IAS 第39号または IFRS 第9号を適用する金融資産の当初認識時の取得原価となる（IFRS10.25,B98）。

図表４−12　支配喪失を伴う売却・処分

売却・処分前：子会社 → 関連会社または共同支配企業（持分法を適用）／金融商品

売却・処分後：どちらも、残余持分は投資の継続ではなく新たな投資として公正価値測定する。
・従前の支配従属関係とは著しく異なった投資者と被投資者の関係が始まると考える。

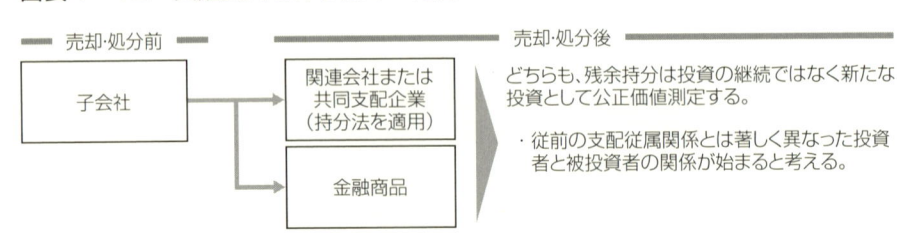

　子会社の支配を喪失した場合には、親会社は旧子会社のすべての資産および負債（非支配持分を含む）の認識を中止し、旧子会社に対して保持している投資を公正価値で測定する。旧子会社の処分による利得または損失の合計の一部を形成する再評価の利得または損失は、純損益として認識する。具体

的には、以下の手順に従って会計処理する（IFRS10.25,B98）。

【認識の中止】
① 支配喪失日の連結上の帳簿価額で、旧子会社の資産（のれんを含む）および負債の認識を中止する。
② 支配喪失日の連結上の帳簿価額で、旧子会社の非支配持分（非支配持分に帰属するその他の包括利益の各構成要素部分を含む）の認識を中止する。

【認識】
③ 支配を喪失する取引・事象において受領した対価がある場合、その公正価値を認識する。
④ 旧子会社に対する残存持分がある場合、支配喪失日における公正価値で認識する。
⑤ ①～④の差額を親会社に帰属する純損益として認識する。
⑥ 旧子会社に関連してその他の包括利益に認識されているすべての金額は、純損益または利益剰余金へ直接振り替える。
⑦ 支配を喪失する取引が所有者としての立場にある者に対し旧子会社株式の分配を含む場合は、その分配額を認識する。

図表4－13　支配喪失時の会計処理イメージ

（借方）	（貸方）
① 旧子会社の負債の認識中止	① 旧子会社の資産およびのれんの認識中止
② 非支配持分の認識中止	
③ 受取対価	⑤ ①～④の差額　純損益として認識
④ 残存持分の支配喪失日の公正価値	
⑥ 旧子会社に関連して認識していたその他の包括利益	純損益または利益剰余金

＋

⑦ 支配を喪失する取引が所有者としての立場にある者に対し旧子会社株主の分配を含む場合は、その分配額を認識する

図表4－14　支配喪失時の会計処理

[前提]
P社はS社の発行済議決権株式の60%を有している。
P社はS社の株式20%を対価2,000で売却した。
売却時の非支配持分の帳簿価額は3,500、S株の純資産は8,750であった。
P社が引き続き保有する40%のS社株式の公正価値は4,000

（借）現金	2,000	（貸）S社純資産[*3]	8,750
非支配持分[*1]	3,500	損益[*4]	750
S社株式[*2]	4,000		

*1 支配を喪失したため非支配持分の認識を中止する。
*2 支配喪失後の残存持分を公正価値で測定する。
*3 支配を喪失したためS社の純資産の認識を中止する。
*4 損益の内訳は以下のとおり。
　　S社の持分20%の処分
　　　2,000－8,750×20%＝250
　　S社の残余投資を支配喪失時の公正価値による再測定
　　　4,000－8,750×40%＝500

2 その他の包括利益の会計処理

　支配を喪失した子会社に関連して認識しているその他の包括利益について、支配喪失の時点で、その全額を図表4－15に示すように親会社が関連する資産および負債を直接処分すると仮定した場合と同様に会計処理する。支配を喪失した子会社に対する持分を支配喪失後も一部継続して保持する場合でも、処分した持分の割合に応じて比例按分適用するのではなくその他の包括利益の全額を対象とする（IFRS10.B99）。

図表4-15　子会社の支配喪失時-その他の包括利益の会計処理

その他の包括利益に関連する資産	例示	処理
処分時に純損益へ組替える項目	・累積為替差額 ・キャッシュ・フローヘッジのヘッジ手段から生じた損益の繰延 ・IAS第39号を適用している場合の売却可能金融資産の評価差額	純損益へ組み替える。
処分時に利益剰余金へ直接振替える項目	・固定資産の再評価モデル ・確定給付退職制度の数理計算上の差異の即時認識 ・IFRS第9号を適用している場合のその他の包括利益を通じて公正価値測定を行う金融資産および負債の評価差額	何もしない、または、利益剰余金へ組み替える。(会計方針の選択)
累積為替差額		【親会社に帰属する部分】 純損益へ組み替える(IAS21.48,48A)。 【非支配持分に帰属する部分】 認識を中止するが純損益に組替調整しない(IAS21.48B)

3 売却目的で保有する非流動資産および非継続事業

　親会社が子会社に対する支配の喪失を伴う売却計画を確約している場合、売却後にその子会社に対する非支配持分を保持するかどうかに関わらず、条件を満たせばその子会社のすべての資産および負債を売却目的保有に分類する (IFRS5.8A)。

　支配持分の喪失以外の重要な影響力の変化についても、投資に対する持分の性質の実質的な変化を表しており、この売却目的への分類は図表4-16に示すように考えられる。

図表4−16　持分の変化と IFRS 第5号の売却目的保有分類

取引種類	IFRS 第5号の売却目的保有に該当するか否か	理　由
子会社　→　子会社	該当しない	支配の継続
子会社　→　関連会社	該当する	支配の喪失
子会社　→　一般投資	該当する	支配の喪失
関連会社　→　関連会社	該当しない	重要な影響力の継続
関連会社　→　一般投資	該当する	重要な影響力の喪失

4 複数契約

　複数の取決めまたは取引によって子会社に対する支配を喪失する場合、その複数の取決めを単一取引として会計処理すべき場合がある。当該取決めを単一取引として会計処理すべきかどうかを決定する際に、取決めの条件と経済的影響のすべてを考慮し、**図表4−17**に示す複数契約の判定ガイドラインのうちの1つ以上に該当する事象がある場合、複数の取決めを単一取引として会計処理すべき場合がある（IFRS10.B97）。

　子会社持分の処分に関する損益は、支配喪失時にのみ認識し、支配を喪失しない場合は認識しないため、特定の利益を計上できるように取引または契約を仕組む機会が生じることが懸念されるので、このような規定が設けられている。

■5 支配を喪失する持分割合の変動

図表4-17 複数契約

① 1つの取引で持分比率を80%から40%に引上げ

```
┌──────┐     損益取引      ┌──────┐
│ 80%  │ ─────────────▶   │ 40%  │
└──────┘                   └──────┘
```

② 段階的に持分比率を80%から40%に引上げ

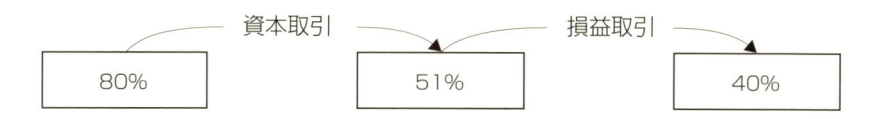

```
┌──────┐   資本取引   ┌──────┐   損益取引   ┌──────┐
│ 80%  │ ──────────▶ │ 51%  │ ──────────▶ │ 40%  │
└──────┘              └──────┘              └──────┘
```

複数契約の判定ガイドライン
- 複数契約が、同時にまたは相互の補完として締結された場合
- 複数契約が、全体的な経済的効果の達成を意図して単一取引を形成している場合
- 1つの契約の効力が、少なくとも他の契約の効力に依存している場合
- 1つの契約ではその経済的合理性が正当化されず、他の契約と合わせ検討する場合、経済的合理性が正当化される(例えば、相場以下の価格で最初の株式処分を行い、事後的な処分を相場以上の価格で行うことで最初の処分で生じた損失が補填される場合など)

6 間接所有等

1 間接所有に係る資本連結

　子会社には、親会社が子会社を直接支配している関係にあるものだけでなく、子会社がさらに他の子会社を支配している関係である子会社（間接支配の子会社）も含まれる。間接支配の子会社に対する支配獲得後に生じた損益およびその他の包括利益の各構成要素の帰属は、「所有比率」ではなく「持分比率」に基づいて算定する。

　所有比率＝親会社の直接所有持分比率＋子会社の間接所有持分比率
　持分比率＝親会社の直接所有持分比率＋子会社の間接所有持分比率×子会社の親会社所有持分比率

2 複数の子会社による株式の相互持合

　複数の子会社によって株式を相互持合している場合、一方の連結持分額の変動が必ず他方の連結持分額の変動をもたらすという循環的な関係にある。このように連結持分額の決定において、両者が相互に依存する関係にある場合、子会社間の株式の相互持合による連結持分額の循環的な影響を収斂させるための調整を行い実質的な連結持分額を計算する。

図表4−18　間接所有の資本連結

ケース1

```
親会社 P社 ──80%──▶ 子会社 S1社 ──60%──▶ 子会社 S2社
```

親会社P社の子会社S2社に対する
　　所有比率　60%
　　持分比率　48%（=0.6×0.8）

S2が当期損益1,000を計上。
S1（親会社）の帰属額　　　　600（=損益1,000×所有割合60%）
S1　非支配持分の帰属額　　　400（=損益1,000×所有割合40%）
S1がS2を連結した段階で、600がS1に帰属する損益となる。

PはS1を連結（S1単独の利益は無視する。S1の損益は600）
　Pの帰属額　　　　　　　　480（=損益600×所有割合80%）
　非支配持分帰属額　　　　　120

ケース2

```
親会社P社 ──80%──▶ 子会社S1社
     \\30%              60%/
      ▶ 子会社S2社 ◀
```

親会社P社の子会社S2社に対する
　　所有比率　90%（=30%+60%）
　　持分比率　78%（=30%+60%×80%）

ケース3

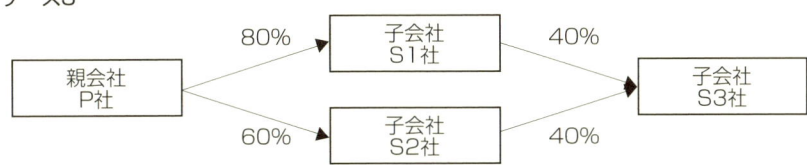

```
                80%      子会社S1社    40%
親会社P社 ──────▶              ──────▶ 子会社S3社
          60%   子会社S2社    40%
          ──────▶            ──────▶
```

親会社P社の子会社S3社に対する
　　所有比率　80%（=40%+40%）
　　持分比率　54%（=40%×80%+40%×60%）

7 債務超過の子会社

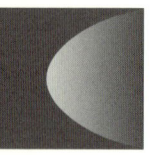

1 原則

　非支配持分も企業集団の資本の一部であり、子会社に対する投資に対するリスクと便益を比例的に共有し責任を同等に有している。このため、子会社の損失に対する非支配持分が子会社の純資産に対する非支配持分を超過する場合（例えば、子会社が債務超過に陥った場合）でも、その超過額およびその後の増加損失額は持分比率に応じて非支配持分に帰属させる（IFRS10.B94）。

図表4－19　債務超過の場合の損失部分の帰属

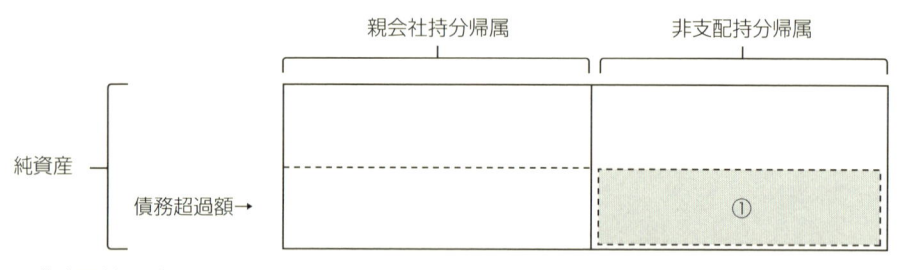

	親会社持分帰属	非支配持分帰属
純資産　債務超過額→		①

- 非支配持分がマイナスとなる場合でも、持分割合に応じて帰属させる（①の部分）。
- 損失負担の契約等がある場合、その契約を独立した取引および事象として、引当金計上の要否を判定する。

2 損失負担契約の存在

　親会社が子会社または非支配持分との間に損失負担義務契約を取り交わしているまたは事実上の債務保証等がある場合、それらを独立した取引または事象として取り扱い、法的、推定的債務または親会社が子会社の代わりに支払う金額の範囲まで引当金または負債を認識する。したがって、親会社が子会社または非支配持分に対して義務を負う契約はその他の包括利益を支配持

分と非支配持分とに帰属させる会計処理に影響させない（IFRS10.BCZ162）。

3 持分法との相違

　持分法を適用する関連会社または共同支配企業が債務超過になった場合、関連会社または共同支配企業が計上する損失は、投資簿価がゼロになるまで損失を負担し、それ以上の損失の負担を計上しないため、子会社の場合と関連会社または共同支配企業とでは債務超過の損失負担の会計処理方法が異なっている（IAS28.38）。

図表4-20　子会社、関連会社または共同支配企業が債務超過の場合の手続

区　分	原則的処理
子会社	債務超過額は、親会社および非支配持分の間で持分比率に応じて比例的に負担する。
関連会社	投資会社（非支配持分）は投資額を超える損失（債務超過額の持分相当額）を負担しない。

第4章 資本連結（投資と資本の相殺消去）

設例1
親会社による非支配持分の取得

前提条件

01年度期首に、P社はS社の株式75％を90,000で取得し、同社を子会社とした。取得時のS社の識別可能な純資産の公正価値は、100,000である。取得時の25％の非支配持分の公正価値は、28,000である。当初認識時の非支配持分を、識別可能な純資産持分割合で測定する場合および公正価値で測定する場合について、以下の問題の解答を示せ。

問題1
当初認識時ののれん計上額を示しなさい。

問題2
01年度期末に、S社の純資産は取得時から20,000増加した。01年度期末の非支配持分計上額を示しなさい。

問題3
01年度期末に、P社は現金対価21,000で非支配持分が保有していた持分の15％を追加取得した。非支配持分の帳簿価額および資本剰余金計上額を示しなさい。

解答

【問題1】

	のれん計上額
純資産持分割合で測定する場合	15,000
公正価値で測定する場合	18,000

138

算定過程は、以下のとおりである。

	純資産持分割合	公正価値
対価の公正価値	90,000	90,000
非支配持分	25,000*1	28,000*2
小計　①	115,000	118,000
純資産の公正価値　②	100,000	100,000
のれん　①－②	15,000	18,000
のれん		
親会社帰属分	15,000	15,000
非支配持分帰属分	0	3,000*3

*1 25,000＝純資産額100,000×非支配持分割合25%
*2 28,000＝非支配持分の公正価値
*3 3,000＝非支配持分公正価値28,000－純資産額100,000×非支配持分割合25%

【問題2】

	非支配持分帰属額
純資産持分割合で測定する場合	30,000
公正価値で測定する場合	33,000

算定過程は、以下のとおりである。

	純資産持分割合	公正価値
取得時の非支配持分	25,000*1	28,000*1
非支配持分に帰属する取得後増加純資産	5,000*2	5,000*2
非支配持分残高	30,000	33,000

*1 問題1の非支配持分額と同額
*2 5,000＝20,000×非支配持分割合25%

【問題3】

	非支配持分帰属額	資本剰余金
純資産持分割合で測定する場合	12,000	3,000
公正価値で測定する場合	13,200	1,200

非支配持分帰属額の算定過程は、以下のとおりである。

	純資産持分割合	公正価値
非支配持分の帳簿価額　①	30,000 *1	33,000 *1
親会社持分振替額　=①×15%／25%	18,000 *2	19,800 *3
非支配持分残高	12,000	13,200

*1 問題2の非支配持分帳簿価額と同額
*2 18,000＝変動前非支配持分額30,000×変動割合15%／変動前割合25%
*3 19,800＝変動前非支配持分額33,000×変動割合15%／変動前割合25%

資本剰余金計上額の算定過程は、以下のとおりである。

		純資産持分割合	公正価値
対価の公正価値	①	21,000	21,000
非支配持分の変動額	②	18,000	19,800
資本剰余金計上額	①－②	3,000	1,200

設例2

段階取得：金融資産⇒子会社

前提条件

01年度期首に、P社はS社の株式10％を1,000で取得した。さらに01年度期末に60％の株式を13,800で追加取得し、同社を子会社とした。非支配持分は純資産持分割合で測定する。また、税効果は無視する。S社純資産およびS社株式の取得状況は、以下のとおりである。

＜S社純資産＞

	01年度期首	01年度期末
資本金	10,000	10,000
利益剰余金	0	7,000
その他の包括利益累計額　評価差額	0	5,000
合計	10,000	22,000

S社の01年度期末の純資産の帳簿価額は、IFRSでの追加取得日の純資産額（公正価値）と等しい。利益剰余金の増減は純利益の計上、その他の包括利益はIAS第39号の売却可能有価証券の評価損益である。

＜S社株式の取得状況＞

	01年度期首	01年度期末
P社の持分比率	10％	60％
S社株の取得価額	1,000	13,800

株式60％の追加取得日時点における当初取得株式10％の公正価値は、2,300である。

問題1

段階取得に係る既存持分の連結修正仕訳を示しなさい。

■第4章 資本連結(投資と資本の相殺消去)

> **問題2**

01年度末の投資と資本の相殺消去の連結修正仕訳を示しなさい。

> **解 答**

【問題1】

(1) 段階取得に係る連結修正仕訳

| (借) S社株式 | 1,300* | (貸) 段階取得利益 | 1,300 |

＊1,300＝当初取得株式の取得日の公正価値2,300－取得価額1,000

【問題2】

(1) 投資と資本の相殺消去の連結修正仕訳

(借) 資本金	10,000	(貸) S社株式	16,100*1
利益剰余金	7,000	非支配持分	6,600*2
その他の包括利益累計額 評価差額	5,000		
のれん	700*3		

＊1 16,100＝当初取得株式公正価値2,300＋追加取得13,800
＊2 6,600＝S社の取得時純資産額22,000×非支配持分割合(100％－70％)
＊3 700＝対価の公正価値16,100＋非支配持分6,600－純資産(10,000＋7,000＋5,000)

上記を連結精算表(抜粋)で示すと、以下のとおりである。

	連結修正前	既存持分 公正価値測定	開始仕訳	連結修正後
S社株式	14,800	1,300	(16,100)	0
のれん	0	—	700	700
資本金	(10,000)	—	10,000	0
利益剰余金	(7,000)	—	7,000	0
その他の包括利益評価差額	(5,000)	—	5,000	0
非支配持分	0	—	(6,600)	6,600
段階取得利益	0	(1,300)	—	(1,300)

142

設例3

追加取得・一部売却：子会社⇒子会社

前提条件

P社は、01年度期首にS社の株式70％を取得し子会社としている。非支配持分は純資産持分割合で測定する。P社単体ではS社株式の公正価値測定を行っていない。また、税効果は無視する。S社純資産およびS社株式の取得状況は以下のとおりである。

＜S社純資産＞

	01年度期首	01年度期末	02年度期末
資本金	10,000	10,000	10,000
利益剰余金	0	2,000	7,000
その他の包括利益累計額　評価差額	0	1,000	5,000
合計	10,000	13,000	22,000

S社の01年度期首の純資産の帳簿価額は、IFRSでの追加取得日の純資産額（公正価値）と等しい。利益剰余金の増減は純利益の計上、その他の包括利益はIAS第39号の売却可能有価証券の評価損益である。剰余金の配当は行っていない。

＜S社株式の取得・売却状況＞

	01年度期首	02年度期末 ケース1 追加取得	02年度期末 ケース2 一部処分
P社の持分	70％	20％	△10％
S株の取得・売却価額	7,700	4,800	2,400
単体上の売却益	―	―	1,300

ケース1では、02年度期末に20％の株式を追加取得した。
ケース2では、02年度期末に10％の株式を売却したが、支配は継続する。それぞれのケースは独立している。

143

■第4章　資本連結（投資と資本の相殺消去）

問題1

02年度の開始仕訳、当期利益等の按分の仕訳を示しなさい。

問題2

ケース1の追加取得に係る仕訳を示しなさい。

問題3

ケース2の売却に係る仕訳を示しなさい。

解答

【問題1】

(1) 02年度の開始仕訳

（借）	資本金	10,000	（貸）	S社株式	7,700[*4]
	利益剰余金	600[*1]		非支配持分	3,900[*5]
	その他の包括利益累計額 評価差額	300[*2]			
	のれん	700[*3]			

*1　600＝取得時利益剰余金0＋取得後利益剰余金2,000×非支配持分割合30％
*2　300＝取得時その他の包括利益累計額0＋取得後その他の包括利益累計額1,000×非支配持分割合30％
*3　700＝取得対価の公正価値7,700＋非支配持分当初認識額10,000×30％－取得時純資産額10,000
*4　7,700＝取得対価の公正価値7,700
*5　3,900＝非支配持分当初認識額10,000×30％＋取得後純資産増加額の非支配持分帰属額（13,000－10,000）×30％

144

(2) S社の当期利益およびその他の包括利益の当期増減額のうち、非支配持分に帰属する部分を非支配持分へ按分する仕訳

（借）非支配持分損益	1,500*1	（貸）非支配持分	2,700
その他の包括利益累計額評価差額	1,200*2		

*1 1,500＝当期純利益（7,000－2,000）×30%
*2 1,200＝その他の包括利益累計額増加額（5,000－1,000）×30%

【問題2】

(1) 追加取得に係る連結修正仕訳

（借）非支配持分	4,400	（貸）S社株式	4,800
資本剰余金	400		

以下の①の仕訳を②にするための修正を行う。

① 単体上の売却仕訳

（借）S社株式	4,800*	（貸）現金	4,800

*4,800＝S社株式追加取得額

② 連結上の持分売却仕訳

（借）非支配持分	4,400*1	（貸）現金	4,800
資本剰余金	400*2		

*1 4,400＝非支配持分帰属額（3,900＋2,700）×追加取得割合20%／追加取得前割合30%
*2 400＝貸借差額

■第4章 資本連結(投資と資本の相殺消去)

投資と持分の消去計算表により計算過程を示すと、以下のとおりである。

	S社純資産				持分比率		帰属額		投資額	のれん	資本剰余金
	資本金	利益剰余金	その他の包括利益累計額	合計	親持分	非支配持分	親持分	非支配持分			
取得時	10,000	0	0	10,000	70%	30%	7,000	3,000	7,700	700	0
取得後		7,000	5,000	12,000			8,400	3,600			
小計	10,000	7,000	5,000	22,000	70%	70%	15,400	6,600	7,700	700	0
追加取得					20%	(20%)	4,400	(4,400)	4,800		(400)
合計	10,000	7,000	5,000	22,000	90%	10%	19,800	2,200	12,500	700	(400)

上記を連結精算表(抜粋)で示すと、以下のとおりである。

	連結修正前	開始仕訳	当期利益按分	その他包括利益按分	追加取得	連結修正後
S社株式	12,500	(7,700)	—	—	(4,800)	0
のれん	0	700	—	—	—	700
資本金	(10,000)	10,000	—	—	—	0
資本剰余金	0	—	—	—	400	400
利益剰余金	(7,000)	600	—	—	—	(6,400)
その他の包括利益評価差額	(5,000)	300	—	1,200	—	(3,500)
非支配持分	0	(3,900)	(1,500)	(1,200)	4,400	(2,200)
非支配持分損益	0	—	1,500	—	—	1,500

【問題3】

(1) 一部売却に係る連結修正仕訳

(借) S社株式	1,100	(貸) 非支配持分	2,200
売却益	1,300	資本剰余金	200

以下の①の仕訳を②にするための連結修正を行う。

① 単体上の売却仕訳

(借) 現金	2,400*1	(貸) S社株式	1,100*2
		売却益	1,300*3

146

*1 2,400＝S社株式売却額
*2 1,100＝S社株式取得額7,700×売却割合10%／売却前割合70%
*3 1,300＝貸借差額

② 連結上の持分売却仕訳

（借）現金	2,400	（貸）非支配持分	2,200*1
		資本剰余金	200*2

*1 2,200＝親会社帰属額（7,000＋8,400）（3,900＋2,700）×売却割合10%／売却前割合70%
*2 200＝貸借差額

投資と持分の消去計算表により計算過程を示すと、以下のとおりである。

	S社純資産				持分比率		持分額		投資額	のれん	資本剰余金
	資本金	利益剰余金	その他の包括利益累計額	合計	親持分	非支配持分	親持分	非支配持分			
取得時	10,000	0	0	10,000	70%	30%	7,000	3,000	7,700	700	0
取得後		7,000	5,000	12,000			8,400	3,600			
小計	10,000	7,000	5,000	22,000	70%	30%	15,400	6,600	7,700	700	0
一部売却					(10%)	10%	(2,200)	2,200	(2,400)		(200)
合計	10,000	7,000	5,000	22,000	80%	40%	13,200	8,800	5,300	700	(200)

上記を連結精算表（抜粋）で示すと、以下のとおりである。

	連結修正前	開始仕訳	当期利益按分	その他包括利益按分	一部処分	連結修正後
S社株式	6,600	(7,700)	—	—	1,100	0
のれん	0	700	—	—	—	700
資本金	(10,000)	10,000	—	—	—	0
資本剰余金	0	—	—	—	(200)	(200)
利益剰余金	(7,000)	600	—	—	—	(6,400)
その他の包括利益評価差額	(5,000)	300	—	1,200	—	(3,500)
非支配持分	0	(3,900)	(1,500)	(1,200)	(2,200)	(8,800)
非支配持分損益	0	—	1,500	—	—	1,500
売却損益	(1,300)	—	—	—	1,300	0

■第4章　資本連結（投資と資本の相殺消去）

設例4

処分：子会社⇒関連会社または金融資産

前提条件

　P社は、01年度期首にS社の株式100％を取得し子会社とした。その後、P社は02年度期末にS社株式の75％を売却し、S社は関連会社となった。

　02年度期末の連結決算においてS社の財務諸表はいったん合算する。非支配持分は純資産持分割合で測定する。P社単体ではS社株式の公正価値測定を行っていない。また、税効果は無視する。S社純資産およびS社株式の取得状況は以下のとおりである。

＜S社純資産＞

	01年度期首	01年度期末	02年度期末
資本金	60,000	60,000	60,000
利益剰余金	40,000	50,000	55,000
その他の包括利益累計額　評価差額	0	3,000	5,000
合計	100,000	113,000	120,000

　S社の01年度期首の純資産の帳簿価額は、IFRSでの追加取得日の純資産額（公正価値）と等しい。利益剰余金の増減は純利益の計上、その他の包括利益はIAS第39号の売却可能有価証券の評価損益である。剰余金の配当は行っていない。

＜S社株式の取得・売却状況＞

	01年度期首	02年度期末
P社の持分	100％	△75％
S社株の取得額・売却価額	125,000	115,000

　P社は02年度期末の75％のS社株式売却について、21,250の売却益を計上している。

148

＜残存持分に関する情報＞

P社の持分割合	25%
公正価値	38,000
帳簿価額	31,250

問題1

02年度の開始仕訳を示しなさい。

問題2

連結除外に係る連結修正仕訳を示しなさい。

解答

【問題1】

(1) 02年度の開始仕訳

(借)資本金	60,000	(貸)S社株式	125,000
利益剰余金	40,000		
のれん	25,000		

【問題2】

連結除外に係る仕訳は、以下のとおりである。

(1) 開始仕訳の振戻し

S社株式の一部売却に伴いS社は関連会社となるため、S社に係る開始仕訳を振り戻す。

(借)S社株式	125,000	(貸)資本金	60,000
		利益剰余金	40,000
		のれん	25,000

(2) B/S項目の認識中止

期末日の売却のためS社の損益計算書は連結するが貸借対照表は連結財務諸表に合算しない。前提により連結手続上いったんS社の貸借対照表を合算していることから、これを除外する。

（借）資本金	60,000	（貸）純資産	120,000
利益剰余金	55,000		
その他の包括利益累計額 評価差額	5,000		

(3) 売却前持分に基づく持分の評価

S社株式は、取得後剰余金およびその他の包括利益の増加により、連結上の簿価が増加している。S社株式の売却損益を算定するため、いったんS社株式を連結上の簿価に増加額させる。

（借）S社株式	20,000	（貸）利益剰余金	15,000[*1]
		その他の包括利益累計額 評価差額	5,000[*2]

*1 15,000＝利益剰余金の取得後増加高（55,000－40,000）×100%
*2 5,000＝その他の包括利益の取得後増加高（5,000－0）×100%

(4) 株式売却損益の修正（売却持分部分）

S社株式の売却損益の修正を行う。売却に係る修正は、売却株式の連結上の簿価と単体で計上されていた取得原価との差額である。

（借）売却益	15,000	（貸）S社株式	15,000*

*持分の評価の売却相当額 15,000＝20,000×75%／100%

単体ベースと連結ベースの売却損益は、それぞれ以下のとおり計算できる。

■設例4

	単体ベース	連結ベース
売却価額	115,000	115,000
S社株式原価		
取得時原価	93,750	93,750
取得後剰余金増加等	−	15,000
売却利益	21,250	6,250

単体上の売却益21,250 − 連結上の売却益6,250 = 15,000

(5) その他の包括利益振替

S社に対して認識していたその他の包括利益の全額（売却株式部分のみならず残存株式部分を含め）を純損益へ振り替える。

(借) その他の包括利益累計額 評価差額	5,000	(貸) 売却益	5,000

(6) 残存持分の公正価値測定

残存するS社株式を公正価値測定する。

(借) S社株式	1,750	(貸) 売却損益	1,750*

＊1,750＝残存持分公正価値から残存部分の持分評価額を控除した金額38,000−（125,000＋20,000）×25％／100％

上記の結果、損益影響額（＝連結上の売却利益）は13,000（＝21,250−15,000＋3,750＋1,250＋1,750）となる。この損益影響額は、以下のように計算できる。

非支配持分の認識中止		0
受領した対価の公正価値		115,000
残存持分の公正価値		38,000
認識が中止された純資産およびのれん（120,000＋25,000）		(145,000)
	小計	8,000
旧子会社に関連して認識していたその他の包括利益		5,000
	利得	13,000

■第4章　資本連結（投資と資本の相殺消去）

上記を連結精算表（抜粋）で示すと、以下のとおりである。

	連結修正前	開始仕訳	開始仕訳の戻し	除外	持分評価	売却修正	その他包括利益組替	残存持分公正価値測定	連結修正後
S社株式	31,250	(125,000)	125,000	—	20,000	(15,000)	—	1,750	38,000
のれん	0	25,000	(25,000)	—	—	—	—	—	—
資本金	(60,000)	60,000	(60,000)	60,000	—	—	—	—	—
利益剰余金	(55,000)	40,000	(40,000)	55,000	(15,000)	—	—	—	(15,000)
その他の包括利益評価差額	(5,000)	—	—	5,000	(5,000)	—	5,000	—	0
売却損益	(21,250)	—	—	—	—	15,000	(5,000)	(1,750)	(13,000)

第5章
内部取引の相殺消去

- 連結会社間取引は、個別企業の観点からは独立した取引であるが、企業集団を単一の報告主体とする連結財務諸表の観点からは集団内の内部取引にすぎないため、連結決算手続において、連結会社間取引およびそれらの取引と関連する債権債務および未実現損益を相殺消去する。
- 連結会社間取引の消去から生じる税効果への影響は、IAS第12号を適用する。

1 連結会社間の取引高、債権・債務の相殺消去

　親子会社間および子会社間で行われた取引（連結会社間取引）は、個別企業の観点からは独立した取引であるが、企業集団を単一の報告主体とする連結財務諸表の観点からは集団内の内部取引にすぎない。このため、連結決算手続において、連結会社間取引およびそれらの取引と関連する債権・債務および未実現損益を相殺消去する。連結会社間取引の消去から生じる税効果への影響は、IAS第12号を適用する（IFRS10.B86）。

　連結会社間取引には、以下のような取引がある。

- 営業取引　　　　　　製品・商品等の売買取引
　　　　　　　　　　　賃貸借料・手数料等の取引
- 資金取引　　　　　　貸付・借入等の金融取引
　　　　　　　　　　　有価証券の売買
　　　　　　　　　　　保証債務、担保提供資産
- 固定資産の売買　　　固定資産の売買
　　　　　　　　　　　リース取引
- 配当金、利息等その他　配当金
　　　　　　　　　　　利息

■第5章　内部取引の相殺消去

図表5-1　内部取引消去の概要

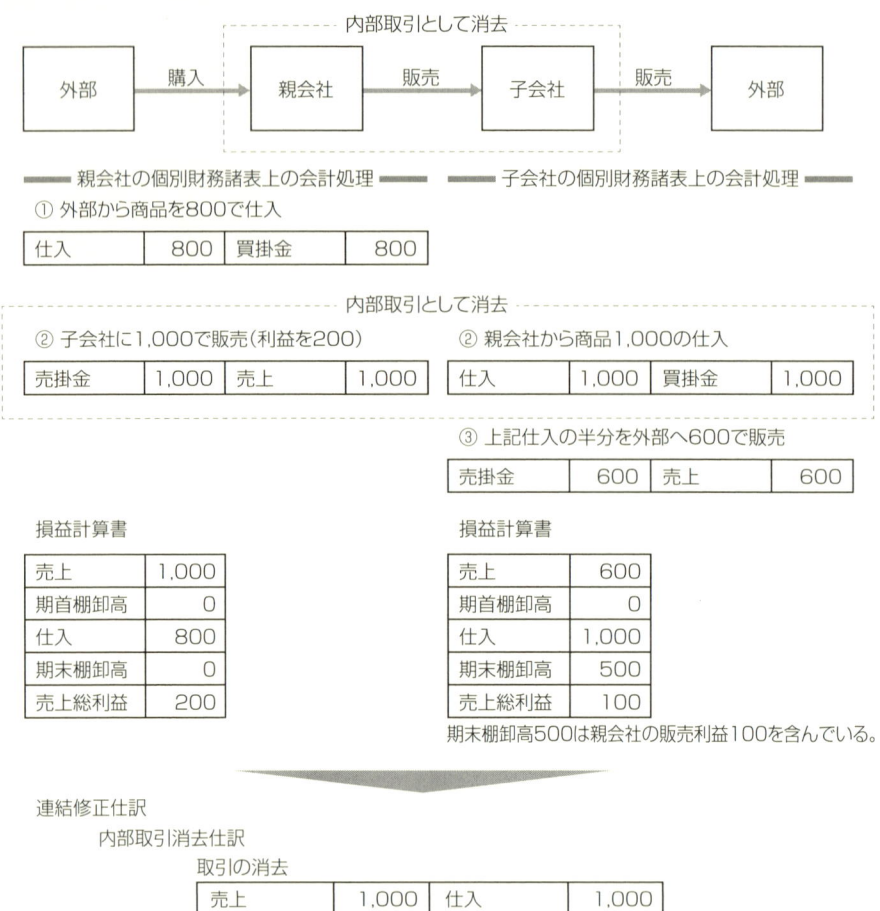

```
                  ┌─── 内部取引として消去 ───┐
 ┌────┐ 購入  ┌────┐ 販売  ┌────┐ 販売  ┌────┐
 │外部│─────▶│親会社│─────▶│子会社│─────▶│外部│
 └────┘      └────┘      └────┘      └────┘
```

──── 親会社の個別財務諸表上の会計処理 ────　──── 子会社の個別財務諸表上の会計処理 ────

① 外部から商品を800で仕入

| 仕入 | 800 | 買掛金 | 800 |

─────────────── 内部取引として消去 ───────────────

② 子会社に1,000で販売(利益を200)　　② 親会社から商品1,000の仕入

| 売掛金 | 1,000 | 売上 | 1,000 |　　| 仕入 | 1,000 | 買掛金 | 1,000 |

③ 上記仕入の半分を外部へ600で販売

| 売掛金 | 600 | 売上 | 600 |

損益計算書　　　　　　　　　　　　　　損益計算書

売上	1,000
期首棚卸高	0
仕入	800
期末棚卸高	0
売上総利益	200

売上	600
期首棚卸高	0
仕入	1,000
期末棚卸高	500
売上総利益	100

期末棚卸高500は親会社の販売利益100を含んでいる。

▼

連結修正仕訳

内部取引消去仕訳

取引の消去

| 売上 | 1,000 | 仕入 | 1,000 |

債権債務の消去

| 買掛金 | 1,000 | 売掛金 | 1,000 |

未実現利益消去仕訳

| 未実現利益消去 | 100 | 期末棚卸高 | 100 |

1 連結会社間の残高に不一致がある場合

　連結手続において、連結会社間取引高および債権債務の突合を行い重要な差異がないことを確認し相殺消去する。突合時に重要な差異が生じている場合は、不一致の原因調査および必要な調整を行った上で相殺消去する。

図表5－2　不突合差異が生じる場合

子会社の決算日の相違	子会社決算日が連結報告日と相違したまま連結決算する場合、連結会社間の取引高、債権債務の金額は異なる。
未達取引	売手側会社が出荷時に収益を計上したにも関わらず、連結報告日には積送中であるため買手側会社で仕入を未認識の場合は、取引高、債権債務の金額は異なる。
純額計上および総額計上	売手側会社が取引高を総額ではなく純額で、買手側会社が総額で会計処理する場合、取引高の金額は異なる。

2 貸倒引当金の調整

　個別財務諸表において連結会社間の債権に対して貸倒引当金を計上している場合、当該債権を内部取引消去するため連結上存在しない債権に対して貸倒引当金が計上されたままになる。このため、連結決算手続において貸倒引当金を減額調整する。この貸倒引当金の減額調整によって生じる税効果はIAS第12号を適用する。

3 未実現利益

　連結会社間で棚卸資産や固定資産を売買した場合、売却会社の個別財務諸表上で売却損益が計上され、購入会社の個別財務諸表上で売却損益を含んだ価額でそれらの資産が計上されている。企業集団を単一の報告主体とする連結財務諸表の観点から当該取引は資産の内部振替であり、それら資産に含まれる売却損益は、企業集団外部の第三者に販売されるまで未実現利益となる。そのため、連結会社間の取引から生じた棚卸資産等に含まれる未実現利益に

ついて、その全額を消去する（IFRS10.B86）。

(1) **未実現利益の帰属**

消去する未実現利益の親会社および非支配持分への帰属方法が問題となる。未実現損益の非支配持分への帰属方法には、図表5－3に示す方法があるが、親会社持分相当額のみ部分消去する方法は認められない。未実現利益は全額消去し、販売会社に非支配持分が存在する場合には、消去する未実現利益を当該販売会社の非支配持分に持分割合に比例して帰属させる。

図表5－3　取引形態と未実現利益の消去

消去方法	負担方法	内　容	
全額消去	親会社全額負担	未実現利益を全額消去し、全額を親会社が負担する。	ダウンストリーム　親会社→販売→子会社
全額消去	持分按分負担	未実現利益を全額消去し、親会社と販売した子会社の非支配持分が持分比率に応じて消去された未実現を負担する。	アップストリーム　親会社／子会社←販売←子会社
部分消去	持分按分負担	未実現利益のうち親会社持分相当額のみを消去し、非支配持分部分は実現したものとみなす方法。	子会社に対する未実現利益の消去方法として認められない。

(2) **固定資産の未実現利益**

建物や機械装置といった償却性資産を連結会社間で売買した場合、購入会社の個別財務諸表上では未実現利益を含んだ取得価額に基づいた減価償却費が計上される。このため、個別財務諸表で計上する減価償却費は未実現利益

相当額だけ過大となっている。このため、連結手続において、当該資産に関連する未実現利益の消去に加え、過大となっている個別財務諸表上の減価償却費を減額修正する。また、当該資産が除却または売却された場合、個別財務諸表上は未実現利益を含んだ取得価額に基づき売却損益や除去損益が計上されるため、連結財務諸表上は、これらについて未実現利益を含まない額に修正する。

(3) 未実現損失の取扱い

連結会社間取引で生じている未実現損失は、連結財務諸表で認識が必要な減損の兆候となる場合がある（IFRS10.B86）。したがって、連結会社間取引で生じている未実現損失も未実現利益と同様に全額消去をした後に、IAS第36号を適用し、未実現損失を含んだ販売会社側の資産の帳簿価額の回収可能性を検討し、回収不能と判断される場合、減損損失を計上する。

(4) 税効果会計の適用

未実現損益の消去によって生じる一時差異に関する繰延税金資産・負債については、IAS第12号を適用し会計処理する（IFRS10.B86）。

4 配当金の認識

配当は、それを受け取る権利が確立された時点である配当決議のあった日に認識する（IAS18.30）。連結会社間の配当は、企業集団内の内部取引に該当するため連結手続において消去する。非支配持分が存在する場合、非支配持分への支払は非支配持分額の減少として会計処理する。

■第5章 内部取引の相殺消去

設例1

棚卸資産に含まれる未実現利益：ダウン・ストリーム

前提条件

S社はP社が発行済株式の80％を有する子会社である。01年度中に、P社はS社に対し、取得原価2,000の商品を3,000で販売した。01年度期末時点で、S社は購入した商品の半分の1,500円を棚卸資産として保有している。P社およびS社の実効税率はそれぞれ40％、50％である。

問題

内部取引の相殺・消去仕訳、未実現利益の消去および税効果の影響に係る仕訳を示しなさい。

解答

(1) 内部取引の相殺・消去仕訳

（借）売上	3,000	（貸）売上原価	3,000

(2) 未実現利益の消去

（借）売上原価	500*	（貸）棚卸資産	500

＊S社が期末に計上している期末棚卸資産には、500＝1,500×（1,000／3,000）の未実現利益が含まれている。この未実現利益は全額消去する。

(3) 未実現利益の消去に係る税効果

（借）繰延税金資産	250*	（貸）法人税等調整額	250

＊250＝未実現利益500×S社の実効税率50％。購買会社であるS社の実効税率50％を適用して税効果を認識する。

設例2

棚卸資産に含まれる未実現利益：アップ・ストリーム

前提条件

S社はP社が発行済株式の80％を有する子会社である。01年度中に、S社はP社に対し、取得原価2,000の商品を3,000で販売した。01年度期末時点で、P社は購入した商品の半分の1,500を棚卸資産として保有している。P社およびS社の実効税率はそれぞれ40％、50％である。

問　題

内部取引の相殺・消去仕訳、未実現利益の消去および税効果の影響に係る仕訳を示しなさい。

解　答

(1) 内部取引の相殺・消去仕訳

（借）売上	3,000	（貸）売上原価	3,000

(2) 未実現利益の消去の仕訳

（借）売上原価	500*1	（貸）棚卸資産	500
非支配持分	100*2	非支配持分損益	100

*1　500＝1,500×（1,000／3,000）
*2　100＝500×非支配持分割合20％。P社が期末に計上している期末棚卸資産には、500の未実現利益が含まれている。この未実現利益は全額消去し、そのうち20％部分を非支配持分に帰属させる。

(3) 未実現利益消去に係る税効果

（借）繰延税金資産	200*1	（貸）法人税等調整額	200
非支配持分損益	40*2	非支配持分	40

*1　200＝500×P社の実効税率40％
*2　40＝200×非支配持分割合20％。未実現利益消去に係る税効果の非支配持分相当額

161

■第5章　内部取引の相殺消去

設例3

償却性資産に含まれる未実現利益

前提条件

P社は帳簿価額600の機械装置（取得価額1,000、減価償却累計額400、耐用年数10年、残存価額0）を、子会社であるS社に720で売却した。S社は当該資産について定額法（残存耐用年数6年、残存価額0）により減価償却費を計上した。P社およびS社の実効税率はそれぞれ40％、50％である。

問　題

S社の減価償却費の計上仕訳、連結上必要な内部取引の相殺・消去および内部利益消去仕訳を示しなさい。

解　答

(1) S社の減価償却費の計上仕訳

(借) 減価償却費	120*	(貸) 減価償却累計額	120

＊120＝720×1年／6年

(2) 内部取引の相殺・消去仕訳

(借) 機械装置売却益	120*	(貸) 機械装置	120

＊親会社の売却益120（＝720－600）を消去する。

(3) 未実現利益の消去に係る税効果

(借) 繰延税金資産	60*	(貸) 法人税等調整額	60

＊60＝120×S社の実効税率50％

(4) S社の減価償却費の修正

| （借）減価償却累計額 | 20* | （貸）減価償却費 | 20 |

＊親会社の売却益120（＝720－600）を含んだ帳簿価額720に基づいて減価償却費が計上されているため、減価償却費が20（＝120／6年）過大となっている。

(5) S社の減価償却費の修正に係る税効果

| （借）法人税等調整額 | 10* | （貸）繰延税金資産 | 10 |

＊10＝20×S社の実効税率50%

第6章

関連会社または共同支配企業に対する投資

- 持分法とは、投資を最初に原価で認識し、それ以後、関連会社の純資産に対する親会社の持分の変動に応じて投資残高を修正する会計処理方法をいう。
- 子会社と同様に決算日および会計方針が統一された財務諸表をもとに持分法を適用する。
- 関連会社とは、重要な影響力を行使できる投資先をいう。重要な影響力とは、投資先の財務および営業の方針の決定に関与するパワーであるが、当該方針に対する支配または共同支配がないものをいう。
- 原則として20％以上の議決権を保有する場合、重要な影響力を有していると推定し、20％未満の場合、重要な影響力を有していないと推定する。
- 投資勘定の帳簿残高以上の関連会社に生じた損失を負担しない。回収を予定しない長期債権等も実質的な投資として扱う。
- 重要な影響力の喪失は、投資の処分として会計処理する。残存投資は公正価値で測定し、連結上認識しているその他の包括利益はその全額を純損益に振り替える。
- 減損の兆候の判定にはIAS 第39号、減損の認識および測定にはIAS 第36号をそれぞれ適用する。

1 持分法の意義

1 持分法の意義

　持分法とは、投資を最初に取得原価で認識し、それ以後、投資先の純資産に対する投資者の持分の取得後の変動に応じてその帳簿価額を修正する会計処理をいう。

　投資者は投資先に対して受動的な関与以上の重要な影響力を背景に、投資先の配当政策に影響を与えることによって配当金の分配が投資先の業績とは無関係に行われる場合がある。このため、重要な影響力を有する投資先への投資に係る損益を、実際の配当金の分配時期や配当額をもとに認識する会計処理は、投資先から嫁得する収益の適切な測定方法とはいえない。また、支配を伴わない他の企業に対する戦略的な投資には、投資先との関係により自らの価値を高めることを含め投資先で嫁得されたリターンを得ることを目的とした積極的な投資もある。このことから、持分法を受動的な投資（例えば、配当や価格変動による売却益といった利益の獲得を目的とする投資）と支配をしている能動的な投資の間の中間的な投資の会計処理として位置づけることができる。

2 連結との類似点および相違点

　持分法を適用する手続は、子会社を連結する手続と同様な会計処理となっている。さらに、持分法を適用する関連会社に対する投資の取得の会計処理についても、子会社の取得の会計処理に用いられる手続の基本的な考え方と同様となっている（IAS28.26）。しかし、IAS第39号 BC24D項では、「関連会社に対する持分の取得は、構成する純資産の事後の連結を伴う事業の取得[1]を表しておらず、企業結合および連結に関する原則が、関連会社および共同支配企業に対する投資に類推適用できることを意味するものと解釈すべきで

はない。」としており、IFRS の基準書間で持分法の基本的な考え方について不整合が生じている。実際に、持分法と連結の会計処理について、すべて同一となっておらず、図表6-1に示す項目で異なる会計処理となっている。

　子会社に対する連結処理は、投資者および子会社の財務諸表を勘定科目ごとに合算する完全連結（フル・ライン・コンソリデーション）した上で、非支配持分への配分を行う。これに対し、持分法は、投資先の純資産および損益に対する投資者の持分相当額を、投資者の財務諸表に反映させる一行連結（ワン・ライン・コンソリデーション）といえ、連結財務諸表における連結対象科目が全科目による総額表示か一科目による純額表示かという違いはあるが、その損益および純資産に対する影響は同一となるという考え方がある。このため、持分法は連結会計の一形態として一行連結という連結の延長線にある会計手続[2]という性質をもっている。

　これに対し、持分法とは、投資を最初に取得原価で認識し、それ以後、投資先の純資産に対する投資者の持分の取得後の変動に応じてその帳簿価額を修正する会計処理方法であることから、連結の延長線ではなく投資の評価手法[3]の一つとして捉える考え方がある。このように、持分法は連結会計の一形態である一行連結という性質と同時に投資の評価手法という性質を併せ持っているが、現行の IFRS では、持分法を一行連結と投資の評価手法のどちらとして位置づけるのかを明確していない。

1　IFRS では、持分法を適用する関連会社は、投資者が支配を有している子会社と異なり、企業集団の外の企業として位置づけている（IFRS10. 付録 A）。
2　持分法は連結の代替的手続ではなく、連結するのが適切であるにもかかわらず子会社を連結から除外することを正当化するために、持分法を適用することは許容されない。
3　米国会計基準では、持分法を個別財務諸表上の関連会社投資に対する投資の評価手法として位置づけている。これに対し、IAS 第27号「個別財務諸表」では、個別財務諸表における関連会社に対する投資を、取得原価または IFRS 第9号に従って会計処理することを求めている。

図表6−1 連結と持分法の対比

＜手続の相違＞

連結：フル・ライン・コンソリデーション

| 親会社
財務諸表 | ＋ | 子会社
財務諸表 | − | 連結修正仕訳

合算した財務諸表から
内部取引を消去する | ＝ | 連結
財務諸表 |

持分法：ワン・ライン・コンソリデーション

| 親会社
財務諸表 | ＋ | | ＋ | 連結修正仕訳

投資先の純資産の増減を
投資勘定に加減算する | ＝ | 連結
財務諸表 |

＜会計処理の相違＞

項　目	連　結	持分法
のれん	個別に認識する	個別に認識しない
取得関連費用	取得原価に含めず期間費用	取得原価に含める
段階取得	一括法（既存持分も公正価値測定）	ガイドラインなし
持分割合変動	資本取引	損益取引
債務超過負担	持分割合で負担	投資額を限度
潜在的議決権	実質的な権利	行使または転換可能性
未実現利益	全額消去	持分割合額消去

2 持分法適用範囲

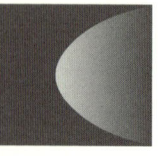

1 持分法適用範囲

　すべての関連会社または共同支配企業に対する投資について持分法を適用する。ただし、以下の状況にある関連会社に対する投資を除く（IAS28.16,17）。

- 投資者がIFRS第10号「連結財務諸表」で定めている連結財務諸表の作成を免除する場合に該当する。
- 以下の条件のすべてに該当する場合。
  - 100％子会社または他の投資者が一部を所有している子会社であり、議決権を付与されていない者を含む他の所有者が持分法を適用しないことに合意している。
  - 報告企業の負債性金融商品または資本性金融商品が公開市場に上場していない。
  - 報告企業が、上場する過程にない。
  - 報告企業の最上位または中間の親会社が、IFRSに準拠した公表用の連結財務諸表を作成している。

　関連会社または共同支配企業に対する投資が、ベンチャー・キャピタル企業、ミューチュアル・ファンド、ユニット・トラストおよび類似の企業（投資連動保険ファンドを含む）に保有されているかまたは当該企業を通じて間接的に保有されている場合には、持分法の適用の免除を設けている。このような関連会社または共同支配企業に対する投資は、IFRS第9号（IFRS第9号をまだ採用していない場合には、IAS第39号）に従って、純損益を通じて公正価値で測定することを選択できる（IAS28.18,BC13）。この持分法の適用免除は、当該投資が関連会社または共同支配企業に該当しないからではなく、投資の公正価値による測定情報が持分法を適用した場合に比べ、より目的適合性の

高い情報を提供するという考えに基づいている。IAS 第28号は、この持分法の適用免除の対象となる企業の明確な定義をしていない。

　IFRS 第10号においても投資企業について類似した規定を設けている。IFRS 第10号では、親会社が投資企業である場合、子会社に対する投資（ただし、投資に関連するサービスまたは活動を提供するものを除く）を、連結ではなく純損益を通じて公正価値で測定することを求めている。このため投資企業として適格であるためには、投資のほとんどすべてを公正価値で測定する必要があることから、関連会社または共同支配企業に対する投資について、IAS 第28号の持分法の免除規定を適用し公正価値測定を選択しなければならない。

図表6-2　持分法の公正価値測定オプションと投資企業

基準書	投資者		関連会社および共同支配企業への投資	
IAS第28号	ベンチャー・キャピタル企業および類似の企業	定義なし	公正価値測定と持分法のどちらかを選択	整合していない
IFRS第10号	投資企業	定義および特徴の規定あり	公正価値測定を選択（他の方法は認められない）	

2 関連会社

　関連会社とは、投資者が重要な影響力を有している投資先をいう（IAS 28.3）。関連会社を判定する手続の概要は、**図表6-3**のようになる。

図表6−3　関連会社の判定フロー

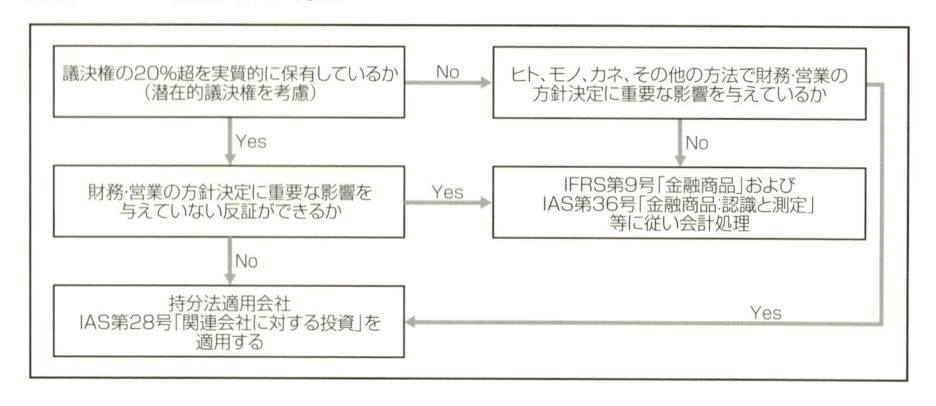

```
議決権の20%超を実質的に保有しているか      No      ヒト、モノ、カネ、その他の方法で財務・営業の
     （潜在的議決権を考慮）          ────→      方針決定に重要な影響を与えているか
            │                                              │
            │Yes                                           │No
            ↓                            Yes                │
   財務・営業の方針決定に重要な影響を  ────→    IFRS第9号「金融商品」および
   与えていない反証ができるか                   IAS第36号「金融商品・認識と測定」
            │                                  等に従い会計処理
            │No                                       ↑
            ↓                                         │
       持分法適用会社                                  │
   IAS第28号「関連会社に対する投資」を ←───────────── Yes
       適用する
```

3 重要な影響力

　投資先が関連会社に該当するかどうかは、投資先に対して重要な影響力を有しているかどうかで判定する。投資先に対する重要な影響力とは、投資先の財務および営業の方針決定に関与するパワーであるが、当該方針に対する支配または共同支配ではないものをいう（IAS28.3）。投資先の議決権の20％以上を直接的または間接的に保有している場合は、明らかな反証がない限り投資者は投資先に対して重要な影響力を有しているとみなす。これに対し、20％未満を保有している場合は、重要な影響力が明確に証明できる場合を除き投資者は重要な影響力を有していないとみなす（IAS28.5）。

　重要な影響力である投資先の財務および営業の方針決定に関与するそのパワーは、子会社を判定する際に適用する支配モデルにおけるパワーの概念と同様に、その影響力が積極的に行使されているかまたは重要な影響力が消極的なものであるかどうかに関わらず、投資者がそのようなパワーを行使する能力を有している場合には、投資先に対し重要な影響力を有しているとみなす。

図表6-4 議決権保有割合による重要な影響力の判定

議決権保有割合*	判　定
20％以上	明確な反証がない限り、重要な影響力を有していると推定する。他の投資者が大部分または過半数を所有し支配している場合であっても、重要な影響力を有することを妨げるものではない。
20％未満	明確な反証がない限り、重要な影響力を有していないと推定する。

＊投資者が直接または子会社を通じて間接的に投資先の議決権を保有する割合であり、他の関連会社または共同支配企業が保有している株式は考慮に入れない（IAS28.27）。

(1) 議決権以外の重要な影響力の指標

投資先に対して直接的または間接的に保有する議決権割合が20％未満であっても、以下のいずれかの状況が認められる場合は、投資者が投資先に対して重要な影響力を有していると判断される場合がある（IAS28.6）。

- 投資先の取締役会または同等の経営機関へ役員の派遣
- 配当政策を含む経営方針の策定過程への関与
- 投資者と投資先間の重要な取引
- 経営陣の人事交流
- 重要な技術情報の提供

その他に、他の株主による株式保有が広く分散した状況で、投資者の株式保有割合が他の当事者と比べて相対的に重要性が高い場合等が考えられる。

(2) 重要な影響力がないと推定される事象

投資先に対して直接的または間接的に保有する議決権割合が20％以上であっても、以下の状況が認められる場合は、重要な影響力を有するかどうかの判断を慎重に検討する。

- 投資先による裁判所や政府関係機関への訴訟等により、投資者の重要な影響力の行使が制限されている。
- 投資者と投資先の契約により、投資者の株主としての重要な権利が放棄されている。

- 投資先への過半数持分が一部の株主に集中し、投資者の意思が反映されずに投資先の経営が運営されている。
- 投資者が投資先の取締役会等の意思決定機関に代表を派遣したいにも関わらず派遣できない状況にある。

　清算会社のような継続企業と認められない企業であっても、単に継続企業と認められないという理由だけでは、関連会社の範囲から除外できない。この場合でも、投資先に対して重要な影響力を与えることができると認められる場合には、関連会社に該当する。

(3) 潜在的議決権

　潜在的株式の行使または転換により、議決権が増加または他の株主の議決権を減少させる場合がある。このため、投資先に対する重要な影響力を有しているかどうかを判定する際に、投資者以外の他の当事者が保有している潜在的議決権を含め、現時点で行使可能または転換可能となっている潜在的議決権の有無およびその影響を考慮する。子会社の判定と同様に、潜在的議決権の有無およびその影響を検討する際には、経営者の意図および親会社の潜在的議決権の行使または転換するための財務能力は考慮しない（IAS28.7,8）。潜在的議決権の影響は、重要な影響力を判定する際にのみ考慮し、投資先の損益およびその他の包括利益の増減の持分相当額は、現在の持分割合に基づいて算定する。

　関連会社を判定する際には、現時点で行使可能または転換可能となっている潜在的議決権のみの影響を考慮する。これに対し、子会社を判定する際には、潜在的議決権が現在行使可能であるか否かの評価ではなく実質的な権利であるかどうかを評価することが求められており、現在行使可能なオプションが行使された場合に、投資者が投資先の過半数の議決権の保有が可能であるということのみでは投資先を支配している根拠とはならないとしている点で、関連会社の判定の基準とは相違が生じている。

4 適用開始日

投資先が関連会社または共同支配企業となった日から、持分法を適用する（IAS28.32）。

5 重要な影響力の喪失──持分法適用の中止

関連会社に対する重要な影響力を喪失、または共同支配企業ではなくなった日から、持分法の適用を中止する。関連会社に対する重要な影響力の喪失は、関連会社投資の売却による持分比率の減少による以外に、関連会社が国、裁判所、管理者、規制当局の管理下に置かれる場合や契約の変更による場合があるが、これらの事由を問わない（IAS28.9.22）。

■第6章 関連会社または共同支配企業に対する投資

3 持分法を適用する財務諸表

1 概要

　持分法の適用に際して、関連会社または共同支配企業の財務諸表について統一した会計方針を適用するための修正や公正価値評価および税効果会計を適用する等、原則として子会社の場合と同様の処理となる（IAS28.27）。したがって、持分法を適用する際には、IFRS第3号を適用し関連会社または共同支配企業の識別可能な資産および負債を識別し、それらを公正価値で評価し、その際に生じた評価差額は税効果額を控除した部分について関連会社または共同支配企業の純資産の一部として扱う。また、無形資産の認識要件を満たす無形資産を関連会社または共同支配企業がその個別財務諸表において未認識であっても、識別可能な資産を識別する際に無形資産として認識する。

図表6-5　持分法を適用する財務諸表

持分法適用会社の財務諸表

（借方）	（貸方）
投資先が認識している 識別可能資産 （公正価値測定）	投資先が認識している 識別可能負債 （公正価値測定）
投資先が認識していない 識別可能資産 （公正価値測定）	投資先の 純資産

←企業結合時（子会社）と同じように、資産および負債を公正価値評価および無形資産等を追加認識する

176

2 決算日の統一

　関連会社または共同支配企業の決算日が連結報告日と異なる場合も子会社の場合と同様に、実務上不可能である場合を除き、連結報告日と同一の財務諸表をもとに持分法を適用する（IAS28.33）。実務上不可能である場合、連結報告日と関連会社または共同支配企業の決算日の差異が認められるが、その決算日の差異は3ヶ月を超えることは認められない。連結報告日と異なった財務諸表をもとに持分法を適用する場合、決算日の差異の間に生じた重要な取引および事象の影響を修正し持分法を適用する（IAS28.34）。

3 会計方針の統一

　関連会社または共同支配企業の会計方針についても子会社の場合と同様に、連結財務諸表で採用する会計方針に統一する。類似の状況における同様の取引および事象に関して異なった会計方針を関連会社または共同支配企業が採用している場合、持分法の適用に際して連結財務諸表の会計方針に統一する修正を行い持分法を適用する（IAS28.35）。

■第6章 関連会社または共同支配企業に対する投資

4 持分法適用の開始

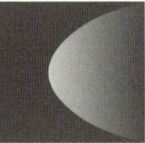

1 当初投資の認識

　関連会社または共同支配企業に対する投資の取得時に、投資先の識別可能な資産および負債の正味の公正価値に対する投資者の持分（以下、投資先の純資産に対する投資者の持分）と投資原価の差額を、以下のように会計処理する（IAS28.32）。

- 関連会社または共同支配企業に係るのれんは、投資の帳簿価額に含め、当該のれんは償却しない。
- 投資先の純資産に対する投資者の持分が投資原価を上回る超過額は、当該投資が取得された期間における投資者の利益として認識する。

図表6-6　純資産の公正価値と持分相当額の差額（のれん）の会計処理

① 純資産に対する持分＜投資原価

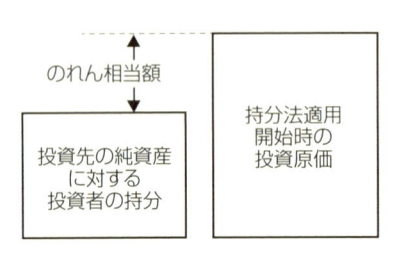

のれん相当額は投資原価の帳簿価額に含める。
⇒のれん相当額について、特段会計処理しない。

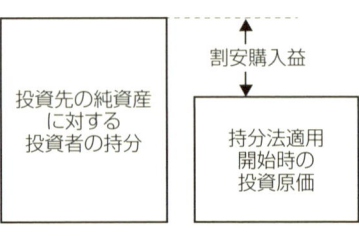

② 純資産に対する持分＞投資原価

割安購入益を持分法適用時の損益として認識する。

(1) 取得原価と取得関連費用

　持分法では当初に投資を取得原価で認識する。一般的に、損益を通じて公正価値で測定されない資産の当初認識時には取得原価で測定する。この取得原価には、購入価格とその資産の取得または発行に直接起因するその他の費用、例えば、法律サービスの専門家報酬およびその他の取引費用を含める。関連会社または共同支配企業に対する投資の当初認識時の取得原価は、投資の購入価額と投資を取得するために直接起因する支出から構成されることになる。

　IFRS第3号では、子会社の取得に関連する費用を取得原価に含めず期間費用として会計処理することを求めているが、この取扱いの規定は、関連会社または共同支配企業を取得する際に発生する費用に適用しない[4]。また、IFRS第3号では企業結合に関連する条件付対価を、その取得日の公正価値で測定し移転された対価に含めることを求めているが、関連会社の取得に関連する条件付対価の取扱いが明確になっていない。

(2) 支配または共同支配を喪失して関連会社になった場合

　子会社に対する支配を喪失したが重要な影響力を有しているため関連会社となる残存持分を有している場合は、その残存持分を公正価値で再測定し、その公正価値再測定額が持分法を適用する当初原価となる（IFRS10.25）。これに対し、共同支配に対する投資が関連会社（またはその逆）となる場合は、投資先への持分法の適用を継続し、残存持分を公正価値で再測定しない（IAS28.24）。

(3) 段階的に取得した関連会社または共同支配企業

　投資先の株式等を一括取得ではなく段階的な取得により関連会社または共

---

[4] 2009年7月の「IFRICアップデート」で公表されているIFRIC（現在のIFRS解釈委員会）で議題として取上げられなかった事項により確認されている。

同支配企業となった場合を、段階的に取得した関連会社または共同支配企業という。持分法を適用する以前から保有する株式等の持分を持分法適用開始日の公正価値で再測定した評価差額の累計額について、持分法を適用する開始時点の損益に反映させるかどうかについて明確になっていない。この以前から保有している株式等の持分の公正価値評価差額について、IFRS第3号を類推適用し、持分法を適用する以前から保有している株式等の持分を公正価値でいったん処分したうえで、改めて株式等の持分を取得したとみなす会計処理が考えられる。

2 のれんに対する会計処理

　持分法を適用する開始日における関連会社または共同支配企業に対する投資の帳簿価額と投資先の純資産額持分額との差額であるのれん相当額は、持分法適用後の投資の帳簿価額を構成する要素として個別の項目として認識しない。このため、子会社に対して個別に認識するのれんと異なり、IAS第36号を適用した年1回の減損テストの対象外となる（IAS28.32）。
　投資の帳簿価額に含められたのれん相当額について、その効果の及ぶ期間にわたって定額法その他の合理的な方法によって規則的な償却をするのではなく、IAS第39号を適用し投資が減損している可能性がある場合は、IAS第36号を適用し投資額全体の帳簿価額について回収可能額を帳簿価額と比較することにより、持分法投資を単一の資産として減損テストを実施する。

3 売却目的保有に分類していた投資が関連会社になる場合

　売却目的保有に分類されていた関連会社または共同支配企業の投資が、その要件を満たさなくなった場合、その投資を当初に売却目的保有有価証券として分類した日から遡及的に持分法を適用する。したがって、売却保有目的に分類された以降の期間、すなわち、その投資を行っていたすべての会計期間の財務諸表を修正再表示する（IAS28.21）。

4 一部を売却目的保有に分類する場合

　関連会社または共同支配企業の投資の一部を処分することを計画しており、IFRS第5号の売却目的保有の分類基準を満たす場合には、処分予定の部分のみを売却目的保有に分類する。この場合、売却目的保有に分類されない残存部分があれば、売却目的保有に分類された部分の処分が発生するまで、当該残存部分について持分法を継続適用する。処分が発生した後は、残存部分をIAS第39号またはIFRS第9号に従って会計処理する。ただし、処分後も重要な影響力または共同支配が保持されている場合は、継続して持分法を適用する（IAS28.20,BC27）。

■第6章　関連会社または共同支配企業に対する投資

5　持分法適用の会計処理

　持分法では、当初に投資を投資原価で認識し、それ以降その帳簿価額を以下の事項について調整する（IAS28.10）。

- 投資先の損益およびその他の包括利益の増減（例えば、金融商品の公正価値評価差額、累積為替差額等）の持分相当額
- 投資先から受け取った分配

　持分法は「投資を最初に取得原価で認識し、それ以後、投資先の純資産に対する投資者の持分の取得後の変動に応じて修正する会計処理方法」であることから、投資者が投資先の取得後の純資産の変動のすべてを認識すべきことになる。

図表6－7　持分法の適用のイメージ

（借方）　　　　　　　　　　投資勘定　　　　　　　　　　（貸方）
当初取得価額（公正価値）	利益剰余金減少額（例:受取配当金）
	その他の包括利益減少額（その他の包括利益）
利益剰余金増加額（持分法適用損益）	持分法による評価額（＝連結上の簿価）
その他の包括利益増加額（その他の包括利益）	

1　損益およびその他の包括利益の按分

(1) 持分割合による按分

　持分法を適用した以降に計上された投資先の損益またはその他の包括利益の変動に対する投資者の持分は、投資者の持分割合に基づいて投資者の持分

相当額を認識し投資の帳簿価額に加減する。持分割合を算定する際の留意事項は、図表6-8に示すとおりである。

図表6-8 持分割合算定時の留意事項

事 項	留意事項
潜在的議決権が存在する場合	持分割合には潜在的議決権の行使または転換の可能性を反映させない（IAS28.12）。
子会社が関連会社に対する持分を保有している場合	持分割合は投資者およびその子会社が保有する持分の合計になる（IAS28.27）。
他の関連会社または共同支配企業が有する持分	他の関連会社または共同支配企業が有する持分は考慮しない（IAS28.27）。

(2) 関連会社または共同支配企業が発行する累積的優先株

　関連会社または共同支配企業が資本に分類される累積的優先株式（優先株主に対して優先的権利として配当金支払義務が生じる株式の場合）を発行し投資者以外のその他の当事者により保有されている場合、配当決議の有無にかかわらずその配当義務が発生した時点で優先配当控除後の損益に対して投資者持分を計算する（IAS28.37）。

2 関連会社または共同支配企業からの配当

　関連会社または共同支配企業からの配当金受領時に、投資者の投資の帳簿価額から受取配当金額を減額する（IAS28.10）。投資先からの配当金の受領時に、投資者の個別財務諸表では受取配当金を認識するが、連結財務諸表では配当金の源泉となる過年度利益はすでに投資の帳簿価額の増額として認識済みであることから、配当金受領時に投資の帳簿価額を減額する。

3 債務超過に陥った関連会社または共同支配企業

(1) 原則

　関連会社または共同支配企業の損失に対する投資者の持分が、関連会社または共同支配企業に対する持分と等しいか、または超過する場合には、投資

者はそれ以上の損失について持分相当額を認識しない。関連会社または共同支配企業がその後利益を計上し、当該利益に対する持分が認識されていない損失に対する持分と等しくなった後に、投資者は当該利益に対する持分の認識を再開する（IAS28.38,39）。子会社の場合は、投資先が計上する損失負担について非支配持分についても持分を超えた損失を負担させるため、子会社と関連会社または共同支配企業で取扱いが異なっている。

(2) 関連会社または共同支配企業に対するその他の長期持分

投資者が関連会社または共同支配企業に対して実質的に関連会社または共同支配企業に対する長期の持分（例えば、決済が予定されていない優先株式、長期債権、長期貸付金等）を有している場合、図表6－9に示すように、それらを関連会社または共同支配企業への投資を実質的に構成する項目として関連会社または共同支配企業に対する持分額に含め、その金額がゼロとなるまで追加損失を認識する。関連会社または共同支配企業への投資を実質的に構成する項目が複数ある場合、清算における優先順位の下位からそれぞれ減額し追加損失を計上する（IAS28.38）。

図表6－9　投資の一部を実質的に構成する長期持分

区　分	項　目
正味投資の一部を実質的に構成する	関連会社または共同支配企業に対する投資の帳簿価額
	決済が予定されていないような優先株式、長期債権、長期貸付金（適切な担保がある場合は対象外）等
正味投資の一部を実質的に構成しない	売掛金、買掛金、長期債権および貸付金（担保付融資等、適切な担保がある場合）

(3) 投資額を超えて損失を負担する場合

投資者の持分がゼロにまで減少した後の追加的な損失は、IAS第37号を適用し、法的または推定的債務、または投資者が関連会社または共同支配企業の代理で支払う金額に該当する損失および負債を認識する（IAS28.39）。

6 持分の変動

持分法の適用後に持分が変動するケースは、図表6-10に示すとおりである。

図表6-10　持分の変動のタイプ-持分法

From	To	会計処理
関連会社	関連会社	持分法の継続
	共同支配企業	持分法の継続
	子会社	持分法の中止
	金融資産	持分法の中止
共同支配企業	共同支配企業	持分法の継続
	関連会社	持分法の継続
	子会社	持分法の中止
	金融資産	持分法の中止

1 持分法の継続

(1) 関連会社が共同支配企業になるまたはその逆の場合

共同支配が重要な影響力に変化する、またはその逆のケースは、どちらも投資者と投資先の関係が変化し、投資の性質を変える事象といえるが、関連会社または共同支配企業のどちらの投資も継続して持分法を適用する。その際に、投資先に対する投資を公正価値で再測定しない（IAS28.24）。関連会社が共同支配企業になるまたはその逆の場合は、企業集団の境界線をまたぐものではないことから、公正価値測定する十分な根拠となる事象ではないという考えに基づいている（IAS28.BC30）。

(2) 持分の追加取得または処分

(2)-1 持分の追加取得

関連会社または共同支配企業の持分の追加取得後も継続して関連会社または共同支配企業にとどまる場合、追加持分に対して支払った購入価格を追加取得前の投資の帳簿価額に加算する。既存持分の再評価は行わない。関連会社または共同支配企業の純資産の追加取得した持分に相当する部分と追加投資額の間に生じた差額について、のれん相当額として投資を構成するものであることから調整は行わない。

(2)-2 持分の減少

関連会社または共同支配企業に対する所有持分の減少後も継続して持分法を適用する場合、部分的に処分した投資の帳簿価額と受取対価の差額は、純損益として認識する。さらに投資先に関連して認識しているその他の包括利益の減少に係る割合部分について、関連する資産および負債を直接処分すると仮定した場合と同様な基準に従って会計処理する。したがって、これまでその他の包括利益に認識していた利得または損失が、関連する資産または負

図表6-11 持分法-部分的処分時の仕訳イメージ

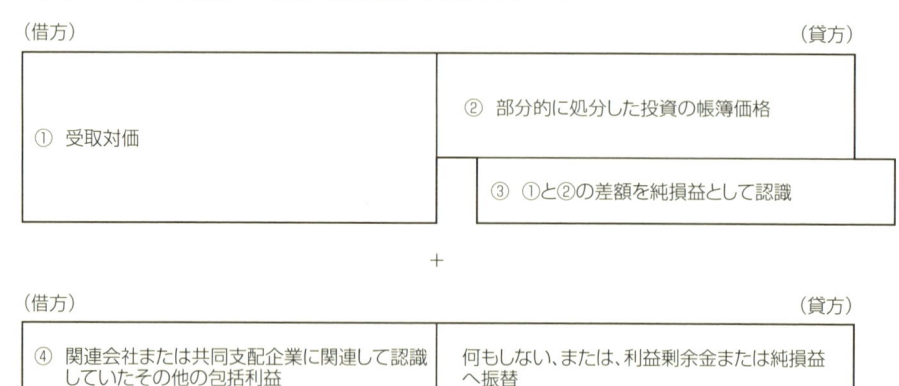

(借方)	(貸方)
① 受取対価	② 部分的に処分した投資の帳簿価格
	③ ①と②の差額を純損益として認識

＋

(借方)	(貸方)
④ 関連会社または共同支配企業に関連して認識していたその他の包括利益	何もしない、または、利益剰余金または純損益へ振替

投資先に関連して認識しているその他の包括利益の減少に係る割合部分について、何もしない、または、利益剰余金または純損益に振り替える。

債の処分時に純損益に振り替えられるものであれば、そのうち当該減少に係る割合を純損益に振り替える (IAS28.25)。

(3) 所有持分のその他の変動

IAS 第28号は、投資先の純資産の変動のうち、損益またはその他の包括利益および受け取った分配以外のその他の純資産の変動に係る会計処理のガイドラインを明確にしていない[5]。このようなその他の純資産の変動には、投資先による第三者割当増資や、自己株式の取得、ストップ・オプションといった持分決済型の株式に基づく報酬取引、転換社債の転換といった投資先の資本の変動があげられる。持分法を適用する関連会社または共同支配企業は、企業集団の構成要素ではなく支配を獲得していないことから、その他の純資産の変動は、企業集団の所有者との取引ではなく非所有者との取引であるといえる。この考えによると、その他の純資産の変動に係る投資持分の変動について、以下のような会計処理が考えられる。

- 投資者の投資に対する所有持分が直接または間接を問わず増加した場合には、当該変動の影響を投資の追加購入として会計処理し取得原価として認識する。
- 投資者の投資に対する所有持分が直接または間接を問わず減少した場合には、当該変動の影響を部分的な処分として会計処理し投資者の純損益として認識する。

---

5 2012年11月に「持分法：その他の純資産の変動に対する持分相当額（IAS 第28号改定案）」が公表され、その他の純資産の変動に対する投資者の持分相当額を資本に含めて認識し、持分法適用の中止時に、それまで資本に含めて認識していた金額のすべてを当期利益に振り替えることが提案されている。

■第6章 関連会社または共同支配企業に対する投資

2 持分法の中止

投資が関連会社または共同支配企業に該当しなくなった日から、持分法の適用を中止する（IAS28.22）。

(1) 子会社になる場合
重要な影響力を喪失し投資の追加取得等により支配を獲得し子会社になる場合、IFRS第3号およびIFRS第10号に従って段階取得による支配獲得として一括法で会計処理する。

(2) 金融資産となる場合
持分法を適用していた投資の残存持分が金融資産となる場合、それを公正価値で測定し以下の項目の差額は純損益として認識する。その残存持分の公正価値額はそれを金融資産として当初認識する際の公正価値となる。
- 残存持分の公正価値および投資の一部処分時の受領額
- 持分法適用中止日の帳簿価額

図表6-12 持分法の中止－金融資産となる場合の仕訳イメージ

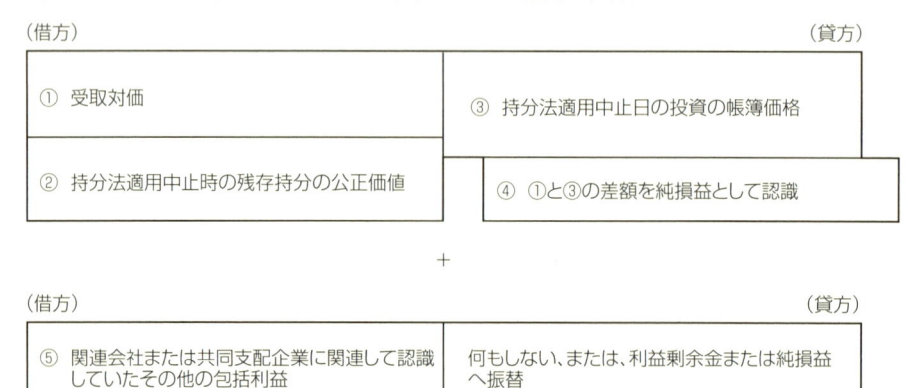

(借方)	(貸方)
① 受取対価	③ 持分法適用中止日の投資の帳簿価格
② 持分法適用中止時の残存持分の公正価値	④ ①と③の差額を純損益として認識

＋

(借方)	(貸方)
⑤ 関連会社または共同支配企業に関連して認識していたその他の包括利益	何もしない、または、利益剰余金または純損益へ振替

残存持分がある場合でも、その他の包括利益全体について、上記⑤の処理を行う。

(3) 持分法適用時に認識していたその他の包括利益

持分法の適用を中止する場合、当該投資先に関連して認識しているその他の包括利益のすべてについて、中止の時点でその全額を図表6－13に示すように、投資先が関連する資産または負債を、あたかも直接処分した場合と同じ方法で会計処理する（IAS28.23）

図表6－13　その他の包括利益の会計処理－持分法

その他の包括利益	例　示	会計処理 一部売却（持分法の継続）	会計処理 持分法の中止
投資先が直接処分したならば純損益として認識されるその他の包括利益	・累積為替差額 ・キャッシュフローヘッジにおけるヘッジ手段から生じた損益の繰延 ・IAS第39号を適用している場合の売却可能金融資産の評価差額	持分比率低下部分に相当する額を純損益に振替	全額*を純損益に振替
上記以外のその他の包括損益	・その他の包括利益を通じて公正価値測定する有価証券の評価差額（IFRS 9を適用している場合） ・確定給付年金調整額	持分比率低下部分に相当する額を利益剰余金に振替	全額*を何もしない、または、利益剰余金に振替

＊持分法適用の中止後も残存持分がある場合であっても、当該金額の全額を純損益または利益剰余金（または、何もしない）へ振り替える。

7 関連会社および共同支配企業との取引

1 未実現損益の消去

　投資者と関連会社または共同支配企業との取引に係る未実現損益は、図表6－14に示すように、アップ・ストリームおよびダウン・ストリームのどちらもその投資先に対する持分の範囲で消去する（IAS28.28）。また、未実現利益の消去に伴う一時差異は税効果会計を適用し、未実現利益の消去に係る一時差異は販売会社ではなく購買会社に帰属させる。

図表6－14　関連会社および共同支配企業との取引と会計処理

取引形態		会計処理
アップ・ストリーム	関連会社または共同支配企業 →親会社または子会社	未実現利益の 持分相当額を消去
ダウン・ストリーム	親会社または子会社 →関連会社または共同支配企業	

　ダウン・ストリーム取引が、売却または拠出する資産の正味実現可能価額の減少、または当該資産の減損の証拠を示す場合には、投資者が当該損失の全額を認識する。アップ・ストリーム取引が、購入する資産の正味実現可能価額の減少、または当該資産の減損の証拠を示す場合には、投資者は当該損失の持分相当額を損失として認識する（IAS28.29）。

2 グループ間残高

　関連会社および共同支配企業は企業集団の一部ではないので、企業集団と関連会社および共同支配企業との債権債務の残高は相殺消去しない。

3 非貨幣性資産の拠出

　投資者が、関連会社および共同支配企業の資本持分と交換に関連会社および共同支配企業へ非貨幣性資産を拠出した場合、その拠出から生じる利得または損失は投資者以外の拠出者の持分相当額のみを認識する。すなわち、投資者の持分相当額は未実現損失として消去する。ただし、その拠出が、経済的実質が伴わない拠出である場合には、その利得または損失を認識しない（IAS28.30）。

　これに対し、投資者が、関連会社および共同支配企業に対する資本持分のほかに、拠出した資産と類似しない貨幣性または非貨幣性の資産（その実現が投資先の将来キャッシュ・フローに依存しないもの）を受け取る場合、稼得過程は完了したといえる。したがって、投資者は、非貨幣性の拠出による利得または損失のうち、受け取った貨幣性または非貨幣性の資産に係る部分の全額を損益として認識する（IAS28.31,BCZ36）。

8 減損

1 概要

　持分法の適用後に、関連会社または共同支配企業に対する純投資に関する追加の減損損失を認識する必要があるかどうかについてIAS第39号を適用し判断する（IAS28.40）。

　子会社の場合と異なり関連会社または共同支配企業に対する投資の帳簿価額の一部を構成するのれん相当額は、のれんとして区分して認識しない。これに対し、子会社の取得時に認識したのれんにはIAS第36号を適用し、減損の兆候の有無に関わらず毎期減損テストを実施する。

2 減損テスト単位

　持分法を適用する投資が複数ある場合には、関連会社または共同支配企業が投資者の他の資産からのキャッシュ・イン・フローからおおむね独立した継続的使用によるキャッシュ・イン・フローを生み出さない場合を除き、それぞれの関連会社または共同支配企業ごとに回収可能価額を検討する（IAS28.43）。

3 減損の兆候

　関連会社または共同支配企業に対する投資が減損している可能性が示唆される状況について、以下の例示がある（IAS39.59-62）。

- 関連会社または共同支配企業の経営に影響を与える可能性のある特定の事象（投資先に対する潜在的な収益獲得可能性を毀損するような技術の変化、または将来の収益獲得に影響を及ぼす可能性のある事業セグメントの廃止等）を含む、関連会社または共同支配企業における財政状態と近い将来

の見通し
- 関連会社または共同支配企業の財務業績および予測
- 一般市場におけるトレンド
- 関連会社または共同支配企業の資本力
- 関連会社または共同支配企業の配当支払実績
- 周知の流動性危機
- 破産手続
- 投資先の直近の財務諸表に対する監査報告書中の継続企業の前提に係る追記

4 減損テストおよび減損の認識

　IAS第39号を適用し、関連会社または共同支配企業に対する投資が減損している可能性が示唆されている場合にはいつでも、IAS第36号に従って投資全体の帳簿価額について単一の資産として回収可能価額（使用価値を処分費用控除後の公正価値のどちらか高いほう）と比較することにより、減損テストを実施する。投資の使用価値の算定の際には、以下の2つの方法を選択適用できるが、適切な仮定を使用すればどちらの方法を適用しても同じ結果となる（IAS28.40-43）。
- 投資先により獲得されるであろう見積将来キャッシュ・フローの現在価値のうち持分に対応する額
- 当該投資からの配当・当該投資の最終的な処分により生じると期待される見積将来キャッシュ・フローの現在価値

　認識された減損損失は、関連会社または共同支配企業投資の帳簿価額の一部を構成するいかなる資産（のれんを含む）に対しても配分しない。

5 減損の戻入

　子会社投資ののれんを減損した場合、その減損損失の戻入は認められない。しかし、持分法においてはのれん相当額を個別に認識しないため、関連会社

または共同支配企業に対する投資の減損の戻入はのれん相当額を区別することなく投資の回収可能額の範囲内で減損損失を戻入することが強制される(IAS28.42)。

設例1
持分法の適用

前提条件

01年度期首に、P社はA社の株式30％を取得し、A社に対し重要な影響力を行使できるようになったため、持分法を適用する。また、税効果は無視する。

A社の純資産およびA社株式の取得状況は、以下のとおりである。

＜A社純資産＞

	01年度期首	01年度期末
資本金	80,000	80,000
利益剰余金	15,000	16,000
その他の包括利益累計額　評価差額	5,000	5,500
合計	100,000	101,500

＜A社株式の取得状況＞

	01年度期首
P社持分変動	30％
A社株の取得価額	35,000

A社の01年度期首の純資産の帳簿価額は、IFRSでの追加取得日の純資産額（公正価値）と等しい。A社は01年度に2,000の利益を計上し、当該年度末に1,000の配当金を支払った。また、IAS第39号を適用し売却可能有価証券に分類している投資の公正価値が500増加した。

問題1

持分法適用開始時の仕訳を示しなさい。

問題2

A社の利益計上、配当金およびその他の包括利益の増減に係る持分法の仕訳を示しなさい。

解答

【問題1】

(1) 持分法適用開始時の仕訳

仕訳なし*

* 純資産の公正価値100,000×30％＝30,000と投資原価35,000の差額5,000ののれん相当額が生じているが、持分法の場合はのれん相当額を投資原価に含める。

【問題2】

A社の利益計上、配当金およびその他の包括利益の増減に係る持分法の仕訳は、以下のとおりである。

(1) 利益計上

（借）A社株式	600*	（貸）持分法損益	600

＊600＝2,000×30％

(2) 配当金の受領

（借）配当金	300*	（貸）A社株式	300

＊300＝1,000×30％

(3) その他の包括利益累計額の増加

（借）A社株式	150*	（貸）その他の包括利益累計額 評価差額	150

＊150＝500×30％

設例2

段階的取得により関連会社になる場合（金融商品⇒関連会社）

前提条件

01年度期首に、P社はA社の株式10％を1,000で購入し、IAS第39号の売却可能金融資産に分類した。01年度期末に株式30％を7,500で追加取得し、A社に対し重要な影響力を有することになったため、持分法を適用する。IFRS第3号に準じた段階取得の会計処理（一括法）を前提とする。また、税効果は無視する。

A社の純資産およびA社株式の取得状況は、以下のとおりである。

＜A社純資産＞

	01年度期首	01年度期末
資本金	10,000	10,000
利益剰余金	0	7,000
その他の包括利益累計額　評価差額	0	5,000
合計	10,000	22,000

＜A社株式の取得状況＞

	01年度期首	01年度期末
P社の持分	10％	30％
A社株の取得価額	1,000	7,500

01年度期末の30％追加取得時点の当初取得株式10％の公正価値は、2,500である。

A社の01年度期末の純資産の帳簿価額は、IFRSでの追加取得日の純資産額（公正価値）と等しい。利益剰余金の増減は純利益の計上、その他の包括利益はIAS第39号の売却可能有価証券の評価損益である。剰余金の配当は行っていない。

■第6章 関連会社または共同支配企業に対する投資

問題

段階取得に係る仕訳を示しなさい。

解答

【問題1】

(1) 段階取得により関連会社になる場合の連結修正仕訳

| (借) | その他の包括利益累計額
評価差額 | 1,500* | (貸) | 段階取得利益 | 1,500 |

*既存持分(当初取得10%)の公正価値は、持分法適用時の原価として扱う。持分法適用の際に、その他の包括利益累計額に計上されている既存持分の評価差額1,500(=2,500-1,000)を純損益へ振り替える。

設例3

関連会社株式の追加取得：持分法継続および支配獲得

前提条件

P社は、01年度期首にA社の株式30％を取得し持分法を適用している。

A社純資産およびA社株式の取得状況は、以下のとおりである。

＜A社純資産＞

	01年度期首	01年度期末	02年度期末
資本金	10,000	10,000	10,000
利益剰余金	0	7,000	9,000
その他の包括利益累計額　評価差額	0	3,000	7,000
合計	10,000	20,000	26,000

S社の01年度および02年度期末の純資産額は公正価値と等しい。利益剰余金の増減は純利益の計上、その他の包括利益はIAS第39号の売却可能有価証券の評価損益である。剰余金の配当は行っていない。

＜A社株式の取得・売却状況＞

	01年度期首	02年度期末 ケース1 持分法継続	02年度期末 ケース2 支配獲得
P社の持分	30％	10％	40％
A社株の取得価額	3,000	2,750	11,000

当初取得30％部分の02年度末時点の公正価値は、8,250である。

ケース1では、02年度末に株式10％を追加取得し、持分法を継続適用する。ケース2では、02年度末に株式40％を追加取得し、子会社とした。非支配持分は純資産持分割合で測定する。それぞれのケースは独立している。P社単体ではA社株式を公正価値測定していない。また、税効果は無視する。

■第6章 関連会社または共同支配企業に対する投資

問題1

02年度の持分法の開始仕訳、当期利益およびその他の包括利益の増減に係る連結修正仕訳を示しなさい。

問題2

ケース1の追加取得（持分法継続）に係る連結修正仕訳を示しなさい。

問題3

ケース2の追加取得（支配獲得）に係る連結修正仕訳を示しなさい。

解答

【問題1】

(1) 開始仕訳

（借）A社株式	3,000	（貸）利益剰余金　期首	2,100[*1]
		その他の包括利益累計額 －期首　評価差額	900[*2]

*1 2,100＝(7,000－0)×30%
*2 900＝(3,000－0)×30%

(2) 当期純利益およびその他の包括利益の増減

（借）A社株式	1,800	（貸）持分法損益	600[*1]
		その他の包括利益累計額 評価差額	1,200[*2]

*1 600＝(9,000－7,000)×30%
*2 1,200＝(7,000－3,000)×30%

【問題2】

ケース1　追加取得（持分法継続適用）の仕訳

仕訳なし

200

■設例3

【問題3】
ケース2　追加取得（支配獲得する場合）
(1) 既存持分の公正価値測定

（借）A社株式	450*	（貸）その他の包括利益累計額 評価差額	450

* 450＝既存持分公正価値8,250－持分法評価額7,800
　7,800＝当初取得価額3,000＋持分法評価額（3,000＋1,800）
　　　　　または
　　　　＝当初取得価額3,000＋純資産増加持分相当額（26,000－10,000）×30％

(2) 持分法適用時に認識したその他の包括利益の組替調整

（借）その他の包括利益累計額 評価差額	450*1	（貸）段階取得利益	450
その他の包括利益累計額 評価差額	2,100*2	段階取得利益	2,100

*1 既存持分の公正価値測定差額
*2 2,100＝持分法適用時に認識したその他の包括利益累計額（900＋1,200）

(3) 投資資本の相殺消去およびのれんの計上

（借）純資産	26,000	（貸）A社株式	19,250*1
のれん	1,050*3	非支配持分	7,800*2

*1 19,250＝追加取得11,000＋当初取得持分の公正価値8,250
*2 7,800＝純資産額26,000×非支配持分割合30％
*3 1,050＝貸借差額

のれんは、以下のように計算できる。

追加購入対価	11,000
既存持分公正価値	8,250
非支配持分	7,800
	27,050
純資産	26,000
のれん	1,050

■第6章 関連会社または共同支配企業に対する投資

図解すると、以下のとおりである。

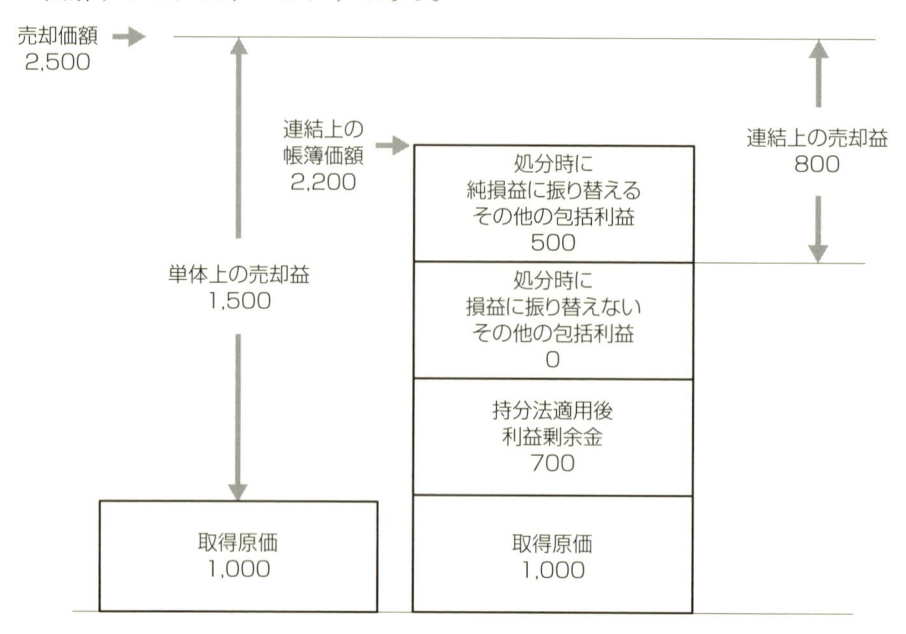

```
売却価額 →
 2,500
         ↑
         │
         │ 連結上の
         │ 帳簿価額  ┌──────────────┐
         │  2,200   │  処分時に     │        ↑
         │          │ 純損益に振り替える│       │ 連結上の売却益
         │          │ その他の包括利益 │       │    800
         │          │    500        │        │
         │          ├──────────────┤        ↓
         │          │  処分時に     │
         │          │ 損益に振り替えない│
単体上の売却益│        │ その他の包括利益 │
  1,500   │          │     0         │
         │          ├──────────────┤
         │          │ 持分法適用後   │
         │          │ 利益剰余金     │
         │          │    700        │
         ↓          ├──────────────┤
    ┌─────────┐   │  取得原価     │
    │ 取得原価  │   │   1,000       │
    │  1,000  │   │               │
    └─────────┘   └──────────────┘
```

上記を連結精算表（抜粋）で示すと、以下のとおりである。

	連結修正前	開始仕訳	段階取得 公正価値測定	段階取得 組替調整	持分法適用時 その他の包括利益 組替調整	投資資本消去	連結修正後
A社株式	14,000	4,800	450	—	—	(19,250)	0
その他の包括利益評価差額	—	—	(450)	450	—	—	0
段階取得利益	—	—	—	(450)	(2,100)	—	(2,550)
＜持分法＞							
利益剰余金	—	(2,100)	—	—	—	—	(2,100)
持分法損益	—	(600)	—	—	—	—	(600)
その他の包括利益評価差額	—	(2,100)	—	—	2,100	—	0
＜子会社財務諸表＞							
資本金	(10,000)	—	—	—	—	10,000	0
利益剰余金	(9,000)	—	—	—	—	9,000	0
その他の包括利益評価差額	(7,000)	—	—	—	—	7,000	0
非支配持分	—	—	—	—	—	(7,800)	(7,800)
のれん	—	—	—	—	—	1,050	1,050

設例4

関連会社株式の処分（関連会社⇒関連会社または金融商品）

前提条件

P社は、01年度期首にA社の株式30％を取得し持分法を適用している。

A社純資産およびA社株式の取得状況は、以下のとおりである。

<A社純資産>

	01年度期首	01年度期末	02年度期末
資本金	10,000	10,000	10,000
利益剰余金	0	5,000	7,000
その他の包括利益累計額　評価差額	0	2,000	5,000
合計	10,000	17,000	22,000

<A社株式の取得・売却状況>

	01年度期首	02年度期末 ケース1 持分法継続	02年度期末 ケース2 重要な影響力を喪失
P社の持分	30％	△10％	△20％
A社株の取得・売却価額	3,000	2,500	4,600
単体上の売却益	−	1,500	2,600

<残存持分に関する情報>

P社の持分割合	−	20％	10％
公正価値	−	5,000	2,300

ケース1では、03年度末に株式10％を売却したが持分法を継続適用する。ケース2では、03年度末に株式20％を売却しA社株式は金融資産となる。それぞれのケースは独立している。P社単体ではA社株式を公正価値測定していないことを前提とする。また、税効果は無視する。

第6章 関連会社または共同支配企業に対する投資

問題1

02年度の持分法の開始仕訳、当期利益およびその他の包括利益の増減に係る連結修正仕訳を示しなさい。

問題2

ケース1の売却（持分法継続）に係る連結修正仕訳を示しなさい。

問題3

ケース2の売却（重要な影響力を喪失）に係る連結修正仕訳を示しなさい。

解答

【問題1】

持分法の仕訳

(1) 開始仕訳

（借）A社株式	2,100	（貸）利益剰余金　期首	1,500*1
		その他の包括利益累計額 －期首　評価差額	600*2

*1　1,500＝（5,000－0）×30%
*2　600＝（2,000－0）×30%

(2) 当期純利益およびその他の包括利益の増減

（借）A社株式	1,500	（貸）持分法損益	600*1
		その他の包括利益累計額 評価差額	900*2

*1　600＝（7,000－5,000）×30%
*2　900＝（5,000－2,000）×30%

【問題2】

(1) 株式売却損益の連結修正仕訳

(借) A社株式 売却益	1,200	(貸) A社株式	1,200*

＊1,200＝2,200－1,000

以下の①単体上の仕訳と②連結上の持分法の簿価で売却の仕訳の差分を調整する。

① 単体上の仕訳

(借) 現金	2,500	(貸) A社株式 A社株式 売却益	1,000* 1,500

＊1,000＝取得価額3,000×売却割合10%／30%

② 連結上の仕訳　持分法簿価で売却

(借) 現金	2,500	(貸) A社株式 A社株式 売却益	2,200* 300

＊2,200＝(3,000＋2,100＋1,500)×売却割合10%／30%

(2) 持分法適用時に認識したその他の包括利益　評価差額の損益計上

(借) その他の包括利益累計額 評価差額	500*	(貸) A社株式 売却益	500

＊500＝(600＋900)×売却割合10%／30%

上記を連結精算表（抜粋）で示すと、以下のとおりである。

	連結 修正前	開始仕訳	売却損益 修正	その他の包括 利益組替	連結 修正後
A社株式	3,000	3,600	(1,200)	―	5,400
売却益	(1,500)	―	1,200	―	(300)
＜持分法＞					
利益剰余金	―	(1,500)	―	―	(1,500)
持分法損益	―	(600)	―	―	(600)
その他の包括利益評価差額	―	(1,500)	―	500	(1,000)

【問題３】

株式売却損益の修正

| （借）A社株式　売却益 | 2,400 | （貸）A社株式 | 2,400* |

＊2,400＝4,400－2,000

以下の①単体上の仕訳と②連結上の持分法の簿価で売却の仕訳の差分を調整する。

① 単体上の仕訳

| （借）現金 | 4,600 | （貸）A社株式
A社株式　売却益 | 2,000*
2,600 |

＊2,000＝取得価額3,000×売却割合20％／30％

② 連結上の仕訳　持分法簿価で売却

| （借）現金 | 4,600 | （貸）A社株式
A社株式　売却益 | 4,400*
200 |

＊4,400＝（3,000＋2,100＋1,500）×売却割合20％／30％

(2) 持分法適用時に認識したその他の包括利益　評価差額の損益計上

| （借）その他の包括利益累計額
評価差額 | 1,500* | （貸）A社株式　売却益 | 1,500 |

＊1,500＝600＋900

(3) 残存持分を公正価値測定する仕訳

| （借）A社株式 | 100* | （貸）評価差額 | 100 |

＊100＝2,300－（3,000＋2,100＋1,500）×残存割合10％／30％

上記を連結精算表（抜粋）で示すと、以下のとおりである。

	連結修正前	開始仕訳	売却損益修正	その他の包括利益組替	残存持分公正価値測定	連結修正後
A社株式	1,000	3,600	(2,400)	—	100	2,300
売却損益	(2,600)	0	2,400	(1,500)		(1,700)
その他の包括利益　評価差額					(100)	(100)
＜持分法＞						
利益剰余金	—	(1,500)	—	—		(1,500)
持分法損益	—	(600)	—	—		(600)
その他の包括利益評価差額	—	(1,500)	—	1,500		0

第7章
共同支配の取決め

- 共同支配の取決めとは、関連性のある活動に関する意思決定に支配を共有する当事者全員の一致の合意が、契約上合意されている取決めをいう。
- 複数の当事者の組み合わせにより支配が達成される場合には、支配共有者が特定されていなければならない。
- 共同支配の取決めを、通常の営業過程における当事者の権利と義務の分析を通じて共同支配事業と共同支配企業に分類し、それぞれ会計処理する。
- 共同支配事業とは、共同支配する当事者が資産に対する権利および負債に係る義務を有する共同支配の取決めをいう。共同支配企業とは、取決めを共同支配する当事者が、取決めの純資産に対する権利を有する共同支配の取決めをいう。
- この共同支配の取決めの会計処理の規定は、共同支配を共有する当事者のみならず共同支配を共有しない当事者に対しても適用される。

1 共同支配

　特定の事業を実行する戦略として、他の企業を買収・合併等の単独支配による特定の事業の強化・推進を図る M&A 戦略がある。これに対し事業の単独支配ではなく複数の企業がそれぞれの得意分野である技術力や営業力、ブランド等を持ち寄るような企業間連携を前提とした企業形態を用いた事業戦略がある。共同支配の取決めとは、企業間連携による事業戦略の1つであり、一般的に行われる合弁企業や他の企業との共同事業と称されるものが、この共同支配に該当する可能性がある。

1 適用範囲

　IFRS 第11号は、共同で支配されている取決め（共同支配の取決め）に対する持分を有する企業の財務報告に関する原則を定めている。共同支配の取決めの当事者とは、共同支配の取決めに参加している企業を指し、当該取決めに対する共同支配を有しているかどうかは問わない。また、共同支配の取決めの当事者のすべてが当該取決めの支配を共有する必要もない。
　IFRS 第11号は、共同支配の取決めを共同支配する当事者のみならず、支配を共有しない当事者にも適用するため、共同支配の取決めのすべての当事者は、共同支配の取決めが、共同支配事業と共同支配企業のどちらの定義に該当するかどうかを判断する必要がある。

図表7-1　共同支配の取決めの当事者

		共同支配の取決めの当事者	
		支配を共有する当事者	支配を共有しない当事者
共同支配のタイプ	共同支配事業	共同支配事業者	その他の当事者または共同支配を有していない当事者
	共同支配企業	共同支配投資者	

図表7－2　共同支配の取決めの分類

〈共同支配の取決め〉

共同支配事業
＝取決めの資産に対する権利および負債に係る義務を有している

資産　負債　純資産

共同支配企業
＝取決めに係る「純資産」に対する権利を有している

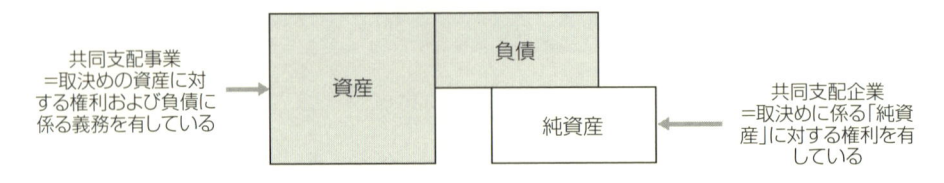

2　一般的なジョイント・ベンチャーという用語との相違

　互いに独立を保ったまま、契約関係によって特定の分野で協力し合う緩やかな複数の当事者間で合意した業務提携はIFRS第11号の適用範囲ではない。例えば、相互に補うような事業を営んでいる2つの当事者がそれぞれのウェブサイトで相手製品の広告宣伝する取決めは、双方の営業上の便益のためであり共同支配を伴うものではないため、共同支配の取決めに該当しない。また、投資先の持分を2つの当事者が保有し一方が支配を有する状況でもジョイント・ベンチャーと称する場合があるが、当該ジョイント・ベンチャーは支配を有する当事者の子会社であり、IFRS第11号ではなくIFRS第10号を適用する。

2 共同支配の取決めの識別

1 共同支配の取決め

　共同支配とは、支配を共有している当事者（およびグループ）の全員一致の合意によって取決めの関連性のある活動に関する意思決定が行われる場合をいう。このことから、共同支配の取決めは、以下の2つの特徴を有している（IFRS11.4.5）。
- 契約上の取決めによって当事者が拘束されている。
- 契約上の取決めにより、複数の当事者が当該取決めに対する共同支配を有している。

図表7-3　共同支配の概要

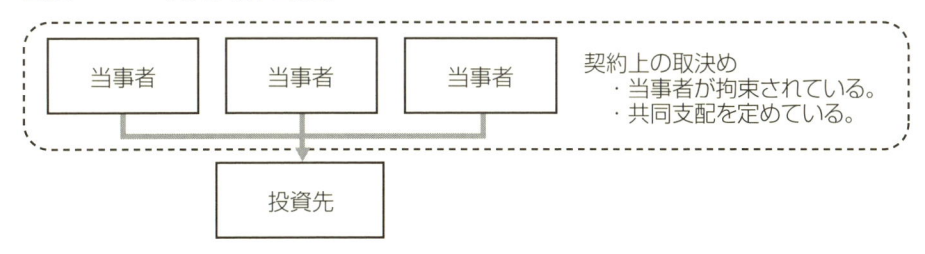

```
┌ ─ ─ ─ ─ ─ ─ ─ ─ ─ ─ ─ ─ ─ ─ ─ ─ ─ ┐
│ ┌──────┐ ┌──────┐ ┌──────┐     契約上の取決め
│ │ 当事者 │ │ 当事者 │ │ 当事者 │     ・当事者が拘束されている。
│ └──────┘ └──┬───┘ └──────┘     ・共同支配を定めている。
│              ↓
│          ┌──────┐
│          │ 投資先 │
│          └──────┘
└ ─ ─ ─ ─ ─ ─ ─ ─ ─ ─ ─ ─ ─ ─ ─ ─ ─ ┘
```

2 契約上の取決め

　契約上の取決めによって当事者が拘束されていることが、共同支配の1つめの特徴である。当事者を拘束するとは、当事者に対して強制可能であるというように解釈することができる。この契約上の取決めとは、当事者が共同支配の取決めの対象である活動に参加する条件に関して、例えば以下の事項を定めているものをいう（IFRS11.B4）。

- 取決めの目的、活動および存続期間
- 取締役といった統治機関メンバーの選任方法
- 意思決定プロセス
- 当事者の意思決定を要する事項
- 合意方法（当事者の議決権等）
- 意思決定に要求される合意の水準
- 当事者に要求する資本金またはその他拠出金
- 資産、負債、収益、費用、利得および損失の分配方法

拘束力がある契約上の取決めは、一般的には契約書等の書面の形式をとるが書面である必要はない。独立したビークルを通じて組成される共同支配の取決めの場合には、定款、付属定款、設立趣意書、規約、討議文書等が該当する。法制上の仕組みも、それ自体または当事者間の取決めとの組み合わせにより拘束力がある契約上の取決めに該当する場合がある（IFRS11.B3）。

3 共同支配を有している

複数の当事者が取決めに対する共同支配を有していることが、2つめの特徴である。

(1) 共同支配の定義

共同支配とは、取決めに対する契約上合意された支配の共有であり、これは、関連性のある活動に関する意思決定が、支配を共有している当事者の全員一致の合意が必要とされる場合をいう（IFRS11.7）。したがって、取決めに対する共同支配を有する当事者は、他のいずれかの当事者が取決めを支配することを妨げることができる（IFRS11.10）。

(2) 支配

共同支配の「支配」とは、IFRS第10号における支配の定義と同義であり、その支配の有無の判定についてもIFRS第10号を適用する。このため、取決めを支配するすべての当事者は、以下の3つの支配の要件を満たす必要がある。

- 投資先に対しパワーを有する（投資先の関連性のある活動を指図できる現在の能力が付与された実質的な権利を有する）。
- 取決めへの関与による変動リターンに対するエクスポージャーまたは権利を有している。
- 取決めに対するパワーを通じて当該リターンに影響を及ぼす能力を有している。

　契約上の取決めの関連性のある活動を識別し、関連性のある活動を指図する現在の能力を当事者に付与しているのはどの権利なのかを判断することで、契約上の取決めが当事者のすべてまたは当事者のグループに、集団で取決めに対する支配を与えているかどうかを判定する。当事者のすべてまたは当事者のグループが取決めのリターンに重要な影響を及ぼす活動（すなわち、関連性のある活動）を指図するために一緒に行動しなければならない場合、それらの当事者は集団で取決めを支配している（IFRS11.8）。

　一般的に契約上の取決めによって、共同支配の取決めの目的を達成するために重要な事項に関する意思決定方法を定めるが、当事者の全員一致の合意を必要とする事項および特定の当事者のみの合意が必要な事項が併存している場合がある。このことから、共同支配の取決めにおけるリターンに重要な影響を与える関連性のある活動の識別およびそれに対する意思決定の識別が重要となる。

(3) 全員一致の合意

　取決めの関連性のある活動に関する意思決定には、取決めを集団で支配するすべての当事者の全員一致の合意が求められる（IFRS11.9）。

　全員一致の合意とは、取決めに対する共同支配を有しているどの当事者も、他の当事者が、自らの同意なしに一方的な決定（関連性のある活動に関する意思決定）を阻止できることを意味する（IFRS11.B9）。この全員の一致の合意の要件を満たすことで、取決めを単独で支配する当事者が存在しないことになる。支配を共有する当事者についてその全員一致の合意が共同支配の要件

であり、当事者全員の合意が要件ではない。この支配の共有に関与していない当事者が存在することにより共同支配の要件を満たさないことにはならない。

(4) 支配を共有する当事者の特定と黙示的な支配

複数の当事者の合意によって関連性のある活動の意思決定を行うという事実のみでは、共同支配の要件を満たすには不十分である。共同支配として識別するには、さらに支配共有者（合意を求める当事者）が特定されている必要がある。支配共有者が明示されていない契約上の取決めであっても、図表7-4に示すように契約上の取決めで合意した意思決定プロセスが、黙示的な共同支配を生じさせている場合がある（IFRS11.B7）。

図表7-4　支配を共有する当事者の特定と黙示的な支配（IFRS11.B8）

設　例	共同支配か否か
75％以上の合意が必要であることのみ取決めている。 各当事者の議決権保有割合 Ａ：50％　Ｂ：30％　Ｃ：20％	共同支配に該当する。 ⇒ＡとＢの組み合わせの合意が必要となることが黙示的に取決めされている。
75％以上の合意が必要であることのみ取決めている。 各当事者の議決権保有割合 Ａ：50％　Ｂ：25％　Ｃ：25％	共同支配に該当しない。 ⇒ＡとＢまたはＡとＣのどちらの組み合わせでも意思決定が可能であり、支配を共有する当事者が特定されていない。
過半数の合意が必要であることのみ契約上で取決めている。 各当事者の議決権保有割合 Ａ：35％　Ｂ：35％　残りの30％は広く分散	共同支配に該当しない。 ⇒支配を共有する当事者が特定されていない。

(5) 防御権の存在

取決めの活動の根本的な変更に関連する決定や例外的な状況にのみ行う意思決定、いわゆる防御権は、取決めにおける関連性のある活動に関する意思決定ではないため、共同支配の判定の際には考慮しない（IFRS11.B9）。防御権とは、投資先に対するパワーを与えることなく、当該権利を有する当事者

の利益を保護するように設計された権利をいう。

(6) 例外的な状況における決定

　仲裁等の紛争解決に関して、共同支配を有する当事者間での全員一致の合意がなくても意思決定が可能な条項を設けている場合がある。そのような条項があることのみをもって、共同支配の取決めでないという根拠にはならない（IFRS11.B10）。紛争事項およびその解決方法の取決めの仕方によっては、他の要素が当事者による共同支配の存在を示唆していても共同支配を有していない場合がある。例えば、ある事項の紛争の際に、ある当事者にその意思決定を優先するという実質的な権利を与えている場合には、その権利を付与された当事者が支配を有することがある。

4 判定する単位

　1つの基本契約のもとに複数の個別契約から構成され、各個別契約では当事者の権利および義務が異なる複数の活動を行う場合がある。この場合、個別の契約単位毎に共同支配の有無や共同支配の取決めの分類等について判断および検討をするため、個別契約毎に異なった結論に至る場合がある。

5 継続的な見直し

　共同支配の有無および共同支配の取決めに対する支配の有無および分類の妥当性について継続的に再評価する（IFRS11.13）。例えば、以下の事実および状況が変化した場合、共同支配の有無および分類の見直しが必要となる。

- 意思決定の方法、意思決定者の変更
- 法的形態の変更
- 契約条件の変更
- その他の事実および状況の変化

3 共同支配の取決めの分類

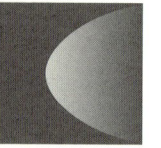

共同支配の取決めは、共同支配事業と共同支配企業のどちらかに分類する。共同支配事業とは、共同支配を有する当事者（共同支配事業者）が、取決めに関連する資産に対する権利および負債に係る義務[1]を有している場合の共同支配の取決めをいう。共同支配企業とは、共同支配を有する当事者（共同支配投資者）が、取決めの純資産に対する権利を有している場合の共同支配の取決めをいう。(IFRS11.14-16)

図表7-5 共同支配の取決めの分類および会計処理

種類	定義	当事者	会計処理
共同支配事業	資産の権利および負債の義務を共同支配する場合	共同支配事業者	権利・義務に応じて対応する資産・負債（並びに関連する収益および費用）を認識および測定
		共同支配していない参加者	
共同支配企業	純資産に対する権利を共同支配する場合	共同支配投資者	IAS第28号を適用
		共同支配していない参加者	重要な影響を与える場合にはIAS第28号、その他の場合はIFRS第9号を適用

各当事者が当該取決めの通常の事業の過程で生じる権利および義務の帰属を分析することで共同支配の取決めを分類する（IFRS11.B14）。この分析は、図表7-6で示す【Step1】～【Step4】の手順で行う。

---

[1] 共同支配の取決めの通常の営業過程で生じる資産に対する権利および負債に係る義務が誰に帰属するかを評価し、共同支配事業または共同支配企業に分類する（IFRS11,17,B15）。

■ 3 共同支配の取決めの分類

図表7-6 共同支配の判定および分類のフロー

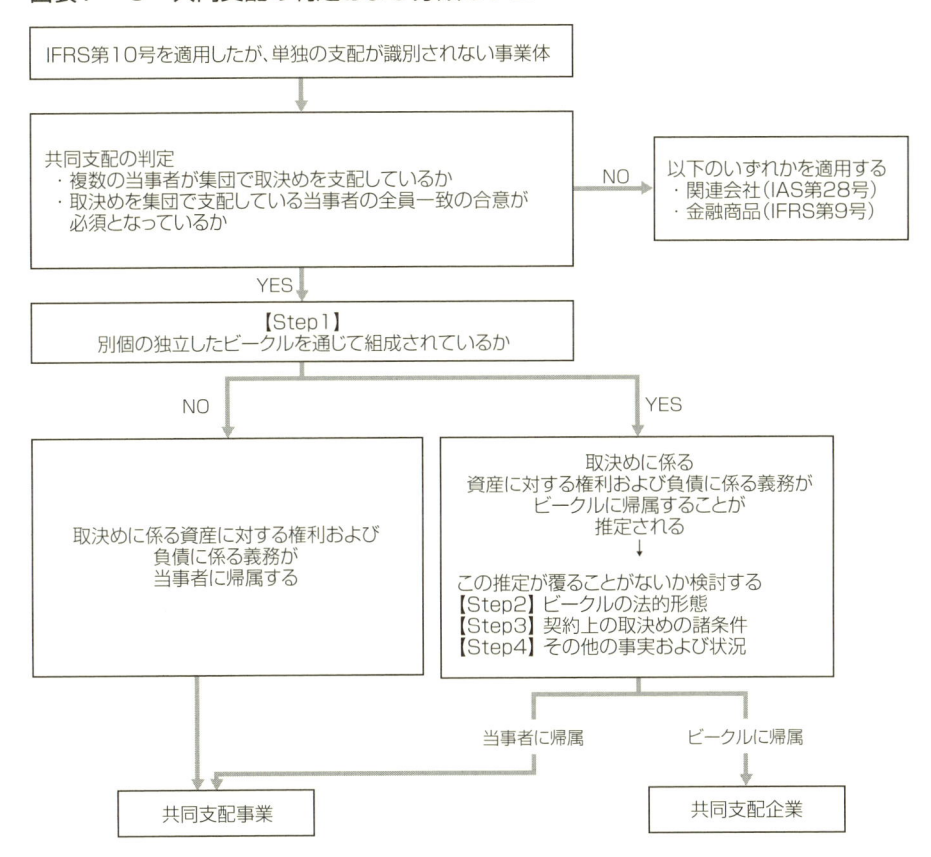

```
┌─────────────────────────────────────────────┐
│ IFRS第10号を適用したが、単独の支配が識別されない事業体 │
└─────────────────────────────────────────────┘
                    ↓
┌──────────────────────────────┐         ┌──────────────────────────┐
│ 共同支配の判定                │         │ 以下のいずれかを適用する   │
│ ・複数の当事者が集団で取決めを │  NO →   │ ・関連会社(IAS第28号)      │
│  支配しているか               │         │ ・金融商品(IFRS第9号)      │
│ ・取決めを集団で支配している当 │         └──────────────────────────┘
│  事者の全員一致の合意が必須と │
│  なっているか                 │
└──────────────────────────────┘
                 YES↓
┌──────────────────────────────┐
│ 【Step1】                     │
│ 別個の独立したビークルを通じて │
│ 組成されているか              │
└──────────────────────────────┘
          NO ↓              YES ↓
┌──────────────────┐   ┌──────────────────────────┐
│ 取決めに係る資産に │   │ 取決めに係る              │
│ 対する権利および   │   │ 資産に対する権利および負債 │
│ 負債に係る義務が   │   │ に係る義務がビークルに    │
│ 当事者に帰属する   │   │ 帰属することが推定される  │
│                    │   │           ↓              │
│                    │   │ この推定が覆ることがないか │
│                    │   │ 検討する                  │
│                    │   │ 【Step2】ビークルの法的形態│
│                    │   │ 【Step3】契約上の取決めの  │
│                    │   │       諸条件              │
│                    │   │ 【Step4】その他の事実および│
│                    │   │       状況                │
└──────────────────┘   └──────────────────────────┘
                        当事者に帰属↓     ビークルに帰属↓
         ┌──────────────┐           ┌──────────────┐
         │ 共同支配事業  │           │ 共同支配企業  │
         └──────────────┘           └──────────────┘
```

1 Step1：独立したビークル

　Step1では、共同支配の取決めが「独立したビークル」を用いて組成されているかどうかを判断する。「独立したビークル」とは、法人格の有無に関わらず、独立の法的事業体または規則等により認められた事業体などの、独立して識別可能な財務的なストラクチャーをいう（IFRS11.付録A）。例えば、有限責任会社、無限責任会社、パートナーシップまたは信託などがある。

　独立したビークルを用いずに共同支配の取決めが組成される場合、各当事者が共同支配の取決めの個々の資産に対する権利や負債に係る義務を有する

ことから、共同支配事業として分類する（IFRS11.B16）。独立したビークルを用いて共同支配の取決めを組成する場合には、ビークルで保有される資産および負債は、そのビークルに帰属することが推定される。この推定が、ビークルの法的形態および契約上の取決め等で覆ることがないかStep2以降の分析を行う。

2 Step2：ビークルの法的形態

　Step2では、独立したビークルの資産および負債が法的にも当該ビークルに帰属するかどうかを評価し、独立したビークルの独立性が法的形態の観点から覆ることがないかを検討する。独立したビークルの法的形態が、当該ビークルの資産に対する権利または負債に係る義務が当事者に帰属し当該ビークルと当事者が不可分であることを示す場合には、独立したビークルの独立性を覆すことになるため共同支配の取決めを共同支配事業として分類する（IFRS11.B24）。独立したビークルの資産および負債が法的にも当該ビークルに帰属する場合、次のStep3の分析を行う。

3 Step3：契約上の取決めの諸条件

　Step3では、契約の取決めにより独立したビークルの資産および負債の独立性が覆されるかどうかを検討する。一般的に、契約上の条項は、法的形態によって裏付けされた権利および義務の帰属と矛盾しないように規定する。しかし、独立したビークルが存在していても契約上の取決めによりビークルの資産に対する権利または負債に係る義務を当事者が有していることが明らかな場合には、ビークルの法的形態を覆すことになるため、その共同支配の取決めを共同支配事業として分類する（IFRS11.B28）。ただし、共同支配の取決めの当事者が純資産を構成する資本金および拠出金に係る義務を有するということのみで、その取決めが共同支配事業とする根拠にはならない。契約上の取決めを考慮しても独立したビークルの資産および負債が当該ビークルに帰属する可能性がある場合、Step4の分析を行う。

(1) 収益および費用の分配方法
　当事者のそれぞれの業績に対する貢献度や持分比率とは異なった所定の比率に基づき収益および費用を分配するという契約上の取決めをする場合がある。このような分配方法の取決めであっても、当事者が取決めに関連した資産に対する権利および負債に係る義務を有している限り、その取決めを共同支配事業として分類することを妨げるものではない。

(2) 保証
　負債に係る義務とは、通常の営業過程で生じる負債に係る義務を意味する（IFRS11.B14）。特定の事象が生じた場合に負うことになる義務ではない。例えば、共同支配の取決めへの当事者が、以下のような保証またはコミットメントをしている場合がある。
- 取決めの業績悪化時の支援
- 第三者へ提供するサービスに対する瑕疵保証
- 借入等に対する保証および取決めから生じる損失を補填する保証またはコミットメント

　このような当事者による保証またはコミットメント等が存在していても、そのことによりその当事者が取決めの負債に対する現在の義務を有していることにはならない。したがって、当事者による保証やコミットメントの提供のみをもって、その当事者が取決めの負債に対する義務を有している根拠にはならない。

■第7章　共同支配の取決め

図表7－7　契約上の諸条件の例示（IFRS11.B27）

	共同支配事業	共同支配企業
契約上の取決め	各当事者に、取決めに係る資産に対する権利および負債に係る義務を与える。	当事者に、取決めの純資産に対する権利を与える。
資産に対する権利	各当事者は、所定の割合または貢献割合等で共有する。	取決めに帰属する資産である。
負債に係る義務	各当事者は、所定の割合または貢献割合等で分担する。	取決めが負担する債務または義務である。
		当事者の出資額を限度として義務を負う。
収益、費用および損益	当事者の業績に基づいて配分する。（業績以外の割合で配分する場合や損益を所定の割合に基づいて共有する場合でも共同支配事業でないとする根拠にはならない。）	損益に対する各当事者の持分を定める。
保証	当事者が保証またはコミットメントを提供するという定めは、それ自体では、共同支配の取決めが共同支配と決定するものではない。共同支配の取決めが共同支配事業なのか共同支配企業なのかを決定する特性は、各当事者が当該取決めの負債に対する義務（その一部について各当事者が保証を提供している場合も提供していない場合もある）を有しているかどうかである。	

4 Step4：その他の事実および状況

　Step2およびStep3の検討では、法的形態や契約上の取決めによって、独立したビークルの資産に対する権利および負債に係る義務が当事者に帰属するかどうかという形式的な判定（所有権および法的義務の有無による判定）を行った。Step4では、図表7－8が示す2つの要件の両方を満たすかどうかを評価し、両方を満たす場合にはビークルの資産および負債が実質的に当事者に帰属していると考えられるため、その共同支配の取決めを共同支配事業とし、それ以外の場合は共同支配企業に分類する（IFRS11.B30-33）。

figure 7-8 その他の事実および状況

要件	・当事者が取決めに関連する資産から生じるすべての経済的便益に対する実質的な権利を有している。 ・当事者が取決めに帰属する負債の決済に関して継続的に依存している。
例示	＜産出物について第三者への販売が禁止されている取決め＞ ・取決めの資産の経済的便益のほとんどすべてに対する権利を当事者が有していることを示している。 ・取決めに生じた負債が、実質上、各当事者から産出物の購入を通じて受け取るキャッシュ・フローで充足されると考えられる。

↓

資産の権利および負債の義務は各当事者に帰属するため、共同支配事業に分類する

4 会計処理

1 共同支配の取決めにおける共同支配者

(1) 共同支配事業

共同支配事業者は、以下の共同支配事業に対する持分である自己の資産、負債、収益および費用[2]をそれぞれ関連するIFRSに従って認識する（IFRS11.20-21）。

- 自らの資産（共同で保有する資産に対する持分を含む）
- 自らの負債（共同で負う負債に対する持分を含む）
- 共同支配事業から生じる産出物に対する持分の売却による収益
- 共同支配事業から生じる産出物の売却による収益に対する持分
- 自らの費用（共同で負う費用に対する持分を含む）

共同支配事業者が共同支配事業に対する持分額に、共同支配事業を行うことによって得られるシナジーのために支払われるプレミアム（企業結合時ののれんに類似したもの）を含む場合がある。IFRS第11号は、このプレミアム相当額の会計処理を明確にしていない。このプレミアムについて、IAS第38号を類推適用し個別の無形資産を識別する方法と、IFRS第3号を類推適用しのれんを識別する方法が考えられる。

自らが共同支配事業者である共同支配事業と資産の購入等の取引をする場合には、当該資産に係る損益は、その資産が第三者に販売されるまで実現していないため未実現損益として消去する（IFRS11.B36）。

(2) 共同支配企業

共同支配投資者は、共同支配企業に対する自社の持分を投資として認識し、

---

[2] したがって、図表7－9に示すように単一の持分比率で資産および負債を認識するのではなく、持分比率の異なるものが含まれていることを前提としている。

その投資について IAS 第28号に従って持分法を適用する（IFRS11.24）。

2 共同支配の取決めにおける他の当事者

(1) 共同支配事業

共同支配事業に参加しているが共同支配を有していない当事者が、当該共同支配事業に係る資産に対する権利および負債に係る義務を有する場合、自己の投資を共同支配事業者と同一の方法で会計処理する。

共同支配事業に参加しているが共同支配を有していない当事者が、当該共同支配事業に係る資産に対する権利および負債に係る義務を有していない場合には、共同支配事業に対する持分を、当該持分に適用可能な IFRS に従って会計処理する（IFRS11.23）。

(2) 共同支配企業

共同支配企業に参加しているが共同支配を有していない当事者は、共同支配企業に対する自己の持分を IFRS 第9号または IAS 第39号に従って会計処理する。ただし、重要な影響力が存在する場合、IAS 第28号に従って持分法を適用する（IFRS11.25）。

図表7-9　共同支配事業と共同支配企業の会計処理の違い

【共同支配事業の財政状態計算書】

資産 持分相当額	持分相当額 負債
	純資産

↓
持分相当額の資産および負債を認識する

【共同支配企業の財政状態計算書】

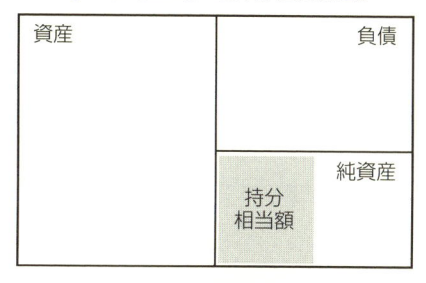

資産	負債
	純資産 持分相当額

↓
持分法を適用し持分相当額の純資産を認識する

223

設例1

法的形態の独立性判断
< IFRS 第11号 設例1を加筆修正＞

前提条件

当事者AおよびBは、2都市間の道路の設計および建設に関する契約を政府と締結し、その契約を履行するために、共同で作業する契約上の取決めを締結した。その契約において、AおよびBの参加持分を明確にし、この取決めに対する共同支配を定めている。両当事者は、取決めを実行する別個のビークル（企業Z）を設立した。

企業Zは、
- AとBに代わって政府との契約を締結する。
- 取決めに関する資産および負債を保有する。
- 法的形態において、当事者AおよびBが企業Zの資産および負債に対する権利および義務を有している。

AとBと間の契約上の取決めで、以下の事項を定めている。
- 取決めに対する両者の当事者の参加持分に基づいて、両当事者で共有する取決めの活動に必要なすべての資産に対する権利をそれぞれ有すること。
- 取決めに関するすべての営業上および財務上の義務に対する連帯責任を有すること。
- 取決めの活動から生じる損益の帰属割合。

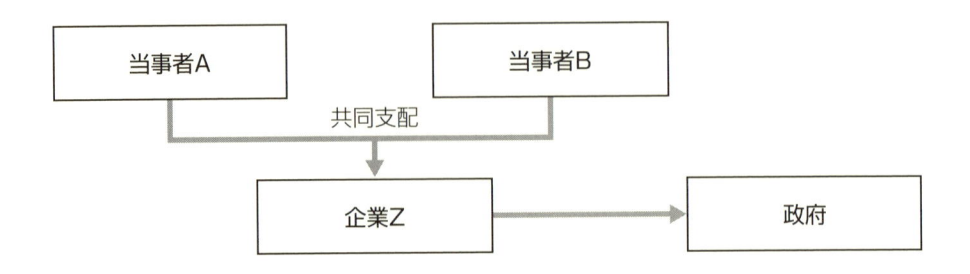

分析

支配が共同されているか	○

↓

Step1：独立したビークル	その法的形態から両当事者から独立している。企業Zが保有する資産および負債は、両当事者の資産および負債であり、ビークルの独立性が覆る。
Step2：法的形態	－
Step3：契約上の取決めの諸条件	－
Step4：その他の事実および状況	－

結論

企業Zは、共同支配事業である。

設例2

その他の事実および状況による判断
<IFRS第11号 設例3を加筆修正>

前提条件

当事者AおよびBが、戦略的営業契約（基本契約）を締結した。その契約において、様々な市場で製品Pの製造および販売を行う際の条件について以下の共同支配の取決めを締結し、製造および販売活動を開始することに合意した。

製造活動
- 両当事者は、製造活動を共同支配の取決めを通じて行うことに合意し、当該製造の取決めを別個の企業Mを組成し行う。
- 企業Mが有する資産および負債は企業Mが所有し、両当事者には帰属しない。
- 両当事者は、製品Pの全生産量を、企業Mに対する所有持分に従って購入する。
- 両当事者はその後に、製品Pを製品Pの販売のみのために設立し両当事者で共同支配する別個の取決めに販売する。
- 両当事者が製造活動に係る資産に対する権利および負債に係る義務を有するとは定めていない。

販売活動
- 両当事者は、販売活動を共同支配の取決めを通じて行うことに合意し、当該販売の取決めを別個の企業Dを組成し行う。
- 企業Dが有する資産および負債は企業Dが所有し、両当事者には帰属しない。
- 製品Pを外部へ販売するために両当事者は企業Dへ発注する。
- 両当事者が販売活動に係る資産に対する権利および負債に対する義務を有するとは定めていない。

さらに基本契約は以下の事項を定めている。
- 製造の取決めは、販売の取決めが両当事者に発注する製品Pの要求に合うように製品Pを製造する。
- 製造の取決めから両当事者への製品Pの販売に関する取引条件を定めている。
- 製造の取決めに資金不足が生じた場合、企業Mに対する所有持分に応じて両当事者が資金を提供する。

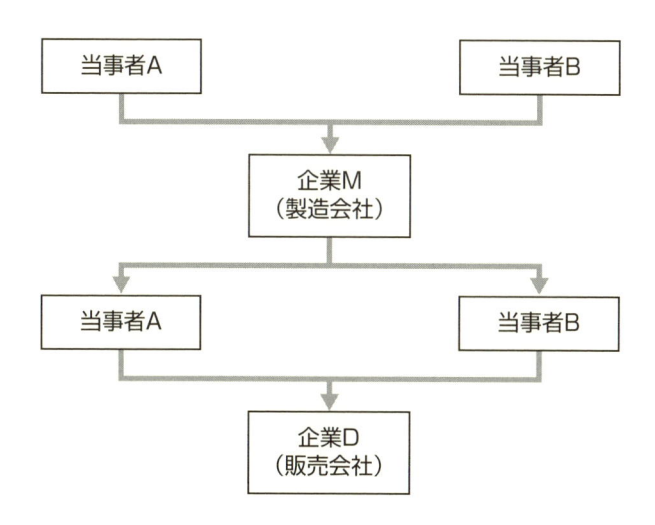

```
      ┌─────────┐        ┌─────────┐
      │ 当事者A │        │ 当事者B │
      └────┬────┘        └────┬────┘
           │                  │
           └────────┬─────────┘
                    ▼
            ┌──────────────┐
            │    企業M     │
            │  (製造会社)  │
            └──────┬───────┘
           ┌───────┴────────┐
           ▼                ▼
      ┌─────────┐        ┌─────────┐
      │ 当事者A │        │ 当事者B │
      └────┬────┘        └─────────┘
           ▼
    ┌──────────────┐
    │    企業D     │
    │  (販売会社)  │
    └──────────────┘
```

分析

製造の共同支配の取決めについての分析は、以下のとおりである。

支配が共同されているか	○

⬇

Step1：独立したビークル	その法的形態から両当事者から独立している。（企業Mが保有する資産および負債は、企業Mが有する）
Step2：法的形態	上記前提を覆すような事実がない。
Step3：契約上の取決めの諸条件	上記前提を覆すような事実がない。
Step4：その他の事実および状況	上記前提が覆る。
	アウトプットの販売制限または購入義務	製品Pの全生産量を両当事者が購入する。
	キャッシュ・フローの原資	両当事者の量的および質的ニーズに合うように製品Pを製造することから、キャッシュ・フローの原資は両当事者のみに依存している。資金不足が生じた場合、両当事者が資金を提供する。

結論

製造の共同支配の取決めは、共同支配事業である。

■設例2

販売の共同支配の取決めについての分析は、以下のとおりである。

| 支配が共同されているか | ○ |

⬇

Step1：独立したビークル	その法的形態から両当事者から独立している。（企業Mが保有する資産および負債は、企業Mが有する）
Step2：法的形態	上記前提を覆すような事実がない。
Step3：契約上の取決めの諸条件	上記前提を覆すような事実がない。
Step4：その他の事実および状況	上記前提を覆すような事実がない。
	アウトプットの販売制限または購入義務 / 第三者に販売する。
	キャッシュ・フローの原資 / 第三者（アウトプットの販売を通じて）である。

結論

販売の共同支配の取決めは、共同支配企業である。

設例3

契約上の取決め
＜IFRS 第11号 設例4を加筆修正＞

前提条件

　当事者ＡおよびＢが、別個のビークルＣの設立を通じて統合することに合意した。両当事者は、当該取決めによって様々な面でそれぞれの便益となることを期待している（それぞれ異なった便益を期待している）。

　別個のビークルＣの法的形態は、自立的なものであり、ビークルＤが保有する資産および負債は、ビークルＣが有する。当事者ＡおよびＢはビークルＣに対してそれぞれ40％の所有持分を有し、残りの20％は上場され広範囲に保有されている。両当事者の株主契約は、ビークルＣの活動に対する共同支配を定めている。

　ＡおよびＢと間の契約上の取決めにおいて、以下の事項を定めている。

- Ｃに紛争が生じた場合も、両当事者が同額の必要資金を提供する。
- Ｃが遵守しなければならない規制を遵守し規制当局に対する義務の履行について連帯責任を負う。

■ 設例3

分　析

販売の共同支配の取決めの分析は、以下のとおりである。

| 支配が共同されているか | ○ |

⬇

Step1：独立したビークル	その法的形態から両当事者から独立している。（ビークルCが保有する資産および負債は、ビークルCが有する）
Step2：法的形態	上記前提を覆すような事実がない。
Step3：契約上の取決めの諸条件	上記前提を覆すような事実がない。 両当事者がビークルCの資産に対する権利および負債に対する義務を有するとは定めておらず、ビークルCの純資産に対する権利を有すると定めている。 ビークルCが遵守を求められる規制を遵守できなくなった場合には、支援を行うという両当事者の確約は、それだけでは両当事者がビークルCの負債に対する義務を有するという決定要因にはならない。
Step4：その他の事実および状況	上記前提を覆すような事実がない。 両当事者がビークルCの資産の経済的便益のほぼすべてに対する権利を有すること、およびビークルCの負債に対する義務を有することを示す他の事実および状況はない。

結　論

販売の共同支配の取決めは、共同支配企業である。

第8章
企業結合会計

- 企業結合とは、取得企業が1つまたは複数の事業または被取得企業の支配を獲得する取引またはその他の事象であり、取得法を適用する。
- IFRS第10号の支配の定義およびIFRS第3号の追加ガイドラインを適用し取得企業を識別する。
- 取得日に被取得企業の資産および負債を認識し公正価値測定する。認識の際に、蓋然性および信頼性の要件が含められていない。それらは測定の際に考慮する。
- のれんは資産、割安購入益は損益として認識する。
- 条件付対価の公正価値を含め移転された対価を公正価値で測定する。取引関連費用は、期間費用として扱う。
- 企業結合を暫定的金額により会計処理した場合、測定期間内の金額修正の調整が認められる。

1 企業結合会計

1 企業結合の定義

　企業結合とは、取得企業が1つまたは複数の事業の支配を獲得する取引またはその他の事象をいう[1]。取得資産および引受負債が事業を構成する場合は、企業結合の会計基準を適用しのれんを認識するが、事業を構成しない取引については、資産の取得として会計処理しのれんを認識しない。このため、取得するものが事業または資産のどちらであるかによって大きく会計処理が異なることから、事業または資産の取得のどちらに該当するのかの判断が重要となる。例えば、投資不動産の取得が企業結合であるかどうかを決定する場合、当該不動産に関連する付随的活動を検討する必要がある。既存のテナント契約を備えた不動産を単に購入し、他のすべてのサービスがテナントと契約する第三者によって提供される場合、単一資産の取得と考えられるが、自ら当該不動産に関連する多くのサービス契約に必然的に関与する場合には、企業結合に該当する場合がある。

図表8-1　資産の取得と企業結合の会計の違い

勘定科目	資産の取得	企業結合
無形資産	IAS第38号	IFRS第3号
仕掛中の研究開発費	IAS第38号	
条件付対価・偶発債務	IAS第37号	
のれん	認識しない	

1　この企業結合の「企業（事業 Business）」は、企業のみならず企業の一部を構成する事業を含んだ広い概念となっている。

235

企業結合には、例えば以下の形態がある。ただし、共通支配下の結合取引（子会社同士、子会社と孫会社等共通の支配下にある会社間の資産および負債の移転、持分の交換など）は除く。

① 合併、吸収分割、事業譲受、現物出資
- １つ以上の事業が取得企業の子会社となる
- １つ以上の結合企業がもう１つの結合企業に純資産を移転する
- すべての結合企業が新規に形成された企業に移転する

② 株式取得による子会社化
- 現金等を対価とした株式取得
- 株式交換および株式移転

これら企業結合の形態には法的または形式的な違いがあるが、実質的に組織の再編成・企業の集団化という点で経済的実態においては違いがないため、すべての企業結合について取得法により会計処理する（IFRS3.4）。持分プーリング法による企業結合の会計処理は認められない。取得法に基づく会計処理の手続フローは、以下のとおりである。

図表８－２　取得法の手続フロー

Step1	Step2	Step3	Step4	Step5	Step6	Step7
事業の取得か否か	取得企業の識別	取得日の決定	取得資産・引受負債の認識および測定	引渡対価の測定	のれんおよび非支配持分の認識および測定	事後の測定と会計処理

2 企業結合に該当しない取引

図表8-3に示す取引および事象には、IFRS第3号を適用しない。

図表8-3　IFRS第3号の適用範囲外の取引

取引および事象	会計処理
共同支配企業の組成	IFRS第11号を適用する。
事業を構成しない資産または資産グループの取得	単なる資産の取得として会計処理する。 資産グループの取得原価は、それぞれの識別可能資産・負債に購入日の公正価値に基づき比例配分し、のれんは認識しない（IFRS3.2 (b)）。
共通支配下の企業または事業の結合*	現行のIFRSでは、特定の基準またはガイダンスが設けられていない。IAS第8号第10-12項で規定しているヒエラルキーに従い適切な会計方針を選択適用する。

*共通支配下の企業または事業の企業結合とは、すべての結合される企業または事業が企業結合の前後で最終的に同一の集団または複数の集団によって支配され、かつ、その支配が一時的でない企業結合をいう（IFRS3.B1）。

2 Step1：事業の取得か否か

1 事業の定義

　事業とは、所有者、メンバー、参加者への配当の支払、コスト削減、またはその他の経済的な便益の形式でリターンを直接的に提供することを目的とした運営および管理ができるように統合された一連の活動および資産をいう（IFRS3.付録 A）。事業の取得に該当するかどうかの検討は、被取得企業がそれを事業として運営していたか、または取得企業が企業結合後に事業として運営することを意図しているかどうかは考慮せず、それが一般的に事業として運営することが可能か否かの観点から行う（IFRS3.B11）。

図表8－4　事業の判定の重要性

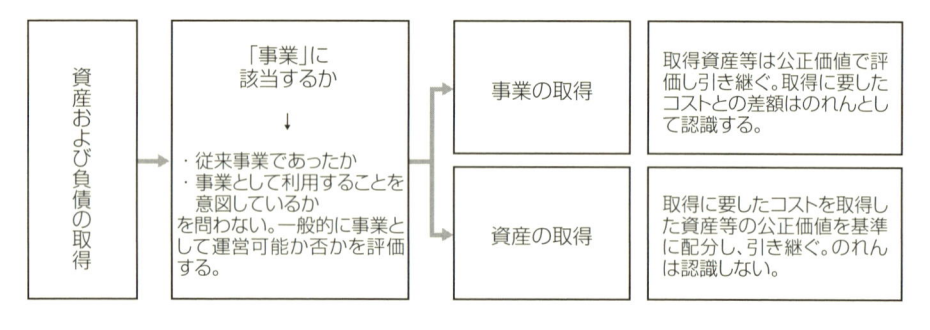

資産および負債の取得	「事業」に該当するか ↓ ・従来事業であったか ・事業として利用することを意図しているか を問わない。一般的に事業として運営可能か否かを評価する。	事業の取得	取得資産等は公正価値で評価し引き継ぐ。取得に要したコストとの差額はのれんとして認識する。
		資産の取得	取得に要したコストを取得した資産等の公正価値を基準に配分し、引き継ぐ。のれんは認識しない。

2 事業の3要素

　事業は、インプット、インプットに適用しアウトプットを作り出す能力を持つプロセスおよびアウトプットの3要素から構成される。ただし、アウトプットは、事業を構成する必須の要素ではなく、事業であるためには少なくともインプットとプロセスの2つを兼ね備えている必要がある（IFRS3.B7）。

被取得企業のインプットおよびプロセスに対して取得企業が有するインプットとプロセスを組み合わせることでアウトプットを作り出すことができる場合には、その取得する一連の活動および資産は事業に該当する。アウトプットである成果を出すまでに至っていない開発段階の事業の取得も企業結合に該当する場合がある。

図表8-5　事業の3要素

- 事業の判定は、一般的に事業として運営可能か否かで判断する
- 事業は、以下の3要素から構成されるが、アウトプットは必須ではない

インプット	＋	プロセス	⇒	アウトプット
1つ以上のプロセスを適用するとアウトプットを作るまたは作る能力を持つ経済的資源 【例示】 従業員 材料および機械装置などの使用権を含んだ非流動資産等の経済的資源		インプットに適用しアウトプットを生みまたは生みだす能力を持ったシステム、標準、プロトコル、慣習または規則 【例示】 戦略的経営プロセス 作業工程 資源管理プロセス等		事業の構成要素として必須ではない インプットおよびそれらインプットに適用したプロセスの結果 【例示】 直接投資者やその他の所有者、メンバーまたは参加者に、配当、コスト低減または他の経済的便益の形式でリターンを提供するまたは提供する能力を有した経済的便益

③ 支配の獲得手法

事業に対する支配を獲得する方法の例示は、以下のとおりである（IFRS3.B5）。

- 現金、現金同等物、その他の資産の移転
- 負債の引き受け
- 持分証券の発行
- 複数の上記対価の提供

上記のような対価の移転を伴う取引により支配獲得が行われるとは限らない。例えば、以下の場合のように、対価の移転を伴わず支配を獲得する場合

がある (IFRS3.43)。

- 取得企業による支配を獲得するために、被取得企業が十分な自己株式を買い戻す場合
- 取得企業による支配を阻害していた少数株主の拒否権の喪失により取得企業が被取得企業の支配を獲得する場合
- 契約上の取決めにより支配を獲得する場合

3　Step2：取得企業の識別

1　取得企業の識別

　企業結合の対象となる企業（結合企業）のうち1つを取得企業として識別する（IFRS3.6）。取得企業とは、企業結合によって支配を獲得する企業をいう。逆に、企業結合によって支配を獲得される企業を被取得企業という。取得企業の識別は、IFRS第10号で規定する支配モデルを適用し判定する。IFRS第10号を適用しても取得企業が明確とならない場合は、図表8－7に示すIFRS第3号で設けられている追加ガイダンスを適用し判断する（IFRS3.7）。

図表8－6　取得会社の判定

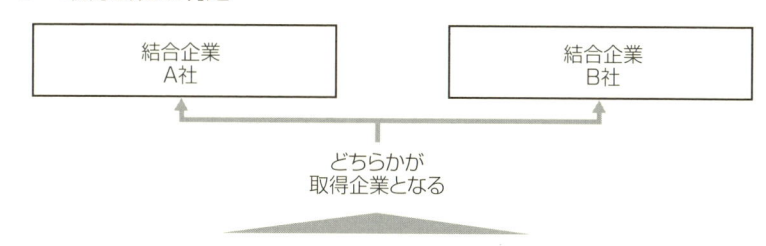

```
    結合企業              結合企業
     A社                   B社
       ←――――――――――――――→
           どちらかが
          取得企業となる
```

IFRS第10号　単一の支配モデル　　　　　　　　　　IFRS第3号　追加ガイダンス
　（3つの支配の要素による判定）
1. パワーを有する　　　　　　　　　　　　　　　1. 引受け対価の主体企業の検討
2. リターンにさらされるまたはその権利を有する　　2. 企業規模の比較による検討
3. 自己のリターンに影響を与えるためにパワー　　　3. 企業結合の主導企業の検討
　　を行使できる能力を有する　　　　　　　　　　 4. 新設企業
　　　　　　　　　　　　　　　　　　　　　　　　 5. ：

図表8-7　IFRS第3号の追加ガイダンス（IFRS3.B14-B18）

〈持分証券の交換による企業結合の場合〉

検討項目	取得企業の判断ガイドライン
結合後企業の相対的議決権割合	企業結合後、最大の議決権割合を保有する結合企業。ただし、議決権契約およびオプション、ワラント、転換証券の存在を考慮する。
過半数以上の持分を所有する企業が存在しない場合で、単独で最大少数持分	最大の少数議決権を持つ結合企業。
結合後企業の統治機関の構成	統治機関のメンバーの大部分を選任または任命できる能力をもつ結合企業。
結合後企業の上級マネジメント	結合後企業の上級マネジメントを支配する結合企業。
持分証券の交換条件	他の結合企業の企業結合前の公正価値に対してプレミアムを支払う結合企業。

〈一般的な検討項目〉

検討項目	取得企業の判断ガイドライン
主たる支払対価の引受け主体	対価として現金、その他の資産の支払や負債を引き受けた結合企業。
対価としての持分証券の発行主体	新たな持分証券を発行する結合企業。ただし、逆取得の場合は、発行企業が被取得企業。
相対的な規模の比較	企業の相対的規模（総資産、売上、収益等）が著しく大きい結合企業。
3つ以上の結合企業の場合	企業結合を主導した結合企業。
新しい持分証券が発行され新しい事業体が組成される場合	企業結合前に存在した結合企業のひとつを、他のガイダンスを適用し判断。
現金、その他の資産または負債を引き継ぐ新しい事業体が新たに組成される場合	新規に設立された企業。

2 逆取得

　逆取得とは、法律的には取得企業となる企業が会計上は被取得企業と判定される企業結合をいう。例えば、非上場企業が企業結合を行う場合に、上場を維持するために小規模の上場企業により取得されたかのように企業結合する場合がある。この場合、法律的には持分証券を発行した上場企業が親会社、非上場企業が子会社となるが、会計上は非上場企業が上場企業の支配を獲得したと判断される場合、非上場会社が取得企業となる。このように、企業結合の法的形式は企業結合の会計処理には影響させない（IFRS3.B19）。

■第8章　企業結合会計

4　Step3：取得日の決定

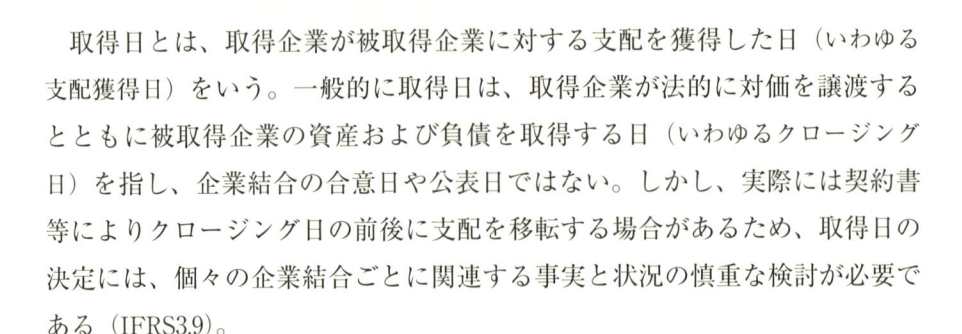

　取得日とは、取得企業が被取得企業に対する支配を獲得した日（いわゆる支配獲得日）をいう。一般的に取得日は、取得企業が法的に対価を譲渡するとともに被取得企業の資産および負債を取得する日（いわゆるクロージング日）を指し、企業結合の合意日や公表日ではない。しかし、実際には契約書等によりクロージング日の前後に支配を移転する場合があるため、取得日の決定には、個々の企業結合ごとに関連する事実と状況の慎重な検討が必要である（IFRS3.9）。

図表8-8　取得日の決定

・取得日とは、被取得企業の支配を獲得した日である。
・支配を獲得した日とは、一般的に企業買収プロセスにおけるクロージング日である。

買収形態、出資比率、価額、スケジュール等の交渉 → 基本合意書締結 → デューデリジェンス → 買収最終条件の交渉 → 最終契約書の締結 → クロージング（代金決済と引渡し）

・支配を獲得した日は、以下の基準日となる。
　▶対価測定の基準日
　▶取得資産・引受負債および非支配持分の公正価値測定日
　▶取得企業の連結財務諸表に取得した事業を含める開始日

5 Step4：被取得企業の識別可能資産、引受負債の認識および測定

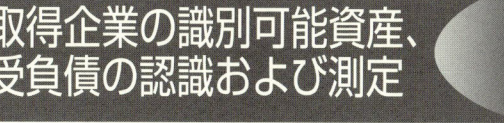

1 取得資産および引受負債等の認識要件

(1) 認識原則

　被取得企業が資産および負債として認識しているかどうかに関わらず、取得日において識別可能な取得資産および引受負債を認識する。認識する取得資産および引受負債は、概念フレームワークで定義されている資産および負債の定義を満たし、かつ、企業結合の取引の一部として交換されたものである必要がある（IFRS3.11.12）。

図表8－9　被取得企業の識別可能資産および引受負債の概要

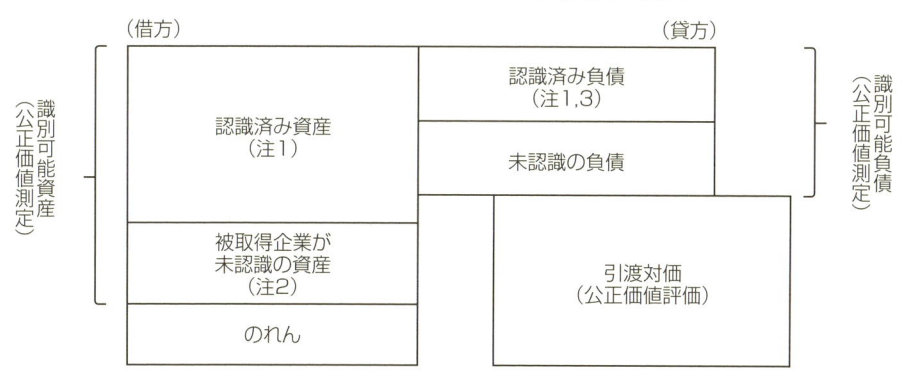

（借方）	（貸方）
認識済み資産（注1）	認識済み負債（注1,3）
	未認識の負債
被取得企業が未認識の資産（注2）	引渡対価（公正価値評価）
のれん	

左側全体：識別可能資産（公正価値測定）
右側上部：識別可能負債（公正価値測定）

（注1）認識済みの資産および負債
　　　資産および負債は、IFRSの資産および負債の定義を満たし、企業結合で交換の対象となったものでなければならない。
（注2）被取得企業が未認識の資産
　　　識別可能な無形資産（例えば、ブランド、パテント、顧客関係など）を認識しなければならない。
　　　被取得企業の仕掛研究開発費が無形資産の要件を満たす場合、無形資産として資産計上する。
（注3）認識済み負債
　　　負債の要件を満たさないリストラ費用の見積りは、企業結合で引受けた負債に該当しない。

■第8章　企業結合会計

図表8－10　識別可能資産および負債の認識要件

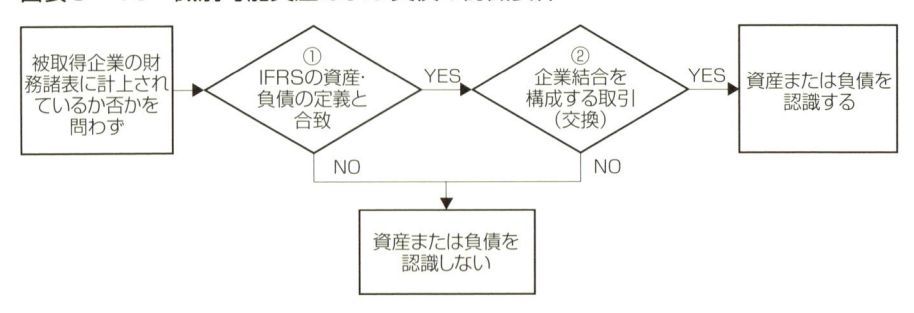

```
被取得企業の財       ①                        ②
務諸表に計上され   IFRSの資産・    YES    企業結合を    YES    資産または負債を
ているか否かを    負債の定義と  ──→    構成する取引 ──→    認識する
問わず            合致                 （交換）
                    │                    │
                    NO                   NO
                    ↓                    ↓
                    資産または負債を
                    認識しない
```

認識要件	趣　旨
① 「財務諸表の作成および表示に関するフレームワーク」における資産または負債の定義を満たす(IFR3.11)	・被取得企業の財務諸表に未計上項目であっても、無形資産の要件を満たす場合、無形資産として認識および公正価値評価によりのれんの過大計上を防ぐ。 ・例えば、取得した資産に法律上の権利または分離して譲渡可能な無形資産が含まれる場合、無形資産を認識しなければならない（いわゆる「できる」規定ではない）。
② 企業結合を構成する取引である(IFR3.12)	・企業結合に関係して行われた取引費用を企業結合取引の対価から除外することにより、差額として算定されるのれんに資産性ないものを排除する。 ・企業結合とは別個に取決められた取引の場合でも、実質的な意義が企業結合の一部である取引は企業結合の一部として合計処理する。

(2)　**識別可能でない資産**

　資産としての要件を満たさない項目に帰属する価値は、のれんに含まれることになる。例えば、識別可能でない無形資産として集合的な人的資源がある。集合的な人的資源である取得企業が取得した事業を取得日から継続して運営できるようにする既存の従業員の集合体の価値は認識可能な資産ではないため、そのすべての価値はのれんに包含される（IFRS3.B37）。

(3) 認識基準の概念フレームワークとの相違

概念フレームワークでは、資産または負債の定義[2]を満たす項目で、かつ、以下の蓋然性と信頼性の要件の双方を満たす場合にのみ資産または負債として認識し、認識された項目について金額を決定するプロセスである測定を行う。

図表8-11　概念フレームワークの認識基準

認識要件	内　　容
蓋然性	項目に関連する将来の経済的便益が、企業に流入するかまたは企業から流出する可能性が高い。
測定の信頼性	項目が信頼性をもって測定できる原価または価値を有している。

したがって、資産または負債の定義を満たし、発生の可能性が高くかつ合理的な見積りができる場合にそれらを資産または負債として認識するが、発生の可能性が低いまたは合理的な見積りができない場合には、それらを資産または負債として認識しない、つまり、測定手続を実施しないことを意味する。

IFRS第3号では、資産または負債の定義を満たす場合に認識し、その項目の蓋然性および信頼性は認識後に行う測定手続の際に考慮することになる。これは資産または負債の定義を満たすものは資産または負債として認識すべきであり、蓋然性および測定の信頼性については測定に反映させるべきであるという考え方を論拠としている。

この認識における蓋然性および測定の信頼性の取扱いの違いによって企業

2　概念フレームワークでは資産および負債の定義を、「資産とは、過去の事象の結果として企業が支配し、かつ、将来の経済的便益が当該企業に流入すると期待される（expected to）資源をいう。」、「負債とは、過去の事象から発生した企業の現在の債務で、その決済により、経済的便益を有する資源が当該企業から流出することが予想されるもの（expected to）をいう。」としている（4.4項）。このexpected toは、将来に起こる事象は確定したものではないという程度の意味であり、蓋然性の認識基準に該当しないと思われる。

結合時に認識される無形資産と引当金が増加する可能性があり、その増加によって認識すべき無形資産がのれんの金額に紛れ込むことを防ぐことになる。

図表8-12　認識基準における蓋然性の取扱い

	概念フレームワーク （企業結合以外）	企業結合 （IFRS第3号）
認識 ⇒計上するかどうか	定義、かつ、蓋然性と信頼性を満たす。	定義を満たす。
測定 ⇒いくらで計上するか	―	蓋然性と信頼性を考慮する。

2 企業結合を構成する取引の判定

　取得企業と被取得企業の間には、企業結合の交渉が始まる前からの取引関係や何らかの契約が存在したり、または交渉中に企業結合とは別個の契約を締結することがある。このため、企業結合で取得企業と被取得企業が交換する部分（企業結合を構成する取引および事象）と交換に該当しない部分（企業結合を構成しない取引および事象）とに区分する必要がある。

　企業結合を構成する取引および事象のみを、引渡対価、その対価で交換し取得する資産および引受負債に含め、それ以外の取引および事象は企業結合に含まない。一般的に、企業結合以前に被取得企業の利益のためでなく、取得企業または企業結合後の企業の利益のために行われる取引は、企業結合を構成しない取引となる可能性が高い（IFRS11.51.52）。企業結合を構成するかどうかについて、**図表8-13**に示すように、取引の理由、取引の主導者および取引の時期を考慮し判断する。

■ 5 Step4：被取得企業の識別可能資産、引受負債の認識および測定

図表8-13　企業結合を構成する取引の判定（IFRS11.B50-B62）

検討項目
1. 取引の理由：
　　誰の便益のためか
2. 取引の主導者：
　　誰が取引を主導したか
3. 取引の時期：
　　取引交渉中か後か

企業結合を構成しない取引例	会計処理
取得企業と被取得企業の間にある既存の関係を清算する取引	取得企業の発生時の損益として認識する
被取得企業の従業員または旧所有者に将来の役務に対する報酬を与える取引	契約の内容による
被取得企業または旧所有者が企業結合に関連して発生する取得企業の費用を立替払いした取引	取得企業の費用として認識する

(1) 取得関連費用

　企業結合を達成するために取得企業に発生した費用（いわゆる、取得関連費用）は、企業結合とは別個に会計処理する。企業結合に関連した費用には、例えば、専門家に対するアドバイザリー費用、コンサルティング費用、登録費用等があり、それらは発生時に費用処理する。ただし、取得関連費用のうち負債性証券または持分証券を発行するために要した費用について、IAS第32号およびIAS第39号（またはIFRS第9号）に従って会計処理する（IFRS3.53）。

　通常の固定資産の取得の際には、取得に直接関連した費用を取得原価に含める。これに対し、企業結合に関連した費用を取得原価に含めず費用処理するのは、取得に直接関連した支出であっても、それはすでに費消されたものであり資産および負債の公正価値を構成しないという考え方に基づいている（IFRS3.BC366）。

図表8-14　取得関連費用の例外項目

例外項目	会計処理	関連基準
株式発行費用	資本から直接控除	IAS第32号に従って会計処理
社債発行費用	社債から控除	IAS第39号（またはIFRS第9号）に従って会計処理

249

(2) 企業結合後の組織再編費用

　被取得企業が企業結合により取得されることを前提とした被取得企業の事業の撤退計画、被取得企業の従業員の縮小、配置転換のため費用や企業結合の結果として発生することが予想される将来の損失または費用は、取得日における被取得企業の債務ではないため引受負債として認識しない（IFRS3.11）。識別可能な負債として認識できる組織再編費用は、取得日において被取得企業の現在の債務であるものに限定される。

　企業結合時の対価を決定する際に、取得後に発生することが予想されるリストラ等に係る費用や偶発損失等を考慮し、あたかも被取得企業の負債であるかのように捉えて企業価値を算定する実務があるが、IFRSでは負債の定義を満たすもののみを引受負債として認識することを厳格に求めている。その結果、企業結合時の組織再編費用を負債として計上できる場合に比べて、のれんの計上額が小さくなる。

図表8-15　組織再編費用に係る負債計上可否の影響

組織再編費用	のれん	影　響
負債計上を認める	大	企業結合後の費用として認識する必要がないため、結合後の業績に反映されない。
負債計上を認めない	小	企業結合後の費用として認識する必要があり、結合後の業績に反映される。

3 企業結合で識別した取得資産と引受負債の分類と指定

　識別した取得資産および引受負債について複数の会計方針の選択適用が認められている場合、取得日の契約条件、経済状況、営業活動またはすでに適用している会計処理方針、およびその他の状況を考慮しそれらに適用する会計方針を決定する（IFRS3.16）。

■ 5 Step4：被取得企業の識別可能資産、引受負債の認識および測定

figure表8－16　会計方針の選択および決定

	内　容	例　示
原則	取得日の契約条件、経済状況、活動および会計処理方針に基づき分類・指定する。	・金融資産・負債（損益を通じて公正価値評価を行うかどうか）の分類 ・デリバティブ商品をヘッジ手段としての指定 ・組込デリバティブを主契約から区分すべきかどうかの判定
例外	契約日の契約条件およびその他の要素に基づき分類・指定する＊。	・リース契約 ・保険契約

＊被取得企業による分類が誤りであった場合を除き、分類を変更することはできない（IFRS3.17）。これらの分類が、契約当初（または契約内容の変更があった場合は、その改定日）の契約条件に基づいて分類するためである。

4 測定

(1) 測定原則

取得する識別可能な取得資産および引受負債は、取得日の公正価値で測定する（IFRS3.18）。公正価値とは、測定日において市場参加者間で秩序ある取引が行われた場合に、資産の売却によって受け取るであろう価格、または負債の移転のために支払うであろう価格をいう（IFRS13.付録A）。

(2) 将来キャッシュ・フローが不確実な資産（評価性引当金）

営業債権や貸付金等の回収可能性のように識別可能な取得資産に見込まれる将来キャッシュ・フローに不確実性がある場合、その不確実性に対して評価性引当金を認識するのではなく、その不確実性を取得日の公正価値に反映させる（IFRS3.B41）。

(3) 使用する意図がない資産等

公正価値とは、取得企業の固有の意図に基づく価値ではないため、その測定の際には資産の使用方法等に関する一般の市場参加者の期待のみを考慮す

る。このため、事業計画やその他の理由により識別可能な取得資産を使用しない場合や他の用途に使用する場合であっても、その最も効果的な使用を前提としてその公正価値を測定する。したがって、資産を使用する意図がないことを根拠にその価値をゼロとすることは認められず、他の市場参加者による最有効使用の前提にもとづきその資産の公正価値を測定する（IFRS3.B43）。

5 特定資産に対するガイダンス

(1) 無形資産

被取得企業が資産計上していない無形資産であっても図表8－17に示めす無形資産の認識要件を満たすものは、識別可能な無形資産として認識する（IFRS3.B31）。この要件は、「できる」規定ではなく、無形資産としての要件を満たす場合には無形資産として認識しなければならない。識別した無形資産は、償却性または非償却性無形資産のどちらかに分類する。

無形資産の有効期間が確認できない場合、非償却性無形資産として分類する。その有効期間が無限であることの証明は要求されない。無形資産のうち耐用年数が有限なものは、償却計算を行うが、のれんは償却せずに減損会計を適用するように、無形資産とのれんの当初認識後の会計処理が異なるため、

図表8－17 無形資産の認識要件

要　件	内　容
分離可能性要件	・取得された無形資産が被取得企業から分離または分割して、売却、移転、ライセンス付与、貸与、または交換することが可能な無形資産（IFRS3.B33）。 ・資産を売却、使用許諾または交換する意図を問わず、売却、使用許諾または交換することが可能な無形資産。 ・同種の資産または同様の種類の資産について売却、使用許諾または交換等の取引が存在するという証拠がある無形資産。 ・別個に分離不可能であっても、関連する契約または識別可能な資産または負債と組み合わせて分離可能な無形資産（IFRS3.B34）。
契約・法的要件	・契約またはその他の法律的権利から生じるものであり、被取得企業からまたは他の権利および債務から移転できるまたは分離できなくても、契約または法的要件が識別できる無形資産（IFRS3.B32）。

のれんと区別して無形資産を認識することを厳格に求めている（IFRS3.B31）。

企業結合で取得された識別可能な無形資産については、将来に経済的便益が流入する可能性が高く、かつ、信頼性をもって測定できる場合に限り、のれんと区別して認識するという認識要件が設けられていないため、企業結合で取得され、のれんから分離して識別可能な無形資産は、被取得企業が計上していなくてもすべて認識し取得日の公正価値で測定する。企業結合における識別可能な無形資産の例示は図表8－18に示すとおりである。

図表8－18　識別可能な無形資産の例示

分離可能性要件によるもの	契約・法的要件によるもの
・顧客リスト ・契約に基づかない顧客関係 ・特許を取得していない技術 ・データベース	・商標 ・トレードネーム ・インターネット・ドメイン名 ・顧客契約 ・文学的作品および音楽作品 ・ライセンス ・ロイヤリティ契約 ・フランチャイズ契約 ・特許を取得した技術

(2) 仕掛中の研究開発費

企業結合で取得した仕掛中の研究開発費は、それが研究開発の途中段階であっても無形資産の要件を満たす場合、無形資産として認識する。被取得企業において資産計上しているかどうかを問わない。企業結合後の研究開発の支出は、通常の開発費と同様に開発費の要件を満たすものを資産計上し、それ以外は発生時に費用処理する（IAS38.42,43）。

通常の研究開発費は、研究段階の支出額はその発生時に費用処理し、開発段階の一定の要件を満たす支出額は資産計上する（IAS38.54,57）。しかし、企業結合により研究開発の成果を取得する場合、研究や開発といった段階に関係なく無形資産の要件を満たす場合に無形資産として認識し公正価値で測

定する。これは、取得企業が被取得企業の仕掛中の研究開発費に注目し有償で取得したという事実は、交換に関わる当事者が研究開発から将来の経済的便益が生じるとの期待を示すものであり、企業結合で取得した仕掛研究開発は、仕掛研究開発の成果が得られる可能性を問わず資産の定義を満たすと考えるからである。仕掛中の研究開発が完成し成果が得られることに対する不確実性は、公正価値の測定に反映させる（IFRS3.BC152）。

6 認識および測定原則の例外

認識および測定について、例外的な取扱いをする項目および例外となる内容は図表8−19に示すとおりである。

図表8−19 認識および測定原則の例外

項目	IFRS第3号の会計処理	例外 認識	例外 測定	例外事項
偶発負債	IAS第37号の規定を適用せず、過去の事象から現在の債務があり、その公正価値が信頼性をもって測定できる場合には、企業結合によって引受けた偶発負債を取得日に認識する（IFRS3.23）。	○	−	IAS第37号とは異なり、経済的便益を包含する資源の流出の可能性が低い場合でも、当該偶発債務が取得企業にとって取得日における債務であれば偶発負債を認識する（IFRS3.23）。
法人所得税	IAS第12号に従い、繰延税金資産または負債を認識し、公正価値ではなく割引前の金額で測定する（IFRS3.24,25）。	○	○	公正価値による測定以外の金額で認識および測定する。認識の例外としているのは、IAS第12号に従って会計処理することをより明確にするため（IFRS3.BC280）。
従業員給付	IAS第19号に従って、被取得企業の従業員給付に関する負債（または資産）を測定し、認識する（IFRS3.26）。	○	○	確定給付制度から発生する資産・負債を給付債務の現在価値から制度資産の公正価値を控除した金額で認識および測定する（IAS19.108）。認識の例外としているのは、IAS第19号に従って会計処理することをより明確にするため（IFRS3.BC299）。

■ 5 Step4：被取得企業の識別可能資産、引受負債の認識および測定

項　目	IFRS第3号の会計処理	例　外		
^	^	認識	測定	例外事項
補償資産	回収不可能な部分に対して評価性引当金を計上する方法と、回収可能性について公正価値の測定時に考慮し評価性引当金を計上しない方法の2方式の選択適用が認められる（IFRS3.27,28）。	○	○	評価性引当金を計上する場合、必ずしも補償資産の測定は公正価値評価とはならない。 認識の例外としているのは、補償資産を認識するか否か、およびいつ認識するかの決定に際し、IFRS第3号の認識原則を適用する必要がないことを明確にするためである（IFRS3.BC301,303）。
売却目的で保有する資産	取得日に、売却保有目的に分類された非流動資産または処分グループは、IFRS第5号の第15項から第18項に従って測定する（IFRS3.31）。	―	○	公正価値による評価でなく、公正価値から処分費用控除後の金額で測定する。 売却目的で保有する非流動資産を公正価値で測定すると、その後の会計処理は、処分費用控除後の公正価値で測定するため、状況に変化がなくとも売却費用の部分の損失が生じるため、測定の例外としている（IFRS3.BC305）。
株式を基礎とする報奨報酬金	取得企業が、被取得企業の株式報酬を自社の株式報酬と交換した場合、関連した負債または持分証券をIFRS第2号に従って測定する（IFRS3.30）。	―	○	【持分金融商品で決済する株式報酬】 条件の変更がある場合を除き、原則として権利確定後の報酬費用の再測定をしない。 【現金その他の資産で決済する株式報酬】 置き換えられた取得企業の株式報酬の取得日における市場に基づく測定値により測定する。 企業結合に際して、株式報酬を取得日の公正価値で測定すると、当初認識後の会計処理が困難になるためである（IFRS3.BC311）。

項　目	IFRS第3号の会計処理	例　外		
^	^	認識	測定	例外事項
再取得された権利	契約の更新の可能性を考慮せず残余契約期間を基準に無形資産として再取得された権利の価値を測定する（IFRS3.29）。	―	○	市場参加者の予測、更新される可能性を考慮し公正価値を測定するが、再取得した権利の公正価値は、残存している契約期間のみにもとづいて測定する（IFRS3.29）。再取得した権利は、もともと取得企業が被取得企業に付与していた権利であり、企業結合後の契約の更新は取得企業が企業結合において取得したものの一部を構成しないと考えられるため、測定基準の例外とする（IFRS3.BC308,BC309）。
非支配持分	非支配持分は企業結合ごとに、非支配持分自体の公正価値と被取得企業の識別可能純資産の非支配持分割合相当額のどちらかの測定方法の選択が認められる。	―	○	公正価値ではなく非支配持分割合相当額による測定が認められている。

6 Step5：引渡対価の測定

1 引渡対価の測定

　企業結合において、取得に要した対価を「取得原価」ではなく「引渡対価」という。取得日の以下の項目の公正価値の合計額が企業結合における引渡対価となる（IFRS3.37）。
- 取得企業が引き渡す資産
- 取得企業が被取得会社の旧所有者に対して引き受ける負債
- 取得企業が発行する持分証券

　　　　　＋

- 条件付対価

　一般的に引渡対価は、現金、その他資産、取得企業の事業または子会社、条件付対価、普通株式、優先株式、オプション、ワラントおよび相互会社の会員持分等の形で支払われる。引渡対価が持分証券の場合であっても取得日の公正価値で測定するため、取得日まで引渡対価が確定しない。このため、企業結合の合意日から取得日の間、株価等の変動等により最終的な引渡対価が確定しないリスクが伴うことになる。

2 引渡対価にその他の資産が含まれる場合

　引渡対価となる取得企業の資産または負債の帳簿価額が取得日の公正価値とは異なるものがある場合（例えば、非貨幣性資産である有形固定資産や取得企業の事業）、当該資産または負債を取得日の公正価値で測定し、その評価差額を取得企業の純損益として認識する。ただし、取得対価である当該資産または負債が企業結合後も結合企業内にとどまる場合（例えば、事業を対価とした第三者割当増資等）、取得企業による支配が続くことになるため当該資

産または負債は企業結合直前の帳簿価額のまま据え置き、当該資産または負債に関する損益を認識しない（IFRS3.38）。

図表8-20　引渡対価にその他の資産が含まれる場合

引渡対価となる取得企業の資産または負債の帳簿価額が取得日の公正価値とは異なるものがある場合（例えば、非貨幣性資産である有形固定資産、取得企業の事業）

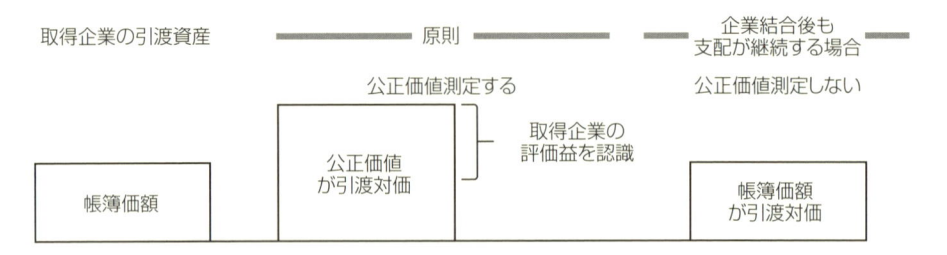

取得企業の引渡資産　　　　　原則　　　　　　　　　　　企業結合後も
　　　　　　　　　　　　　　　　　　　　　　　　　　　支配が継続する場合
　　　　　　　　公正価値測定する　　　　　　　　　　　公正価値測定しない

　　　　　　　　公正価値　　　　取得企業の
　　　　　　　　が引渡対価　　　評価益を認識
帳簿価額　　　　　　　　　　　　　　　　　　　　　　　帳簿価額
　　　　　　　　　　　　　　　　　　　　　　　　　　　が引渡対価

③ 取得が複数の取引により達成された場合

　被取得企業に対する支配獲得が、複数の取引により達成される企業結合を段階取得という。

　段階取得の場合は、支配獲得以前から保有する被取得企業に対する持分証券についても支配獲得日の公正価値で再測定し、持分証券の帳簿価額（支配を獲得するに至った個々の取引ごとの帳簿価額の合計額）と公正価値との差額を段階取得に係る損益として認識する（IFRS3.42）。取得企業が被取得企業に対する支配を獲得するに至った個々の取引ごとに取得の対価を算定し、それを合算したものとしない。個々の交換取引はあくまでその時点での等価交換取引であり、取得が複数の交換取引により達成された場合、取得原価は個々の交換取引毎に算定した取得原価の合計額とすることが経済的実態を適切に反映するという考え方を採用していない。

④ 条件付対価

　企業結合において、将来に特定の事象が発生した場合、または条件が満た

された場合に、取得企業が被取得企業の旧所有者に対して追加の資産または持分証券を引き渡す義務や、逆に取得企業に過去に引き渡した対価の返還を受ける権利を与えることがある。このような企業結合に際して追加的に支払われる対価を条件付対価という(IFRS3.付録 A)。例えば、損害賠償額が確定できないため引渡価格の調整を売却側に請求できる契約や、企業結合後の業績に応じた追加の引渡金額(買収金額)を支払う(いわゆるアーン・アウト条項)等がある。

(1) 公正価値測定と引渡対価への算入

　条件付対価のように契約上の偶発的条件から生じる対価についても取得日の公正価値で測定し取得対価に含める (IFRS3.39)。取得企業が有する条件付対価の権利または義務を、IAS 第39号（または IFRS 第 9 号）または IAS 第32号の適用範囲となるものと IAS 第39号（または IFRS 第 9 号）または IAS 第32号の適用範囲外でその他の関連する IFRS を適用すべきものに区分し、資産、負債または資本として会計処理する。

　一般的な資産および負債は、それぞれの定義を満たし、その経済的便益の流入または流出する可能性が高く、かつ、信頼性を持って測定できる時点で認識する（概念フレームワーク4.38）。しかし、企業結合では、条件付対価の交付または引渡しが確実となるまで条件付対価を認識しないのではなく、取得日の公正価値で条件付対価を認識および測定する。取得日時点で条件付対価の認識および測定を求めているのは、企業結合の契約上、偶発的条件から生じる追加的対価を支払うという義務を取得企業は取得日時点で負っていることから、その条件付対価を取得日において取得価格に含めないと、取得日において交換される経済的な対価額を適切に示さないためである。

(2) 条件付対価の公正価値変動

　条件付対価の取得日後の公正価値の変動は、取得日時点で存在していた事実および状況に関して取得日後に入手した追加的な情報の結果として生じる公正価値の変動と、取得後の事象により生じた変動に区分できる。

■第8章　企業結合会計

　取得日時点で存在していた事実および状況に関して、取得日以降に入手した追加的な情報によって生じた条件付対価の公正価値変動は、測定期間における修正となる。取得日以降の事象（例えば、利益目標の達成、一定の株価の到達または研究開発プロジェクトにおけるマイルストーンへの到達等）により生じた条件付対価の公正価値変動は、図表8-21に示すとおり条件付対価の分類に従って会計処理し、その事象がたとえ測定期間内に判明した場合でも測定期間における修正には該当しない（IFRS3.58）。

図表8-21　条件付対価の公正価値変動の会計処理

公正価値の変動要因	会計処理		
取得日時点で存在していた事実および状況に関して取得日後に入手した追加的な情報の結果生じた変動	遡及修正		
取得後の事象により生じた変動	条件付対価の分類		会計処理
^	資本（持分）		再測定せず、その後の決済は持分の中で会計処理する。
^	上記以外	IFRS第9号、IAS第39号の適用対象となる金融商品	取得日の公正価値で測定し、その結果生じる利得および損失は、IFRS第9号またはIAS第39号に従い損益またはその他の包括利益として認識する。
^	^	IAS第39号の適用対象外の場合	IAS第37号またはその他の適切なIFRSに従って会計処理する。

7 Step6：のれんおよび非支配持分の認識および測定

　取得企業は、取得日において識別可能な取得資産および引受負債の認識に加えて、被取得企業に対する非支配持分およびのれんを認識する（IFRS3.10）。のれんおよび非支配持分の認識および測定は、**第3章「非支配持分とのれん」**を参照。

8 Step7：企業結合後の会計処理

1 取得日時点の暫定処理

　取得日時点で識別可能な資産および負債を特定し、取得日時点の公正価値を測定することが実務的に困難な場合がある。例えば、繰延税金資産負債、土地、無形資産および偶発債務に係る引当金等が該当する。企業結合が行われた期末までに企業結合に係る会計処理が完了しない場合、当該未了の項目について入手可能な合理的な情報等に基づき暫定的な金額を用いて会計処理する（IFRS3.45）。暫定的な金額により会計処理した後に、取得日現在で存在する事実関係および状況に関して新たな情報を入手した場合、取得後最長１年間、当初暫定処理した金額の調整が認められる。この事後の調整は、あたかも取得日においてなされたかのように遡及して修正する。

2 測定期間

　測定期間とは、取得企業が企業結合に関して認識した暫定的な金額を修正することができる取得日後の期間をいう（IFRS3.46）。測定期間は取得日から始まり、取得企業が取得日時点で存在した事実および状況について求めていた情報を入手するか、もはや追加的な情報を入手することができないことが判明した時点で終了する。測定期間は取得日から最長１年と制限がある。

3 暫定金額の修正

　取得日時点の暫定処理事項について取得日から１年以内の測定期間において取得日に存在していた事実や状況に関する新しい情報が得られた場合には、取得日時点の暫定金額を遡及して修正する（IFRS3.45,46）。遡及修正による資産または負債の認識および測定額の変更の影響は、図表８－22に示

すようにのれん（または割安購入益）の調整として会計処理する。測定期間における修正は、取得日後に入手可能になる資産および負債に関する取得日時点の情報により生じるものであり、見積りの変更というよりも修正後発事象に類似するため取得日に遡及して修正する。ただし、測定期間内であっても、企業結合後に生じた新規の事象に起因する場合、暫定金額の遡及修正ではなく新たな会計事象として会計処理する（IFRS3.47）。したがって、取得日後に入手した情報における事実および状況が、取得日時点で存在していたものなのか、それとも取得日後に発生した事象によるものなのかを見分けることが重要となる。

図表8-22　暫定金額の修正

[前提]
- 01年9月に企業結合を行ったが01年12月31日終了年度の財務諸表の公表を承認する時までに土地の評価額が確定しなかったため、01年度の財務諸表において当該土地を暫定的な公正価値30,000で計上した。
- 取得日から5ヵ月後（測定期間内である）に、当該土地の取得日における公正価値が40,000であると評価された。
- 取得時に10,000以上ののれんが認識されている。
- 税効果は考慮しない。

[暫定金額の修正方法]
01年度の財務諸表の金額に対して土地の増額およびのれんの減額させる遡及修正を行う。

（借）土地	10,000	（貸）のれん	10,000

10,000＝公正価値40,000－暫定的な公正価値30,000

(1) 測定期間以降の修正

測定期間以降における誤謬の修正は、IAS第8号を適用する（IFRS3.50）。

(2) 繰延税金資産の事後的修正

取得日において被取得企業で計上していた繰延税金資産について、取得日後に生じた回収可能性の変動により繰延税金資産を修正する場合がある。この繰延税金資産の修正は、その変動要因の内容に応じて図表8－23に示すように会計処理する（IAS12.68）。

図表8－23　繰延税金資産の事後的修正

実現の要因	変動額の処理
測定期間内において、取得日に存在していた事実と状況に関する新しい情報に基づき繰延税金資産を認識する。	その取得に関連したのれんを減額する。のれんをゼロまで減少しても残額がある場合は、その残額は損益として認識する。
上記以外の変動*	純損益（またはその他の包括利益）として認識する。

＊測定期間内の変動であっても、取得日に存在していた事実と状況に関する新しい情報に基づかない変動を含む。

第9章
法人所得税

- IFRSは資産負債法に基づいた税効果を首尾一貫して適用する体系となっている。
- 一時差異を「将来加算一時差異」と「将来減算一時差異」とに分類し、それぞれ繰延税金負債および繰延税金資産を認識し、税務上の「欠損金繰越」および「税額控除繰越」も税効果の対象となる。
- 繰延税金資産は、回収可能性の裏付けが重要であるため将来の期に十分な課税所得が生じる、または欠損金、税額控除または将来減算一時差異と相殺できる可能性が高い場合にのみ認識する。
- 繰延税金は、繰延税金資産または負債が実現するまたは決済される期に適用が予想される税率を用いた法定実効税率を適用し計算する。
- 繰延税金の影響は、一時差異を生じさせた取引または事象そのものが財務諸表に認識されるのと同じ方法で認識する。
- 子会社、関連会社および共同支配の取決めの将来加算一時差異について繰延税金負債を認識するのは、その一時差異を解消する時期をコントロール可能である場合に限定される。
- 連結手続において未実現利益を消去した場合、繰延税金資産は購入会社側の実効税率を適用する。

1　税効果会計

　税効果会計とは、包括利益計算書における費用としての法人所得税等の計上、および財政状態計算書における法人所得税等に関する負債または資産の適切な計上を目的とした手続である。法人所得税とは、課税所得を課税標準として算定される法人税、住民税および事業税等を含んだ法人所得税を総称したものをいう。

1 法人税等の性格

　課税所得をもとに課税される法人所得税は、課税所得がなければ支払われないことから、それは利益を算定する要素というよりは利益の結果として生じるものという利益処分に近い性格をもつ。しかし、財務会計においては、課税所得の計算において法人税等が損金不算入であることは財務会計上の費用認識とは関係がなく、企業が事業を遂行する上で法人税等は不可避な費用および債務であり、純利益を減額するという意味において必然的に負担しなければならない費用として扱う。

2 税法と財務会計と目的の相違

　法人税法は、課税所得の計算に際しては、公平な税負担を前提とし、また税務政策上の配慮がなされているのに対し、財務会計では主に投資家の意思決定支援に資する情報開示が目的となっている。このように法人税法と財務会計の間には、その制度の立法趣旨および計算目的について本質的な違いがあることから、法人税法における益金および損金（税務上の収益および費用をそれぞれ「益金」、「損金」という）と財務会計上の収益および費用の認識時期および範囲には相違がある。このため、財務会計上の利益（税引前当期純利益＝収益－費用）と法人税等の計算の基礎となる税務上の利益（課税所得＝

益金−損金）の金額が異なる。例えば、ある費用が財務会計上は費用として認識し税務上の損金として認識しない場合、財務会計上の税引前当期純利益は税務上の課税所得よりも小さくなる。その結果、税引前当期純利益に対して法人税等の税率を乗じた金額は課税所得をもとに計算される法人税額よりも小さくなる。次年度においてその費用が税務上の損金として認識された場合、財務会計上の税引前当期純利益よりも税務上の課税所得が大きくなり、税引前当期純利益をもとに算定する法人税額よりも課税所得をもとに計算される法人税額が大きくなる。

このように財務会計上の利益と税務上の課税所得が異なることに起因して、財務会計上の税引前当期純利益と課税所得をもとに計算される法人税の対応関係のズレを調整する会計処理を税効果会計という。

図表9−1　財務会計と法人税の相違

	目的	算定式
財務会計	投資家の意思決定に資する情報提供	収益 − 費用 ＝ 利益
法人税	税負担の公正性の担保 租税政策上の配慮	益金 − 損金 ＝ 課税所得

3 確定決算の原則

法人税法では、財務会計と法人税における差異の調整について確定決算の原則を採用しており、株主総会で確定した利益に対して法人税法固有の調整（申告調整という）を加えることで課税所得を算定する。具体的には、法人税法別表四において、税引前当期純利益を出発点に加算減算し課税所得を計算する。また同時に、法人税の課税所得の計算の際に、損金として扱うためには、確定した決算において費用または損失として経理するという「損金経理の要件」を設けている。損金経理が求められる事項については、確定した決算の損金経理した金額を変更して、法人税の申告の際に申告調整を行うこと

が認められない。この「損金経理の要件」は、償却費等の一定の意思決定や判断が伴う事項や複数の処理の選択の余地がある事項等納税者の意思によって金額が決定するものについては確定決算における処理によって判断することが適当であるという考えに基づいている。

図表９－２　申告調整の概要

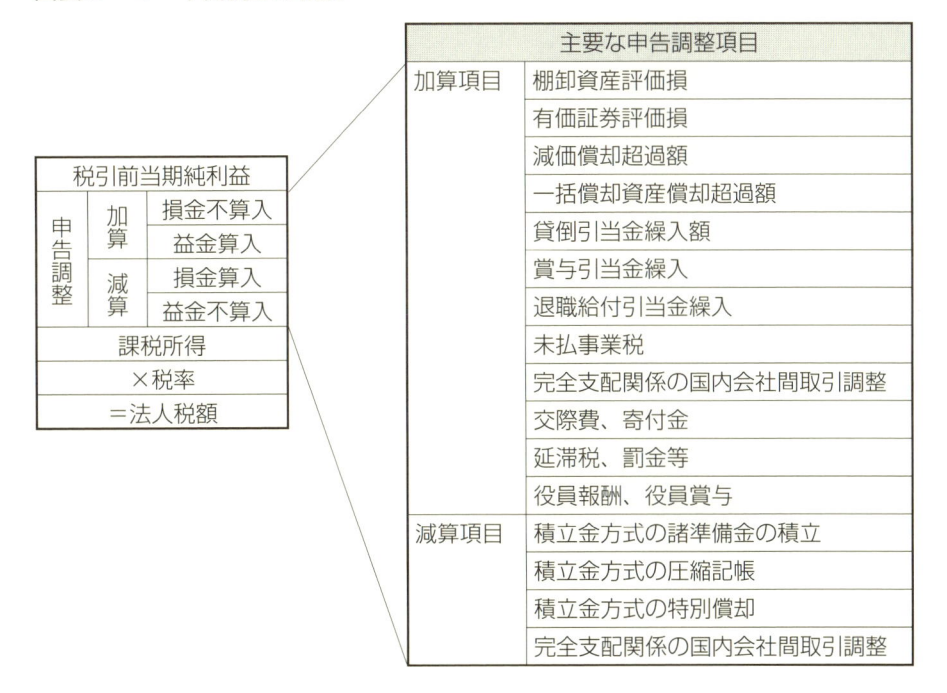

申告調整		
税引前当期純利益		
加算	損金不算入	
	益金算入	
減算	損金算入	
	益金不算入	
課税所得		
×税率		
＝法人税額		

主要な申告調整項目	
加算項目	棚卸資産評価損
	有価証券評価損
	減価償却超過額
	一括償却資産償却超過額
	貸倒引当金繰入額
	賞与引当金繰入
	退職給付引当金繰入
	未払事業税
	完全支配関係の国内会社間取引調整
	交際費、寄付金
	延滞税、罰金等
	役員報酬、役員賞与
減算項目	積立金方式の諸準備金の積立
	積立金方式の圧縮記帳
	積立金方式の特別償却
	完全支配関係の国内会社間取引調整

４ 繰延法と資産負債法

　税効果会計には、「繰延法」と「資産負債法」という２つの考え方がある。「繰延法」においては、財務会計上の税引前当期純利益と課税所得の相違に着目し、税引前利益と税金費用の対応関係を重視する。「資産負債法」では財務会計と税務の資産または負債金額の相違に着目し、資産および負債概念との整合性を重視する。それぞれの概要は、**図表９－３**のとおりである。

図表9-3　繰延法および資産負債法の対比

	繰延法	資産負債法
視点	収益費用の認識時期のズレに対して税効果を認識する⇒財務会計上の利益と税金費用の対応を重視	財務会計と税務上の資産および負債のズレに対して税効果を認識する⇒資産・負債概念との整合性を重視
差異の種類	【期間差異】当期に生じた不一致が将来の会計期間に解消されると予想される差異 【永久差異】当期に生じた不一致が、永久に解消されない差異	【一時差異】資産または負債の帳簿価額と税務上の評価額との差額 【永久差異】永久差異という概念はない
税効果	期間差異に係る税金（軽減額または負担額）を差異が解消する期まで繰延税金資産または負債として繰り延べる。	一時差異の解消時点で将来の税金の増減額効果がある場合、将来の当該差異の解消による税金の増減額相当額を繰延税金資産または負債として計上する。
適用税率	期間差異の発生年度の税率	一時差異の解消年度の予想税率
税率改定時	再計算しない	再計算する
損益計算書を経由しない評価差額	対象外	対象

5 資産負債法を採用した背景

　繰延法に基づくと資産の要件を満たさない繰延税金資産が計上されること、および繰延法における期間差異の概念では対応できない税効果項目に対応する必要があることから、IAS第12号は資産負債法を採用している。

図表９－４　繰延法の課題と資産負債法による対応

問題点	繰延法	資産負債法
繰延法によって計上される繰延税金資産の資産性に対する疑義	税率の改定時に再計算、および会計期末日毎に回収可能性を検討しないため、資産の要件を満たさない繰延税金資産が計上される。	税率の改定時に再計算する。繰延税金資産の回収可能性を毎期検討する。
期間差異の概念で対応できない税効果の存在	例えば、企業結合時の公正価値測定評価差額は税効果を認識すべきであるが、当該評価差額は損益を経由せず純資産に計上され期間差異に該当しないため、税効果を認識できない。	公正価値測定による評価差額は、財務会計上の資産および負債の帳簿価額と税務上の評価額の差が生じている一時差異として税効果会計の対象とする。

6 繰延税金の資産および負債性

　資産負債法は、繰延税金の資産性および負債性を明確にした法人税等の会計処理を重視する。資産負債法における繰延税金資産および負債の定義およびそれぞれの資産および負債性の考え方は、図表９－５に示すとおりである。

図表９－５　繰延税金資産（および負債）の定義および資産性（および負債性）

	定　義	資産および負債性
繰延税金資産	将来年度に対する税金の前払いまたは過去の税金の還付未収額	将来年度の課税所得計算上に損金算入され納税額の減少という経済的便益をもたらすため、それが実現すれば資産の要件を満たす。
繰延税金負債	将来年度に支払うべき税金負債	将来加算一時差異が解消する時に課税所得をもたらし、法人税等費用という形で経済的便益が企業から流出するため、負債の定義を満たす。

2 範囲

1 目的

IAS第12号は、税効果を将来に対する課税繰延分を税効果とする狭義の意味ではなく、特定の取引および事象に起因する法人税等の影響額を当期分および将来年度分に反映するという広義の意味で使用している。当期に支払うまたは還付すべき税額を当期税金という。当期の取引や事象に起因して将来課税されて支払われるかまたは還付されるべき税金を繰延税金資産または負債という（IAS12.5）。

図表9−6　当期および将来の税効果

税効果	内容	勘定科目
当期分の税効果	当期要納付額について当期税金負債を認識	未払法人税
	当期還付申請額について当期税金資産を認識	未収法人税
将来年度分の税効果	将来年度に納税が予想される場合、繰延税金負債を認識	繰延税金負債
	将来年度に税金の減額が予想される場合、繰延税金資産を認識	繰延税金資産

2 税効果会計の処理フロー

税効果会計の会計処理は、図表9-7に示す手順で実施する。

図表9-7　税効果の会計処理フロー

Step1	Step2	Step3	Step4	Step5
税務基準額の把握	一時差異の把握（繰越欠損金と繰越税額控除を含む）	繰延税金資産および負債を生じさせる一時差異の識別	繰延税金額の計算	繰延税金額の増減の計算

3 対象となる法人所得税の範囲

　すべての法人所得税に対して税効果会計を適用する。ただし、企業結合時における法人所得税の会計処理は、IFRS第3号を適用する。法人所得税とは、課税所得を課税標準として課される国内および海外のすべての税金であり、子会社、関連会社および共同支配の取決めが親会社に利益分配をする際に納付する源泉税等を含む（IAS12.2）。課税所得とは、総額ではなく純額の概念であり、名目利益に基づく税額（輸送トン数、容積トン数などの生産基準による税金）は実際の収益および費用に基づくものではないため、課税所得には該当しない。企業または国によっては、様々な構成要素の税金が課されることがあるが、IAS第12号における法人所得税の定義を満たすかどうかについて、個別の判断が必要になる。日本国内企業の税効果の対象となる税目は、以下のとおりである。

図表9−8　日本における主な税金と税効果会計

税　目		税効果の対象
法人税		○
住民税	法人税割	○
	均等割	×
事業税	所得割	○
	付加価値割	×
	資本割	×
事業所税		×
消費税		×
不動産取得税		×
固定資産税		×
過少申告加算税、延滞税		×

4 不確実な税務ポジション

　不確実な税務ポジションとは、税務当局による調査が進行中である場合、または税務当局との交渉により未払税金について正確な金額を決定ができない（例えば、ある費用項目について税務当局が容認するか否かが不確定である）場合を指す米国基準での概念である。IAS第12号では、不確実な税務ポジションに該当する未払税金の測定方法の明確なガイダンスを設けていないため、IAS第37号を類推適用した会計処理が考えられる。この場合、更正等を受ける可能性が高い項目について引当金を設定する。

3 Step1：税務基準額

① 税務基準額

　税務基準額とは、課税所得計算の際に資産および負債にそれぞれ付された課税所得計算上の資産および負債の金額をいう（IAS12.5）。税務基準額と会計計上額の例示は、以下のとおりである。

図表9-9　税務基準額の例示

例　示	税務基準額	会計計上額
・会計上機械の帳簿価額を100計上 ・税務上減価償却30をすでに損金経理済み	70	100
・会計上未収受取利息を100計上 ・税務上は現金主義で課税	0	100
・会計上営業債権を100計上 ・税務上は対応する収益が課税所得に含まれる	100	100
・会計上貸付金を100計上 ・貸付金の回収は税務上なんら影響がない	100	100
・会計上未払費用を100計上 ・税務上は現金主義で損金算入	0	100
・会計上未払費用を100計上 ・税務上も損金算入	100	100
・会計上未払罰金を100計上 ・税務上損金不算入	0	100
・会計上借入金を100計上 ・借入金の返済は税務上なんら影響がない	100	100
・会計上研究費を100計上 ・税務上、翌期に損金算入	100	0

2 連結財務諸表の場合

　連結財務諸表における税効果会計では、個別財務諸表で税効果会計を適用していることを前提に、個別財務諸表上の帳簿価額を税務基準額とみなし連結財務諸表上の帳簿価額との比較により差額が生じた場合を連結固有の一時差異として税効果の要否を検討する（IAS12.11）。

図表9－10　連結財務諸表における税効果会計

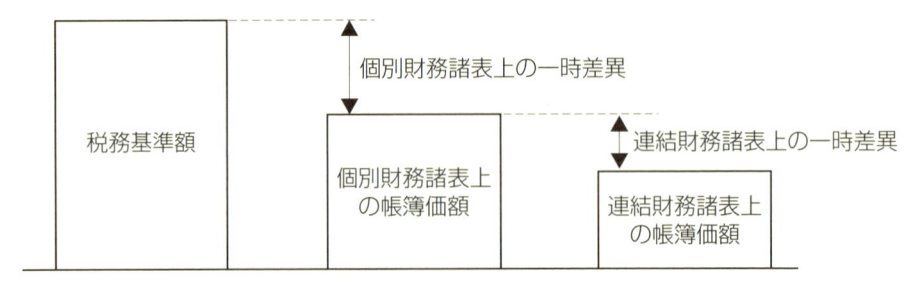

3 持分法の場合

　持分法を適用する関連会社または共同支配企業への投資に係る税効果は、子会社への投資に係る場合と同じ税効果の考え方に基づき会計処理する。

4　Step2：一時差異の把握

1　一時差異

　一時差異とは、財政状態計算書に計上した資産または負債の帳簿価額と税務基準額との差額をいう。一時差異は、図表9－11に示すように一時差異が解消する時にその期の課税所得を増額する効果を持つ将来加算一時差異と、一時差異が解消する時にその期の課税所得を減額する効果を持つ将来減算一時差異とに分類する（IAS12.5）。

図表9－11　一時差異の種類

	将来加算一時差異	将来減算一時差異
定義	将来の課税所得を生じさせる差異	将来の課税所得の減少させる差異
	将来年度に益金算入（加算）による納税額が生じるため繰延税金負債をもたらす一時差異（IAS12.5）	将来に損金算入となり、税額を減少させる可能性があるため、繰延税金資産をもたらす一時差異（IAS12.5）
繰延税金	繰延税金負債	繰延税金資産
	一時差異が解消する期間に課税所得を増額させる効果があり、その期間に支払うべき法人税等の額がその分だけ増額される。したがって、将来の税金費用の増額効果があることから法人税等の未払額に相当するため繰延税金負債として負債計上する。	一時差異が解消する期間に課税所得を減額する効果があり、その期間に支払うべき法人税等の額がその分減額される。したがって、将来の税金費用の減額効果があることから法人税等の前払額に相当し繰延税金資産として資産計上する。

2　繰越欠損金と繰越税額控除

　将来の課税所得と相殺することが可能な繰越欠損金は、その繰り越される

将来の期間の法人税等の支払額を減少させる効果を持つ。このため、繰越欠損金は財務会計上と税務上のどちらも資産として計上されないため一時差異に該当しないが、一時差異と同様に税効果会計の対象となる。また、繰越税額控除についても、翌期以降の繰越可能期間に生じる外国税額控除余裕額を限度として税額控除が認められるため、繰越欠損金と同様に将来の課税所得を減額する効果を持つため税効果会計の対象となる（IAS12.34）。

3 永久差異

財務会計上の利益および将来の課税所得のどちらにも影響を与えない取引から発生する資産または負債の当初認識により生じた一時差異について、繰延税金資産および負債を認識しない。IAS第12号では、課税所得の計算において加算および減算されることのない差異である永久差異と同等の項目に対する定義を行っていないが、永久差異と実質的に同等の項目の取扱いについて繰延税金の認識を認めていない（IAS12.22）。

図表９－12　財務会計と税務の間の差異の概要

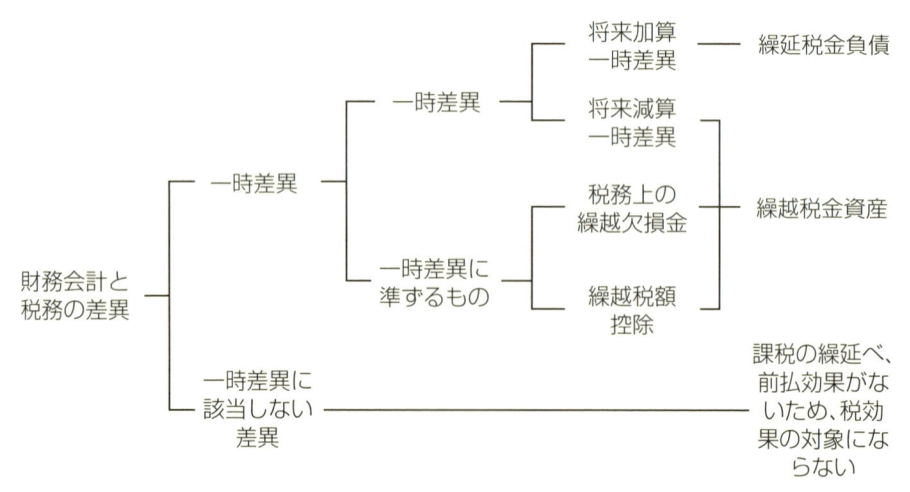

```
                           ┌─ 将来加算一時差異 ── 繰延税金負債
              ┌─ 一時差異 ─┤
              │           └─ 将来減算一時差異 ┐
財務会計と    │                               ├─ 繰越税金資産
税務の差異 ──┤           ┌─ 税務上の繰越欠損金 ┤
              │           │                   │
              ├─ 一時差異に準ずるもの ─┤         │
              │           └─ 繰越税額控除 ────┘
              │
              └─ 一時差異に該当しない差異 ──── 課税の繰延べ、前払効果がないため、税効果の対象にならない
```

4 企業結合および連結決算固有の一時差異

　子会社、関連会社および共同支配の取決めにおける持分等の連結上の帳簿価額（＝子会社の純資産のうち親会社持分帰属額）が個別財務諸表上の帳簿価額（＝税務基準額）と異なる場合、連結固有の一時差異が発生する。図表9－13に示すように、親会社が子会社に対する支配を獲得した時点では、図表9－15に示す支配獲得時の一時差異を除き、親会社の個別財務諸表上の帳簿価額と連結上の帳簿価額は一致するが、その後の子会社における損益の計上、その他の包括利益の計上および累積為替差額の計上等の理由により、両者に差異が生じる。この差異は、連結固有の一時差異となる。

　企業結合により会計上でのれんを認識したものの、税務上、のれんの減損などに関して損金算入が認められない場合には、将来加算一時差異が生じるが、のれんの当初認識から生じる将来加算一時差異について、繰延税金負債を認識することを認めていない。これは、残余概念であるのれんに対して繰延税金負債を認識すると、のれんの帳簿価額と繰延税金負債が循環的に増加していき、のれんの金額を確定できないためである（IAS12.21）。

図表9－13　連結固有の一時差異の概要

（借方）	（貸方）
資産	負債
	資本金
	取得時剰余金
	取得時評価差額(税効果後)
のれん	
資産	取得後剰余金増減
	取得後評価差額増減
	累積為替差額増減

支配獲得時は、連結簿価と個別財務諸表の帳簿価格は一致
↓
一時差異は生じていない

支配獲得後の、剰余金などの増減は連結簿価に含まれるが、個別財務諸表の帳簿価額に含まれない
↓
連結固有の一時差異

個別財務諸表上の帳簿価格

子会社投資に係る一時差異の発生要因、解消事由および税効果の認識要件は、図表9-14に示すとおりである。

図表9-14　子会社投資に係る一時差異の発生要因、解消事由

一時差異発生原因		持分	一時差異の種類	解消事由		
				投資売却	投資評価減	配当金受領
取得後剰余金増減	留保利益	増加	将来加算一時差異	○		○
	損失計上	減少	将来減算一時差異	○	○	
取得後評価差額増減	評価益	増加	将来加算一時差異	○		
	評価損	減少	将来減算一時差異	○	○	
累積為替差額	貸方計上	増加	将来加算一時差異	○		
	借方計上	減少	将来減算一時差異	○	○	
段階取得評価差額	個別＜連結	─	将来減算一時差異	○	○	
	個別＞連結	─	将来加算一時差異	○		

連結財務諸表における税効果は、個別財務諸表の場合と異なり税務申告書の別表5等から拾うことはできない。連結修正に係る一時差異を認識するため、連結財務諸表を作成する過程（連結修正手続の中）で連結固有の一時差異を把握し、繰延税金資産および繰延税金負債を計上する。

一般的な連結固有の一時差異が生じる可能性がある連結修正手続の例示は、図表9-15に示すとおりである。

■ 4 Step2：一時差異の把握

図表9－15　連結決算に固有な一時差異の例示

支配獲得時の一時差異
• 被取得企業の個別財務諸表上の未認識項目を新たに認識した資産または負債 • 被取得企業の資産および負債等の公正価値評価差額 • 被取得企業が認識していない税務残高（当初認識の例外規定による） • 個別企業では回収可能性の要件を満たさない項目が企業集団レベルにおいては回収可能性の要件を満たすことになる新たな繰延税金資産
支配獲得後の一時差異
• 会計方針の統一を連結手続上で行った場合の修正額 • 連結会社間の取引から生じる未実現利益消去額 • 連結会社間の債権債務の相殺消去に伴う貸倒引当金の減額修正額 • 連結利益剰余金に含まれる、子会社および関連会社等の利益剰余金額 • 段階取得時の既存保有株式の公正価値評価差額 • 在外営業活動体の財務諸表の換算において生じる為替換算差額 • 在外営業活動体の税務上の課税所得を外貨建通貨（機能通貨以外）で計算する場合の非貨幣性資産および負債 • 持分法を適用する有価証券の連結上の帳簿価額

5 Step3：繰延税金資産および負債の認識

1 繰延税金資産および負債の認識要件

Step3ではStep2で識別された一時差異について、図表9－16に示す要件を満たすかどうかを検討し、満たした一時差異について繰延税金資産および負債をそれぞれ認識する。

図表9－16　一時差異の定義および認識要件

	将来加算一時差異	将来減算一時差異
<一般的認識要件>		
原則	すべての繰延税金負債を認識する[*4]（IAS12.15）	将来減算一時差異を使用できる課税所得が生じる可能性が高い[*2]範囲内で、繰延税金資産を認識する（IAS12.24）。
例外	以下に該当する取引における資産または負債の当初認識から生じる繰延税金負債は認識しない（IAS12.15）。 ・のれんの当初認識、または、 ・企業結合ではなく、取引時に財務会計上および税務上損益（＝課税所得または欠損金）とはならない取引[*1]	以下に該当する取引における資産または負債の当初認識から生じる繰延税金資産は認識しない（IAS12.24）。 ・企業結合ではなく、かつ、 ・取引時に財務会計上および税務上損益（＝課税所得または欠損金）とはならない取引[*1]
回収可能性の検討	－	各期末に繰延税金資産の計上額の回収可能性を検討する。
<子会社、関連会社および共同支配の取決めにおける持分に対する税効果認識>		
認識要件	以下の両方の要件を満たす場合を除き、繰延税金負債を計上する[*3]（IAS12.39）。 ・一時差異を解消する時期をコントロールできる ・予測可能な期間内に一時差異が解消しない可能性が高い	以下の両方の要件を満たす場合、繰延税金資産を計上する（IAS12.44）。 ・予測可能な将来に解消事由が発生することが確実である ・十分な課税所得が存在する

*1 「企業結合ではなく、取引時に財務会計上および税務上損益とはならない取引における資産または負債の当初認識」に関してIAS第12号で参照している例示は、償却費および処分損益が税務上損金にも益金にもならない固定資産の取得（IAS12.23）、および資産に関連した非課税の政府補助金（IAS12.33）となっており、繰延法における永久差異に該当するものである。
*2 IAS第12号は、「可能性が高い」について、具体的なガイドラインを明示していない。IAS第37号「引当金」第23項では、「可能性が高い（probable）」は米国基準の「more likely than not（50％を超える蓋然性）」と同義であるとしている。IAS第37号第23項の注1は、この定義が他のIFRSでも適用されるとは限らないとしているが、繰延税金資産については同義と考える。
*3 例えば、親会社が予測可能な期間内に子会社の利益を配当しないと決定した場合、上記いずれの要件も満たすことになり、親会社は繰延税金負債を認識しない。上記の規定は絶対的な要件ではなく、子会社の一部の未分配利益が近い将来送金される可能性が高い場合、繰延税金負債を認識する。予測可能な期間とは、期末日から少なくとも12ヶ月間というIAS第1号第24項での継続企業に関しての定義を類推適用する。
*4 事業の休止等により、会社が清算するまでに明らかに将来加算一時差異を上回る損失が発生し、課税所得が生じないことが合理的に見込まれる場合について、繰延税金負債を認識しないという繰延税金負債計上に関する例外規定が設けられていない。

2 繰延税金資産の回収可能性の検討

　将来減算一時差異は、将来損金算入となり税額を軽減させる効果、すなわち回収可能性があることを根拠に繰延税金資産を認識する。この繰延税金資産の回収可能性の検討は利用可能な将来の課税所得が見込まれるかどうかの検討を通じて行う。同一の税務当局、かつ、同一の納税主体毎に、個別財務諸表において認識された繰延税金資産（外国税額控除を除く）と連結手続で生じた将来減算一時差異に係る税効果（繰延税金資産）の合計額で繰延税金資産の回収可能性を検討する。

(1) 回収可能性の評価（利用可能な将来の課税所得）

　繰延税金資産を将来の期に回収するのに十分な将来の課税所得がある可能性があるかどうかについて、図表9－17に示す要件に従い判断する。

figure 9-17 将来の課税所得がある可能性の判断要素

要　件	内　容
十分な繰延税金負債（将来加算一時差異）の存在（IAS12.28）	同一の税務当局、かつ、同一の納税企業体内において、十分な繰延税金負債（将来加算一時差異）があり、以下のいずれかの期にそれが解消すると見込まれる場合。 • 繰延税金資産が解消すると予測される期と同一の期 • 繰延税金資産の解消により生じる税務上の欠損金が繰戻しまたは繰越しが可能な期
十分な課税所得（IAS12.29（a））	同一の税務当局、かつ、同一の納税企業体内において、以下のいずれかの期に十分な課税所得（繰延べ税金負債以外の源泉）が見込まれる場合。 • 繰延税金資産が解消すると予測される期と同じ期 • 税務上の欠損（繰延税金資産の解消により発生）が繰戻しまたは繰越しが行われ得る期 将来、課税所得が発生するかどうかは、将来の収益力すなわち事業活動によって将来利益を計上する力に依存する。
実行可能なタックス・プランニング（IAS12.29（b））	適切な期に課税所得を生じさせるタックス・プランニングの機会が活用可能なこと＊。

＊タックス・プランニングの実行とは、企業が税務上の欠損金または税額控除の繰越期限到来前に、特定の期間に課税所得を創出または増加させる行動をいう（IAS12.30）。

(2) 税務上の繰越欠損金

繰越欠損金の存在は、将来課税所得が稼得されないことの強い根拠となるため、繰延税金資産の回収可能性について十分に検証する（IAS 12.36）。

- 繰越期限内に使用対象となる課税所得をもたらすのに十分な将来加算一時差異があるか。
- 繰越期限内に十分な課税所得が稼得される根拠があるか。
- 再発が見込まれない特定の原因によって発生した繰越欠損金であるか。
- 繰越期限内に課税所得を生じさせるようなタックス・プランニングが実行可能か。

(3) 回収可能性の再評価

各報告日現在で、繰延税金資産の回収可能性を再評価する。その結果、将来の課税所得が繰延税金資産の回収を可能にする可能性が高くなった場合、その範囲内で過去に未認識の繰延税金資産を認識する。逆に、回収可能性が低くなった場合、過去に認識した繰延税金資産を、その範囲内で戻し入れる（IAS12.37.56）。

3 解消する時期のコントロール

子会社、関連会社および共同支配の取決めの持分に係る将来加算一時差異について繰延税金負債を認識する際には、その一時差異を解消する時期を親会社がコントロール可能であるかどうかが問題となる。子会社、関連会社および共同支配の取決めにおける未分配利益に係る一時差異を解消する時期のコントロールの有無については、図表9-18に示すように考える。

図表9-18　子会社および関連会社に対する繰延税金負債の考え方

	繰延税金負債の考え方	未分配利益の税効果[1]
子会社	子会社は、親会社による支配を伴うため投資に係る一時差異の解消をコントロールできる。	未分配利益の配当を行わないことが明確であれば、繰延税金負債を認識しない。
関連会社	関連会社との関係に支配が存在していないため、一時差異の解消をコントロールできない。	繰延税金負債を認識する[2]。
共同支配の取決めにおける持分	一般原則に従う。	

[1] 受取配当金の受領を想定する場合、税務上益金不算入となる部分について繰延税金は認識しない。例えば、日本の税法では、海外子会社からの配当金のうち95％が非課税のため、繰延税金負債の対象は未分配利益の5％部分となる。
[2] ただし、予見可能な将来に利益が分配されないという明確な証拠がある場合を除く。

6 Step4：繰延税金資産および負債の測定

1 繰延税金資産および負債の計算

繰延税金資産および負債は、税務当局に支払う（または還付される）と予想される金額で測定する。具体的には、以下の算定式により計算する。

　繰延税金資産 ＝ 将来減算一時差異 × 法定実効税率
　繰延税金負債 ＝ 将来加算一時差異 × 法定実効税率

2 法定実効税率

納税主体毎に、一時差異が解消される期に適用が予想される税率を適用し繰延税金資産および負債を計算する（IAS12.47.48）。この税率は、報告期間末日において税務当局により施行されているかまたは実質的に制定されている法定税率をいう。例えば、報告期間末日に国会において決議済であるがいまだ公布されていない改正法人税が、実質的に制定されている法定税率に該当する。法定実効税率は、繰越外国税額控除に係る繰延税金資産を除いて、以下のように事業税の損金算入の影響を考慮して算定する。

$$法定実効税率 = \frac{法人税率 \times (1 + 地方法人税率 + 住民税率) + 事業税率^*}{1 + 事業税率^*}$$

＊事業税率には、地方法人特別税が含まれる。

平成26年度地方税制改正により地方法人税が創設された。上記法定実効税率の算出式は、平成26年10月1日以降開始する事業年度から適用される。

3 実効税率の改定

税率の改定があった場合、過年度に計上済みの繰延税金資産および負債を新しい実効税率に基づき再計算し、その差額は純損益として認識する。ただし、その他の包括利益に関連して認識している繰延税金資産および負債の場合は、その差額はその他の包括利益として認識する。

4 割引計算

一時差異の解消時点に関する正確な予測、見積りおよび割引計算が実務上困難であること、および企業間の比較可能性を担保するため繰延税金資産および負債の測定には割引計算を適用しない（IAS12.53,54）。

5 未実現利益の消去

連結会社間の棚卸資産、固定資産および有価証券等の売買取引によって生じた未実現利益は連結上消去し、当該未実現利益を含んだ資産から控除する。連結上消去される未実現利益の計上および税金の支払が生じているのは販売側企業である。しかし、当該一時差異を有している資産を有しているのは購買側企業であることから、未実現利益の税効果がどちらの企業に存在するのかが問題となる。

IFRSは資産負債法に基づいた税効果を首尾一貫して適用することから、未実現利益を含んだ資産を計上している購買会社の税率を適用する。未実現利益の消去に伴い生じる繰延税金資産についても、販売会社で実際に税金が発生したかどうかではなく、購買会社で課税所得が発生する可能性が高いかどうかによって繰延税金資産を計上する要否を判断する。

図表9-19　未実現利益の税効果

会社	状況	税効果の帰属
購買側会社	将来の課税関係が残っている商品を計上	○
販売側会社	課税関係が終了した未実現利益を計上	－

7 Step5：繰延税金残高の増減

1 原則

繰延税金資産および負債の計上額は、以下の事由により増減する。
- 一時差異額自体の変動
- 認識済および未認識繰延税金資産の回収可能性の見直し
- 税率または税法の改正

繰延税金の増減による影響の会計処理は、税効果を生じさせた取引または事象それ自体の会計処理と首尾一貫した取扱いが原則となる。具体的には、増減を発生原因となる取引等の区分に応じて、図表9−20に示すように会計処理する（IAS12.37,57,58,60）。

図表9−20　繰延税金残高の増減の計上項目

種　別	計上科目	例　示
純損益に認識される取引または事象（IAS12.58）	当期の純損益	−
その他の包括利益に認識される取引または事象（IAS12.62）	その他の包括利益	・その他の包括利益を通じて公正価値測定する金融商品の評価替えや売却取引 ・在外営業活動体の財務諸表の換算から生じる累計為替差額（IAS第21号）
資本剰余金または利益剰余金の各項目に計上される取引または事象（IAS12.62A）	資本剰余金または利益剰余金	・会計方針の変更時等における遡及的修正処理に伴う期首剰余金の修正金額（IAS第8号）
企業結合から生じた当期の税金（IAS12.58(b)）	のれんの金額で調整	−

設例1

子会社の留保利益に係る税効果

前提条件

親会社P社は100%所有の国内子会社S1社と海外子会社S2社を有している。S1社およびS2社はそれぞれ留保利益1,000を計上している。S2社の配当に係る源泉税は20%である。P社の実効税率は50%である。

配当金に係る課税関係について、国内子会社からの配当金について全額益金不算入、外国法人からの配当金について95%相当額が益金不算入、配当に係る源泉税等について損金不算入となる。

問題1

留保利益を配当によって還流させる予定である国内子会社S1社の留保利益に係る税効果仕訳を示しなさい。

問題2

海外子会社S2社の留保利益を配当せず事業成長のために再投資する計画がある場合の、海外子会社S2社の留保利益に係る税効果仕訳を示しなさい。

問題3

海外子会社S2社の留保利益を配当によって還流させる予定がない場合の、海外子会社S2社の留保利益に係る税効果仕訳を示しなさい。

解答

【問題1】

国内子会社S1社の留保利益に係る税効果
仕訳なし

S1社は国内子会社であり、配当によって還流させる予定であるが、受取配当金の全額益金不算入により配当時に追加的な課税関係が生じないため、留保利益に係る税効果を認識しない。

【問題2】

海外子会社S2社の留保利益に係る税効果

| （借）法人税等調整額 | 220* | （貸）繰延税金負債 | 220 |

*220＝1,000×（1−95%）×40%＋1,000×20%

将来の配当受領時にP社において課税される税金の見積額と、S2社で配当時に課される外国所得税等の合計額が繰延税金負債の対象となる。P社に対する配当受領時の追加見積税金は、配当のうち税務上益金不算入として取り扱われない5％にP社の実効税率を乗じた金額となる。

【問題3】

配当せず再投資する場合の海外子会社S2社の留保利益に係る税効果
仕訳なし

P社は、一時差異の解消時期をコントロールでき、かつ、当該一時差異が予見可能な将来に解消することが予想されないため、留保利益に係る税効果を認識しない。

設例2
累積為替差額に係る税効果

前提条件
　親会社P社は100%所有の海外子会社S1社を有している。S1社の円換算時の累積為替差額について貸方500が計上されている。S1社の持分の10%の売却意思が明確となっている。ただし、売却後も支配を喪失することがない。P社の実効税率は40%とする。

問題
　累積為替差額に係る税効果仕訳を示しなさい。

解答

(借) 法人税等調整額	20*	(貸) 繰延税金負債	20

＊20＝一時差異　500×10%×親会社の実効税率40%

　売却の意思が明確な10%に係る税効果を認識する。

■第9章　法人所得税

設例3

関連会社の留保利益に係る税効果

前提条件

親会社P社は持分法を適用している関連会社A社を有している。A社に対する持分比率は30％である。A社の円換算後の留保利益は1,250であり、P社の実効税率は40％である。P社は、A社への投資は売却により回収する予定である。

問題

当期末の留保利益に係る税効果仕訳を示しなさい。

解答

当期末の留保利益に係る税効果に係る仕訳は以下のとおりである。

| （借）法人税等調整額 | 150 | （貸）繰延税金負債 | 150* |

*150＝1,250×30％×40％

第10章
外貨換算

- 親会社を含め連結グループ全社は「機能通貨」により記帳することが求められる。機能通貨とは、各活動体が営業活動を行う主たる経済環境の通貨であり、所在国の通貨とは限らない。
- 機能通貨以外の通貨による取引を外貨建取引という。外貨建取引は取引日レートで機能通貨に換算して当初認識する。
- 決算日には、外貨建貨幣性資産および負債は決算日レートを用いて換算する。非貨幣性項目は、その取得原価または公正価値が決定された日の為替レートを用いて換算する。
- 財務諸表の表示通貨が機能通貨と異なる場合、資産および負債は決算日レート、収益および費用は取引日レートで換算する。期中平均レートが取引日レートの合理的な近似値となる場合は、期中平均レートを用いることも認められる。その表示通貨への換算時の換算差額はすべて累積為替差額としてその他の包括利益に計上する。

1 概要

　IAS第21号は、主に機能通貨の定義、外貨建取引および残高の会計処理および在外営業活動体の財務諸表の換算について規定している。在外営業活動体とは、その活動が、報告企業と異なる国または通貨に基盤を置いているかまたは報告企業（親会社）と異なる国または通貨で行われている、子会社、関連会社、共同支配の取決めまたは支店をいう（IAS21.8）。

　取引および事象や財務諸表項目にどのような為替相場レートを適用し換算するのか、為替相場レートの変動の影響をどのように会計処理するかが主な論点になる。為替デリバティブ、外貨建項目のヘッジ取引はIAS第39号、キャッシュ・フローの換算はIAS第7号をそれぞれ適用する。

図表10−1　外国為替の影響に係る会計処理の概要

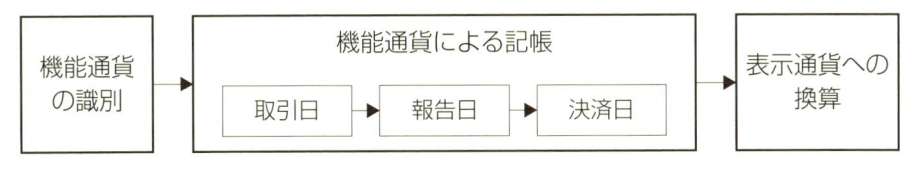

| 機能通貨の識別 | → | 機能通貨による記帳（取引日 → 報告日 → 決済日） | → | 表示通貨への換算 |

2 機能通貨の決定

1 機能通貨による記帳

　所在国の現地通貨により記帳された会計帳簿により財務諸表を作成するのではなく、自らが営業活動を行う主たる経済環境の通貨である機能通貨により記帳された会計帳簿に基づいて財務諸表を作成することが求められる。このため、財務諸表を作成する際に、親会社をはじめとするすべての在外営業活動体の個々の事業単位（会社・支店など）で、どの通貨が機能通貨であるかを決定する必要がある。

　機能通貨以外の通貨で記帳を行っている場合、財務諸表を作成する時点で、すべての金額を機能通貨に換算し、当初から機能通貨で記帳されていたであろう金額と同じ金額にすることが求められる（IAS21.34）。このため、機能通貨以外の通貨で記帳を行う場合、各取引を機能通貨へ換算するために取引日および取引日の為替レートを管理する必要がある。

2 機能通貨

　機能通貨とは、企業が営業活動を行う主たる経済環境の通貨であり、営業活動を行う主たる経済環境とは、企業が現金を生み出し、現金を消費する環境をいう（IAS21.20）。

　所在国の通貨ではない通貨建て取引の割合が高い企業においては、必ずしも所在国の通貨が機能通貨とはならない可能性がある。例えば、以下の場合が考えられる。

- 所在国通貨が超インフレ経済下の通貨である等、当該所在国通貨がほとんど流通していない。
- タックス・ヘイブン（租税回避地）等に設立されている事業体で、所在

国通貨以外で事業活動を行っている。
- グループ企業の資金調達・運用管理をする金融子会社。

3 判定指標

　所在国通貨での取引がほとんど行われていない等の理由により、所在国通貨が企業の基礎的取引・事象および状況を忠実に表していない場合、以下の事項について総合的に検討し機能通貨を決定する（IAS21.9,10,12）。
　まず、以下を検討する。
- 販売価額の表示通貨および決済通貨
- 営業費用（労務費、材料費およびその他原価等）の決済通貨
　上記の検討で、機能通貨が明確にならない場合、次に以下を検討する。
- 資金調達時の調達通貨
- 運転資金の運用通貨

　親会社の営業活動の延長線上の事業を行っている親会社と不可分の在外営業活動体は、親会社と異なった経済環境で事業を行っているということは矛盾するため、その活動体の機能通貨は親会社と同じものと考えられる（IAS21.BC6）。在外営業活動体の機能通貨が親会社と同じかどうかを判断する際には、以下の事項を考慮する（IAS21.11）。
- 在外営業活動体の親会社に対する自立性の程度
- 在外営業活動体の活動に占める親会社との取引の割合
- 親会社のキャッシュ・フローへの影響の程度
- 親会社からの在外営業活動体の財務的独立性の程度

　上記の指標が絡み合うため機能通貨が明らかにならない場合には、経営者の判断により、基本な取引、事象および状況の経済効果を最も忠実に表す機能通貨を決定する（IAS21.12）。

4 機能通貨の継続適用および変更

　決定した機能通貨は、基本的な取引、事象および状況に変更がない限り継続適用する。機能通貨を変更する場合は、その影響を将来に向って会計処理する。具体的には、決算日レートにより、財政状態計算書のすべての項目を新しい機能通貨へ換算し（ただし、変更日以前の包括利益計算書項目に係る機能通貨は変更しない）、その後、新しい機能通貨により会計処理する（IAS21.35）。

3 外貨建取引の機能通貨への換算

外貨建取引とは、機能通貨以外の通貨である外貨で表示されているか、または外貨での決済を必要とする取引をいう (IAS21.20)。

1 貨幣性項目および非貨幣性項目

資産および負債は、貨幣性項目および非貨幣性項目に分類できる。それらは当初認識後に、為替レート変動の影響を受けるかどうかという点で異なった特徴を持つ。それぞれの特徴および勘定科目の例示は、図表10-2に示すとおりである。

図表10-2　貨幣性項目と非貨幣性項目

区　分	特　徴	例　示
貨幣性項目	固定または決定可能な通貨単位を受け取る権利（または引き渡す義務）を有するもの ＝将来決済がある 受領（または引渡）すべき公正価値が固定または決定可能な数量の通貨単位と等しくなるようにその数量が変動する (IAS21.16)	・売掛金、買掛金 ・社債 ・税効果 ・現金で支払われる年金または従業員給付 ・現金で決済される引当金、負債として認識された現金配当 ・企業の自己の持分金融商品 ・その金額が変動する資産を受領する（または引き渡す）契約（売却可能金融資産、満期保有金融資産として保有される外貨建債券等） ・有給休暇引当金
非貨幣性項目	固定または決定可能な数量の通貨単位を受け取る権利（または引き渡す義務）が存在しないもの ＝将来決済を伴わない (IAS21.16)	・財貨および役務の前払い（前払リース料等） ・のれんおよび無形資産（特許権、商標権、ライセンス等） ・繰延収益 ・棚卸資産 ・有形固定資産 ・非貨幣性資産の引渡しにより決済される引当金

2 取引発生時（当初認識）

　貨幣性および非貨幣性項目の外貨建取引の当初認識は、外貨金額に取引日の直物為替レートを適用して機能通貨へ換算する。取引日とは、取引および事象が最初に認識要件を満たす日をいう。ただし、実務上の理由から、直物為替レートの近似値（1週間または1ヶ月の平均レート）の適用が認められる（IAS21.21,22）。ただし、為替レートが著しく変動している場合には、直物為替レートの近似値の適用は認められない。

図表10-3　取引発生時（当初認識）に適用する為替レート

方　法		適用する為替レート
原則法	取引日レート	取引日の直物為替レート
簡便法	平均（近似値）レート	取引日の直物為替レートに近似する為替レート

3 報告日（当初認識後）

　報告日において外貨建項目の換算に用いる為替レートおよび換算差額の取扱いは、図表10-4に示すとおり貨幣性または非貨幣性項目およびそれらに適用する評価方法（取得原価または公正価値による評価のどちらか）によって異なる（IAS21.23,30）。将来において外貨決済が伴うため為替レート変動の影響を受ける貨幣性項目は、決算日レートを適用し、決済を伴わないため為替レート変動の影響を受けない非貨幣性項目は、取引日レートを適用し換算する。ただし、非貨幣性項目であっても、IAS第2号に従い低価法により評価される棚卸資産や、IAS第36号の減損を考慮する有形固定資産等については、取引日の直物為替レートを適用して換算された金額と決算日レートを適用して換算された金額を比較し減損損失等を算定する。このため、減損損失が機能通貨で認識されるが、機能通貨以外の通貨では認識されない、またはその逆の場合が生じる可能性がある。

図表10−4　当初認識後（報告日）の換算

項　目		為替レート	換算差額の処理
貨幣性項目		決算日レート	換算差額として損益処理[*1]
非貨幣性項目	取得価額評価項目	取引日の為替レート	換算差額は生じない
	公正価値評価項目	公正価値を測定した日の為替レート	評価差額の処理と同一[*2]
損益項目		取得日／平均レート[*3]	換算差額は生じない

[*1] ヘッジ会計を適用する場合、IAS第39号の規定に従う（IAS21.27）。在外営業活動体に対する純投資の一部を構成する貨幣性項目については、「第10章 5 6 在外営業活動体に対する純投資額を構成する貨幣性項目」を参照。
[*2] 換算対象項目の評価差額を損益に計上する項目である場合、換算差額も損益として認識し、評価差額をその他の包括利益に計上する項目である場合、換算差額もその他の包括利益で認識する（IAS21.30）。
[*3] 平均レートの適用は、取引日レートに近似する場合にのみ容認される（IAS21.22）。

4 決済日

　貨幣性項目の決済を、当初認識時または過去の報告日において換算した為替レートと異なるレートで貨幣性項目の決済を行った際に生じた為替差額は、発生した期間の純損益に認識する。ただし、ヘッジ会計を適用する場合、および在外営業活動体に対する純投資の一部を構成する貨幣性項目を除く。

4 表示通貨への換算

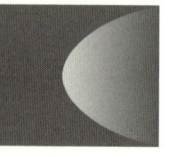

　機能通貨と関係なくどのような通貨でも連結財務諸表を表示する通貨として選択できる。このような財務諸表が表示される通貨を表示通貨という。
　表示通貨が機能通貨と異なる場合、その財務諸表を表示通貨に換算することになる。例えば、親会社は在外営業活動体の機能通貨建ての財務諸表を、連結財務諸表の表示通貨に換算し、換算した後の財務数値を連結財務諸表に取り込むことになる。

1 機能通貨が超インフレ経済下の通貨でない場合

　連結財務諸表作成の際に、連結財務諸表の表示通貨と在外営業活動体の機能通貨が異なる場合、図表10-5に示す為替相場を用いて表示通貨へ換算する（IAS21.38&44）。

　表示通貨への換算によって生じるすべての為替差額は、営業活動から生じる現在および将来のキャッシュ・フローにほとんどまたは全く直接的な影響を与えないため、その他の包括利益の累積為替差額として認識する（IAS21.39,41）。この累積為替差額は、決算時の為替相場が円高になると資産および負債の差額である資本は目減りするためマイナス方向へ変動し、逆に円安になるとプラス方向へ変動するものであり、在外営業活動体に対する投資に係る含み損益という性格を有している。この含み損益は、在外営業活動体を売却することにより実現し、その他の包括利益累計額として繰り延べられてきた累積為替差額が純損益に含まれることになる。

図表10-5 表示通貨への換算方法

財務諸表項目		換算に用いる為替相場
財政状態計算書		
	資産	決算日レート
	負債	決算日レート
	純資産*1	取得時における項目：取引日（取得時）レート 取得後に生じた項目： 　　払込資本金：取引日レート 　　利益剰余金：取引日レート 　　その他の包括利益：決算日レート
損益計算書		
	収益	取引日または期中平均レート*2
	費用	
上記の結果、生じる為替差額		資本の部のその他の包括利益（累積為替差額）として認識

*1 IAS第21号は、資本に関する換算または再換算について明確にしていないが、取引日レート（利益剰余金は損益・配当等の積上げ）を適用し換算する方法が考えられる。支配獲得日における部分は、支配獲得時の為替レートにより換算する。
*2 為替レートの変動が著しい場合、期中平均レートの適用は認められない（IAS21.40）。

5 連結手続における換算

連結手続における換算の際に、以下の事項を考慮する。
- 連結報告日と異なった決算日の在外営業事業体の財務諸表の換算
- のれんおよび公正価値の修正に関する換算
- 非支配持分に帰属する累積為替差額
- 持分比率の変動と累積為替差額
- 評価減
- 在外営業活動体に対する純投資を構成する貨幣性資産
- 為替差額に対する税効果

1 異なった決算日の在外営業活動体の財務諸表

在外営業活動体の決算日が連結報告日と異なる場合、在外営業活動体の資産および負債は、在外営業活動体の決算日の決算日レート、収益および費用は、在外営業活動体の会計期間に対応する期中平均レートをそれぞれ適用し換算する。決算日の差異の間における為替レートの著しい変動による影響を反映する修正は、連結報告日の為替レートを適用し換算する。関連会社または共同支配企業についても、同様の手続となる（IAS21.46）。

2 のれんおよび公正価値評価差額

在外営業活動体の取得の際に認識したのれんおよび資産と負債の帳簿価額の公正価値測定による評価差額は、在外営業活動体に帰属する資産および負債として扱う。したがって、それらは在外営業活動体の機能通貨で表示され、決算日レートを適用し表示通貨へ換算する（IAS21.47）。

3 非支配持分に帰属する累積為替差額

　在外営業活動体に関してその他の包括利益として認識された累積為替差額は、持分比率に基づき親会社持分と非支配持分とに帰属させる（IAS21.41）。

4 持分比率の変動と累積為替差額

　為替差額の内容は、在外営業活動体の資産および負債について非支配持分割合を含むすべての持分から発生することになる。このため、親会社が在外営業活動体の株式を追加取得または一部売却した場合、在外営業活動体の親会社持分（のれんを除く）と非支配持分額との振替額は一致する。累積為替差額は在外営業活動体に対する投資持分から発生した未実現の為替差損益としての性格を有する。このため、持分の変動により親会社の持分比率が減少する場合、累積された為替差額の持分比率減少相当額が、部分的に実現すると考えるのか否かが問題となる。

(1) 追加取得

　子会社株式の追加取得があった場合、投資額は追加取得時の為替相場で換算されることから非支配持分に含まれている累積された為替差額の相当額は、親会社の投資と自動的に相殺される。

(2) 在外営業活動体の処分または一部処分

　在外営業活動体に対する持分を全部または一部の売却、清算、株式資本の償還または放棄によって処分することがある[1]。支配、重要な影響力または共同支配を喪失するかどうかによって、「処分」または「部分的な処分」に区分し、図表10-6に示すように在外営業活動体に関連してその他の包括

---

[1] 在外営業活動体が、第三者に対して株式を発行することにより持分比率が減少する場合を含む（IFRIC Update 2009）。

図表10-6　処分および一部処分の累積為替差額の会計処理

タイプ	事由	その他の包括利益に認識している累積為替差額	非支配持分に帰属する部分
処分 (IAS21.48A,B)	「完全な処分」および「以下の部分的な処分」*1 支配喪失： 　子会社から関連会社、共同支配または金融資産 重要な影響力の喪失： 　関連会社から金融資産 共同支配の喪失： 　共同支配から金融資産	残存持分に係る部分を含め、全額を純損益に振り替える*2。	純損益の振替はせず、認識を中止する。
		同上	―
部分的な処分 (IAS21.48C,D)	上記処分に該当しない処分 支配継続：子会社から子会社	減少した持分に対応する部分を非支配持分に振り替へ、純損益を認識しない。(IAS21.48C)	―
	重要な影響力の継続： 　関連会社から関連会社 　関連会社から共同支配 共同支配の継続： 　共同支配から共同支配 共同支配の喪失： 　共同支配から関連会社	処分割合相当額を純損益に振り替える。	―

*1 支配喪失と異なり、共同支配または重要な影響力の喪失によって企業集団の構成は影響を受けないため、その喪失を重大な経済的事象として捉えていない（IAS21.BC36-40）。
*2 子会社から持分法を適用する関連会社へ移行する場合、残存持分に係る為替差額について持分法による投資評価額として引き継がないことになる。

利益に認識されていた累積為替差額について、それぞれ異なった会計処理をする。

(3) 関連会社から子会社に移動

段階取得によって子会社となった場合、過去から保有する持分法を適用していた株式は、支配獲得時の公正価値で再評価する。その結果、その公正価格と持分法による評価額との差額は、段階取得に係る損益として会計処理する。これに伴い、持分法を適用していた際に認識していた累積為替差額が実現する。

5 評価減

業績悪化や減損損失の認識による在外営業活動体の帳簿価額の評価減は、部分的処分に該当しないため、その評価減によってその他の包括利益で認識している累積為替差額のいかなる部分も純損益に振り替えない（IAS21.49）。

6 在外営業活動体に対する純投資額を構成する貨幣性項目

在外営業活動体に対する貸付金等の貨幣性資産等が実態として投資と同様な性格を持つ場合、その投資を純投資という。在外営業活動体に対する貨幣性項目である長期未収入金、長期貸付金のうち、以下の両方の要件を満たす場合、実質的に在外営業活動体に対する純投資の一部として扱う（IAS21.15）。

- 決済が計画されていない。
- 予見可能な将来において決済が生じないと見込まれる。

したがって、売掛金や買掛金は該当しない。貨幣性項目について生じた換算差額は純損益として認識するが、純投資に関して生じた換算差額は、在外営業活動体に対する純投資と同様に以下の例外的な会計処理をする（IAS21.32）。

- 個別財務諸表上、換算差額を純損益として認識する。
- 連結財務諸表上、
  - 純損益とした上記の換算差額をその他の包括利益（累積為替差額）として認識する。
  - 純投資額の処分時、その他の包括利益から純損益に振り替える（IAS21.48）。

純投資の要件を満たす貨幣性項目は、それらから生じる為替レートの変動が営業活動からの現在および将来のキャッシュ・フローに直接的な影響を及ぼすことがないため、在外営業活動体に対する持分出資と同様に換算の影響額を純損益として認識しない例外的な会計処理となる。

「予見可能な将来」の要件を、IAS第21号は明らかにしていない。「予見可

能な将来」とは、特定の期間を意味するのではなく、経営者の意図に基づく指標と考えられ、支払条件が明記されている場合（返済スケジュールの延期を含む）および返済履歴がある場合等は、正味投資には該当しないと考えられる。

7 グループ間取引に関する為替差額

　連結決算手続において、短期または長期を問わず貨幣性資産（または負債）の連結会社間取引は、対応するグループ内貨幣性負債（または資産）と相殺消去する。この相殺消去の際に、貨幣性資産または負債に関連して認識された為替差額は、内部取引の相殺消去の対象とはならない。このような貨幣性項目も、為替レート変動にさらされているためである。その結果、連結財務諸表上、消去された債権・債務に係る為替差損益が計上されることになる。ただし、在外営業活動体の純投資に該当する金融資産に係る為替差額は除く（IAS21.45）。

8 累積為替差額に対する税効果

　表示通貨の換算によって生じたその他の包括利益に累積為替差額は、連結財務諸表上のみで認識し個別財務諸表では認識しないため、連結上の一時差異となる。この累積為替差額は、子会社に対する投資持分から生じた未実現の為替差損益としての性質（例えば、在外営業活動体を清算する際には、累積された為替差額に対応する金額の為替差損益が生じる）をもっており、一時差異として税効果会計の対象となる（IAS21.50）。累積為替差額に対する税効果は、在外営業活動体の持分の売却または処分時に実現するため、予測可能な将来において売却の意思決定が明確な場合を除き、一時差異の税効果を認識しない。

設例1

子会社:持分の変動(累積為替差額およびその他の包括利益—有価証券評価差額)

前提条件

01年度期末に、P社は海外子会社S社の株式80%を取得し、子会社とした。非支配持分は純資産持分割合で測定する。S社単体の資本の部の推移、為替レートの推移およびS株式の取得・売却に関するデータは、以下のとおりである。

＜S社単体の資本の部の推移＞　　　　　　　　　　　　　　　　（単位：米ドル）

	01年度期末	変動	02年度期末
資本金	100	−	100
利益剰余金	140	200	340
その他の包括利益累計額　評価差額	80	20	100
合計	320	220	540

利益剰余金の増減は利益の計上、その他の包括利益はIAS第39号の売却可能有価証券の評価損益である。当期に損益に組み替えられた売却可能有価証券の評価損益はない。

＜為替レートの推移＞

	01年度	02年度
期中平均レート	−	@90
決算日レート	@100	@95

為替レートの著しい変動はないため、平均レートは取引日レートに近似している。

■第10章 外貨換算

＜S株式の取得・売却に関するデータ＞

	01年度期末	02年度期末		
		ケース1 追加取得	ケース2 一部処分 支配継続	ケース3 処分 関連会社へ
持分変動	+80%	+10%	△10%	△40%
S株式の取得・売却価額				
外貨	$260	$60	$50	$200
円貨	26,000	5,700	4,750	19,000
売却益	―	―	1,500	6,000
残存持分の公正価値	―	―	―	21,000

　ケース「1 追加取得（10%の追加取得）」、ケース2「一部処分　支配継続（10%の売却－支配継続）」およびケース3「処分（40%の売却－関連会社へ移行）」は、それぞれ独立している。

問題1
　S社の親会社持分、のれん計上額および非支配持分の配分額の推移を示しなさい。

問題2
　02年度の①開始仕訳、②当期利益およびその他の包括利益の増減を按分する仕訳、③のれんに係る仕訳を示しなさい。

問題3
　ケース1：追加取得（10%の追加取得）に係る仕訳を示しなさい。

問題4
　ケース2：一部処分　支配継続（10%の売却－支配継続）に係る仕訳を示しなさい。

問題5
　ケース3：処分（40%の売却－関連会社へ移行）に係る仕訳を示しなさい。

解 答

【問題1】

(1) 米ドルベースの親会社持分、のれんおよび非支配持分の推移

(単位：米ドル)

	01年度期末	変動	02年度期末
資本金	100	−	100
利益剰余金	140	200	340
その他の包括利益　評価差額	80	20	100
合計　（A）	320	220	540
親会社持分　（A）×80%	256	176	432
のれん	4	−	4
非支配持分　（A）×20%	64	44	108

(2) 円ベースの親会社持分、のれんおよび非支配持分の推移

(単位：円)

	01年度期末	変動	02年度期末
資本金　HR　@100	10,000	−	10,000
利益剰余金 　取得時 HR　@100 　取得後 AR　@90	14,000 −	− 18,000	14,000 18,000
合計	14,000	18,000	32,000
その他の包括利益　評価差額 　取得時 HR　@100 　取得後 CR　@95	8,000 −	− *2 1,900	8,000 *1 1,900
合計	8,000	1,900	9,900
その他の包括利益　為替差額	−	△600	△600
合計 CR　@95　（A）	32,000	19,300	51,300
親会社持分　（A）×80%	25,600	15,440	41,040
のれん　CR	400	△20	380
のれんの為替差額	−	△20	△20
非支配持分　（A）×20%	6,400	3,860	10,260

311

■第10章 外貨換算

AR：期中平均レート
HR：取得時レート
CR：決算日レート
＊1 1,900＝02年度取得後増加持分の期末円貨額 $20×@95
＊2 1,900＝期末残高1,900－期首残高0

　S社支配獲得後の連結上の親会社に帰属する純資産増加合計額は15,420（＝15,440＋△20）となる。

（以下、仕訳の単位は円貨）

【問題２】

① 開始仕訳

（借）	資本金	10,000	（貸）	S社株式	26,000
	利益剰余金	14,000		非支配持分	6,400
	その他の包括利益評価差額	8,000			
	のれん	400			

② 当期利益およびその他の包括利益の按分

（借）	非支配持分損益	＊1 3,600	（貸）	非支配持分	＊3 3,860
	その他の包括利益評価差額	＊2 380		その他の包括利益為替差額	＊4 120

＊1 3,600＝18,000×（1－80％）利益剰余金増減額（利益計上）の内、非支配持分の帰属分
＊2 380＝1,900×（1－80％）その他の包括利益　有価証券評価差額の内、非支配持分の帰属分
＊3 3,860＝19,300×（1－80％）純資産増減の内、非支配持分帰属分
＊4 120＝600×（1－80％）その他包括利益為替差額の増減の内、非支配持分の帰属分

③ のれんの換算

（借）	その他の包括利益為替差額	20	（貸）	のれん	20

　のれんは親会社持分に係るものであるため、S社の非支配持分に振り替えない。

312

【問題3】

①開始仕訳、②按分および③のれんの換算は、問題2と同じである。
10%の追加取得に係る仕訳は、以下のとおりである。

④　連結上の修正仕訳（下記④-1を④-2に修正する仕訳）

（借）非支配持分	5,130	（貸）S社株式	5,700
資本剰余金	570		

④-1　単体の仕訳

（借）現金	5,700	（貸）S社株式	5,700

④-2　連結上のあるべき仕訳

（借）非支配持分	*¹5,130	（貸）現金	5,700
資本剰余金	*²570		

*1　5,130＝純資産期末残高51,300×10%
*2　貸借差額

上記を連結精算表（抜粋）で示すと、以下のとおりである。

	連結修正前	①開始仕訳	②按分	③のれん	①〜③小計	④追加取得	連結修正後
資本金	(10,000)	10,000	－	－	10,000	－	0
資本剰余金	0	－	－	－	－	570	570
利益剰余金	(32,000)	14,000	－	－	14,000	－	(18,000)
その他の包括利益 評価差額	(9,900)	8,000	380	－	8,380	－	(1,520)
その他の包括利益 為替差額	600	－	(120)	20	(100)	－	500
非支配持分	0	(6,400)	(3,860)	－	(10,260)	5,130	5,130
S社株式	31,700	(26,000)	－	－	(26,000)	(5,700)	0
のれん	0	400	－	(20)	380	－	380
売却損益	0	－	－	－	－	－	0
為替差損	0	－	－	－	－	－	0
非支配持分損益	0	－	3,600	－	3,600	－	3,600

■第10章 外貨換算

【問題4】

①開始仕訳、②按分および③のれんの換算は、問題2と同じである。
10％の一部処分に係る仕訳は、以下のとおりである。

④　連結修正仕訳（下記④-1を④-2に修正する仕訳）

（借）	S社株式	3,250	（貸）	非支配持分	5,130
	S社株式売却益	1,500		その他の包括利益 為替差額	60
	その他の包括利益 評価差額	190			
	資本剰余金	250			

④-1　単体の仕訳

（借）	現金	4,750	（貸）	S社株式	3,250
				売却益	1,500

④-2　連結上のあるべき仕訳

（借）	現金	4,750	（貸）	非支配持分	*1 5,130
	その他の包括利益 評価差額	*2 190		その他の包括利益 為替差額	*3 60
	資本剰余金	250			

＊1 5,130＝純資産期末残高　51,300×10％
＊2 190＝その他の包括利益　評価差額期末残高1,900×10％
＊3 60＝その他の包括利益　為替差額　600×10％

■ 設例1

上記を連結精算表（抜粋）で示すと、以下のとおりである。

	連結修正前	①～③ 小計	④ 一部売却	連結修正後
資本金	(10,000)	10,000	－	0
資本剰余金	0	－	250	250
利益剰余金	(32,000)	14,000	－	(18,000)
その他の包括利益　評価差額	(9,900)	8,380	190	(1,330)
その他の包括利益　為替差額	600	(100)	(60)	440
非支配持分	0	(10,260)	(5,130)	(15,390)
S社株式	22,750	(26,000)	3,250	0
のれん	0	380	－	380
売却損益	(1,500)	－	1,500	0
為替差損	0	－	－	0
非支配持分損益	0	3,600	－	3,600

【問題5】

①開始仕訳、②按分および③のれんの換算は、問題2と同じである。

④　開始仕訳の振り戻し

（借）	S社株式	26,000	（貸）	資本金	10,000
	非支配持分	6,400		利益剰余金	14,000
				その他の包括利益 評価差額	8,000
				のれん	400

⑤　連結除外　B/S項目の認識の中止

（借）	資本金	10,000	（貸）	諸資産	51,300
	利益剰余金	32,000		その他の包括利益 為替差額	600
	その他の包括利益 評価差額	9,900			

■第10章　外貨換算

⑥　持分の評価および非支配持分の振り戻し（売却前持分に基づき計算）

（借）	S社株式	*1 15,420	（貸）	利益剰余金	*4 18,000
	非支配持分	*2 3,860		その他の包括利益 評価差額	*5 1,900
	その他の包括利益 為替差額	*3 600			
	のれん	20			

*1　S社支配獲得後の連結上の純資産増加合計額
*2　当期純利益、その他の包括利益増減の非支配持分への按分額3,860
*3　為替差額変動額
*4　利益剰余金変動額
*5　その他の包括利益　評価差額の変動額

⑦　売却株式損益の修正

（借）	売却損益	*1 6,000	（貸）	S社株式	*2 7,710
	売却損益	*3 1,710			
	売却損益	*4 500		その他の包括利益 為替差額	*4 500

*1　単体上の売却益の取り消し6,000
*2　7,710＝15,420×40％／80％　持分評価額のうち売却相当額
*3　1,710＝7,710－6,000
*4　その他の包括利益　為替差額の親会社帰属額の損益振替

⑧　残存持分（40％）の公正価値評価

（借）	S社株式	290	（貸）	S社株式売却損益	290

290＝21,000－（26,000＋15,420）×40％／80％　残存持分の公正価値と持分評価額との差額

⑨　その他の包括利益の純損益への振替

（借）	その他の包括利益 評価差額	1,520	（貸）	売却益	1,520

316

■設例1

上記を連結精算表（抜粋）で示すと、以下のとおりである。

	連結修正前	①～③ 小計	④ 開始仕訳戻し	⑤ BS除外	⑥ 持分評価	⑦ 売却損修正	⑧ 残存持分	⑨ その他の包括利益振替	連結修正後
資本金	(10,000)	10,000	(10,000)	10,000	-	-	-	-	0
利益剰余金	(32,000)	14,000	(14,000)	32,000	(18,000)	-	-	-	(18,000)
その他の包括利益評価差額	(9,900)	8,380	(8,000)	9,900	(1,900)	-	-	1,520	0
その他の包括利益為替差額	600	(100)	-	(600)	600	(500)	-	-	0
非支配持分	0	(10,260)	6,400	-	3,860	-	-	-	0
S社株式	13,000	(26,000)	26,000	-	15,420	(7,710)	290	-	21,000
のれん	0	380	(400)	-	20	-	-	-	0
売却損益	(6,000)	-	-	-	-	8,210	(290)	(1,520)	400
非支配持分損益	0	3,600	-	-	-	-	-	-	3,600

損益影響額は、以下のように算定できる。

受領対価		19,000
残存持分公正価値		21,000
その他の包括利益		1,020
	合計	41,020
純資産とのれん		41,420
	損益	(400)

設例2

関連会社：持分の変動（累積為替差額およびその他の包括利益―有価証券評価差額）

前提条件

P社は01年度末に海外子会社A社の株式30%を取得し持分法を適用している。A社単体の資本の部の推移、為替レートの推移およびA株式の取得・売却に関するデータは、以下のとおりである。

＜A社単体の資本の部の推移＞　　　　　　　　　　　　　　　（単位：米ドル）

	01年期首	変動	02年度末
資本金	100	―	100
利益剰余金	140	200	340
その他の包括利益累計額評価差額	80	20	100
合計	320	220	540

利益剰余金の増減は利益の計上、その他の包括利益は売却可能有価証券の評価損益である。

＜為替レートの推移＞

	01年度	02年度
期中平均レート	―	@90
決算日レート	@100	@95

318

■設例2

<A株式の取得・売却に関するデータ>

	01年度末	02年度末		
		ケース1 追加取得	ケース2 一部処分 持分法継続	ケース3 支配獲得
持分変動	+30%	+10%	△10%	40%
A株式の取得・売却価額				
外貨	$100	$60	$60	$240
円貨	10,000	5,700	5,700	22,800
売却益	—	—	2,367	—
残存持分の公正価値	—	—	—	17,100

ケース1「追加取得（10％の追加取得）」、ケース2「一部処分　持分法継続（10％の売却−持分法継続）」およびケース「3支配獲得（40％の追加取得−支配獲得）」は、それぞれ独立している。ケース3では、非支配持分を純資産持分割合で測定する。

問題1

A社の親会社持分の推移を示しなさい。

問題2

02年度の開始仕訳当期利益およびその他の包括利益の増減を按分する仕訳を示しなさい。

問題3

ケース1：追加取得（10％の追加取得）に係る仕訳を示しなさい。

問題4

ケース2：一部処分　持分法継続（10％の売却−持分法継続）に係る仕訳を示しなさい。

■ 第10章　外貨換算

問題5

ケース3：支配獲得（40％の追加取得－支配獲得）に係る仕訳を示しなさい。

解答

【問題1】

(1) 米ドルベース

	01年期首	変動	02年度末
資本金	100	－	100
利益剰余金	140	200	340
その他の包括利益	80	20	100
合計	320	220	540
親会社持分（30％）	96	66	162

(2) 円貨ベース

	01年期首	変動	02年度末	支配獲得※
資本金　HR @100	10,000	－	10,000	9,500
利益剰余金				
取得時　HR @100	14,000	－	14,000	－
取得後　AR @90	－	18,000	18,000	－
合計	14,000	18,000	32,000	32,300
その他の包括利益 評価差額	8,000	1,800	9,800	9,500
取得時　HR @100	8,000	－	8,000	
取得後　CR @95	－	1,900	1,900	
合計	8,000	1,900	9,900	9,500
その他の包括利益 為替差額	－	△600	△600	－
合計　CR @95	32,000	19,300	51,300	51,300
親会社持分（30％）	9,600	5,790	15,390	

AR：期中平均レート
HR：取得時レート
CR：決算日レート
※支配獲得時には、取得日の為替レートを適用し新たに換算する。

（以下、仕訳の単位は円貨）

【問題2】

仕訳なし

【問題3】

（借）A社株式	5,790	（貸）持分法損益	5,400
その他の包括利益 為替差額	180	その他の包括利益 評価差額	570

【問題4】

仕訳なし

【問題5】

（借）売却益	1,990	（貸）A社株式	1,930
		その他の包括利益 為替差額	60

以下の単体上の売却仕訳を連結上の仕訳（持分法簿価で売却）に修正する。

単体上の仕訳

（借）現金	5,700	（貸）A社株式	3,333
		売却益	2,367

連結上の仕訳　持分法簿価で売却

（借）現金	5,700	（貸）A社株式	5,263
		売却益	437
売却益	60	その他の包括利益 為替差額	60

持分法で識別したその他の包括利益の純損益への振替

（借）その他の包括利益 評価差額	190	（貸）売却益	190

【問題6】

① 公正価値測定

| （借） | A社株式 | 1,310 | （貸） | 段階取得利益 | 1,310 |

1,310＝公正価値17,100－持分法簿価15,790

② その他の包括利益の純損益への振替

| （借） | その他の包括利益
評価差額 | 570 | （貸） | 段階取得利益 | 570 |
| | 段階取得利益 | 180 | | その他の包括利益
為替差額 | 180 |

③ 投資と資本の相殺消去

（借）	資本金	9,500	（貸）	A社株式	39,900
	利益剰余金	32,300		非支配持分	15,390
	その他の包括利益 評価差額	9,500			
	のれん	3,990			

第11章
減損会計

- 回収可能価額が帳簿価額を下回っている場合に直ちに減損損失を認識し、減損損失の蓋然性(発生可能性)について考慮しない。
- 減損の兆候がある場合に回収可能価額を評価するが、①耐用年数を確定できない無形資産、②未だ使用可能な状態に至っていない無形資産および③企業結合で取得したのれんについては、減損の有無に関わらず毎年、回収可能価額の評価を実施する。
- のれんが含まれている資金生成単位で認識された減損損失は、まずのれんに優先的に配分する。
- 減損損失を生じさせた状況が解消した場合、取得価額を限度とし減損損失の戻入益を認識する。のれんの減損損失は、いかなる場合も戻入は認められない。
- 非支配持分の測定について、純資産の持分割合額をもって測定した場合、公正価値測定した場合と同様ののれん計上額となるようにグロスアップし減損テストを行う。

1 減損会計とは

1 減損会計

　減損会計とは、資産の収益性の低下により投資額の回収が見込めない場合に、回収可能価額以上の帳簿価額が財政状態計算書上に計上されることを防ぐために、帳簿価額が回収可能価額を超過する資産についてその超過額を減損損失として認識する会計処理をいう（IAS36.6）。減損会計が導入された背景には、不動産等の固定資産の収益性が著しく低下しその帳簿価額が過大に計上され将来に損失が繰り延べられる問題や、固定資産の過大な評価減によってそれ以降の収益性が回復したかのような経営者の裁量的な利益調整を防止する必要があったことがあげられる。

　IFRSの概念フレームワークにおいて、資産に具現化された将来の経済的便益とは、企業への現金および現金同等物の流入に直接的にまたは間接的に貢献する潜在的能力であるとしている。資産の経済的便益とは、将来どれだけのキャッシュ・フローを獲得できるかという将来キャッシュ・フローの獲得能力をいう。したがって、資産の帳簿価額が、その将来キャッシュ・フローの獲得額を意味する回収可能価額を上回っている場合には、回収不能による影響を資産の帳簿価額に反映させる必要がある。回収不能額として認識された減損損失は、取得原価で計上されている資産については純損益に認識し、再評価価額で計上されている資産については再評価額の減少として会計処理する。

　減損会計とはあくまでも取得原価主義の枠内に位置づけられる会計処理であり、公正価値測定とは性格が異なる（例えば、減損会計では減損の戻入も取得原価が上限となっている）。

図表11－1　減損会計とは

帳簿価額が回収可能価額を上回る資産は
その上回る部分を減損損失として認識する。

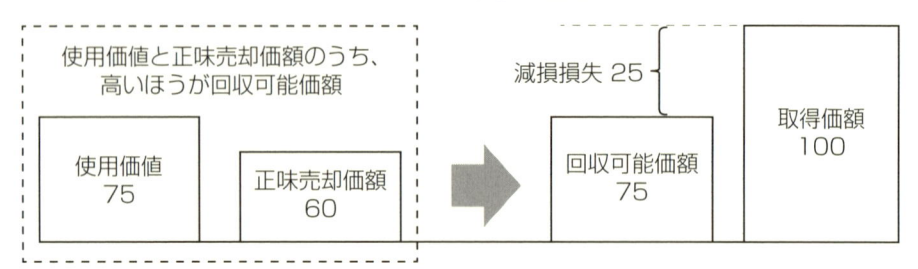

使用価値と正味売却価額のうち、高いほうが回収可能価額

使用価値 75
正味売却価額 60

→

減損損失 25
回収可能価額 75
取得価額 100

2 減損損失の認識基準

　減損損失の認識基準には、図表11－2に示すように3つの基準がある。IAS第36号は、減損損失の蓋然性または永久性等の要因は経済的基準に基づく減損損失の測定要因（資産が減損しているかどうかを判定するための貨幣の時間価値および資産に固有のリスクの見積りなど）として織り込まれていることから、減損損失の認識基準として経済的基準を採用している（IAS36.BCZ95-BCZ107）。

図表11－2　減損損失の認識基準

認識基準	内　容
永久的基準	減損損失が永久的である場合に減損損失を認識する。
蓋然性基準	資産の帳簿価額を回収できない可能性が高い場合（すなわち、減損している可能性が高い場合）に減損損失を認識する。
経済的基準	回収可能価額が帳簿価額を下回っている場合に直ちに減損損失を認識する。

2 適用範囲および手順

1 適用範囲

　IAS第36号は、図表11-3に示す項目を除くすべての資産に適用する。主な適用項目は、以下のとおりである（IAS36.2）。

- 有形固定資産（建設仮勘定、リース資産の使用権資産等を含む）
- 無形資産
- 投資不動産（取得原価モデルのみ）
- のれん

　関連会社および共同支配企業に分類される金融商品には、IAS第39号を適用し減損損失の兆候を識別し、減損の兆候があればIAS第36号に基づいて減損テストを行う。

　減損会計の適用対象外の資産について、図表11-3に示すように減損会計に類似した会計処理（回収可能価額以上の帳簿価額が計上されることを防ぐ会計処理）がそれぞれの基準書で規定されている。

図表11-3　IAS 第36号「資産の減損」の適用除外となる資産

IAS 第36号の 適用除外資産	個別の基準で規定されている 会計処理の概要
棚卸資産 IAS 第2号「棚卸資産」	低価法が強制適用される（原価と正味実現可能価額とのどちらか低い額による測定）(IAS2.9)。
工事契約から生じる資産 IAS 第11号「工事契約」	契約について予想される損失を直ちに費用として認識する (IAS11.36)。
繰延税金資産 IAS 第12号「法人所得税」	繰延税金資産の便益を実現するに十分な課税所得の嫁得可能性が低くなった場合、繰延税金資産を減額する (IAS12.56)。
従業員給付から生じる資産 IAS 第19号「従業員給付」	給付建債務の現在価値を出発点として差引き計算し給付建負債を認識する (IAS19.64)。
IAS 第39号「金融商品－認識と測定」の範囲に含まれる金融資産	取得原価で計上されている項目につき、減損規定を設けている (IAS39.66-70等)。
IAS 第40号「投資不動産」により公正価値評価される投資不動産	公正価値モデルと原価モデルを選択できる (IAS40.30)。原価モデルを採用した場合、IAS 第36号の対象となる。
IFRS 第4号「保険契約」の適用対象となる保険契約の繰延契約費、無形固定資産	保険契約に基づく将来キャッシュ・フローを用いた計上額の検証を規定している (IFRS4.15)。
IFRS 第5号「売却目的で保有する非流動性資産および非継続事業」の適用対象となる売却目的保有の非流動性資産	売却目的保有に分類された非流動資産を、帳簿価額と処分費用控除後の公正価値のどちらか低い金額での測定 (IFRS5.15)。

2 減損手続の処理手順

　減損会計を適用する手順は、図表11-4に示すとおりであり、減損の兆候が識別された場合、即時に回収可能価額を見積る。減損損失の可能性を示す兆候が存在しない場合には、資産の回収可能価額の正式な見積りは要求されない (IAS36.8)。しかし、以下の3項目は非償却資産または、将来の経済的便益の生成能力が不確実なため、減損の兆候の有無を問わず少なくとも年1回は減損テストを実施する (IAS36.10)。

- 耐用年数を確定できない無形資産
- まだ使用可能ではない無形資産

- 企業結合で取得したのれん

図表11-4　減損会計の処理手順

手続	内容
減損判定単位の識別	減損を判定する単位（減損テストを実施する単位）を識別する。
減損の兆候の識別	減損している可能性を示す兆候の有無を評価する。
回収可能価額の見積り（減損テスト）	回収可能額を見積り帳簿価額と比較する。
減損損失の認識および測定	回収可能額が帳簿価額を下回った場合は、帳簿価額を回収可能額まで減額する。
減損損失の戻入	減損損失が存在しないまたは回復している可能性を示す兆候があると判定された資産について、回収可能額を測定し、回収可能額が帳簿価額を上回った場合はその範囲で減損を戻し入れる。

3 減損判定単位の識別

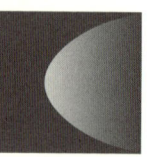

　減損を判定する単位が大きければ大きいほど、回収可能性の高い資産と低い資産の影響が相殺される可能性が高まる。したがって、減損判定単位を識別する手続は、減損の兆候の有無の判定、減損テストおよび計上される減損損失に対して大きな影響を与える重要な手続である。

1 減損判定単位

　資産の減損は、まず個別資産を単位として検討する。しかし、個別資産の回収可能価額の見積りが不可能な場合には、当該資産が属する資金生成単位または資金生成単位グループ（以下、資金生成単位という）が減損の判定単位となる（IAS36.68）。

図表11－5　減損の判定単位

回収可能価額が算定できる単位	減損判定単位
個別資産の回収可能価額を見積ることができる資産	その個別資産
物理的には個別資産ごとに機能するが、他の資産と密接不可分に結びついて利用されているため、個別の資産ごとに回収可能価額の見積りが不可能な資産	資金生成単位

　個別財務諸表では、1つの企業の範囲を超えて他の企業の全部または一部を含めた減損の判定単位を設けることができない。しかし、企業集団の観点から、複数の連結会社を対象に管理会計上の区分や投資意思決定を行う単位の設定等をする場合、連結財務諸表における減損の判定単位は個別財務諸表のそれと異なる場合がある。連結財務諸表において異なる場合、減損の判定単位を見直す必要がある。

2 資金生成単位

　例えば、工場、建物、機械装置などのように固定資産を事業の用に供する場合、単一の資産が独立したキャッシュ・フローを生み出すことは少ないといえる。複数の資産が一体となって独立したキャッシュ・フローを生み出す場合、減損損失を判定する際に資産のグルーピングを行う。

(1) 定義

　資金生成単位とは、他の資産または資産グループからのキャッシュ・イン・フローから概ね独立したキャッシュ・イン・フローを生み出すものとして識別された資産グループの最小単位をいう（IAS36.6）。

(2) 資金生成単位の識別

　まず、資産と対応して継続的に収支を把握[1]している単位を識別し、この単位をグルーピングの単位とする。次に、この単位から生じるキャッシュ・イン・フローが他の単位から生じるキャッシュ・イン・フローと相互補完的でありその単位を切り離した時に、他の単位から生じるキャッシュ・イン・フローに大きな影響を及ぼすかどうかを検討する。大きな影響を及ぼす場合にはそれらの単位をグルーピングし資金生成単位として識別する。何をもってキャッシュ・イン・フローが独立しているかを識別する際には、一定の判断が要求される。実務的には、管理会計上の区分単位（製品系列、事業別、場所別、地域別等）や投資の意思決定の単位を考慮し資金生成単位を決定する（IAS36.69）。いったん識別した資金生成単位は継続して適用し、その見直しは正当な理由がない限り変更できない。

1　ここでいう収支とは必ずしも外部との間で資金のやり取りを伴う必要はなく、企業内部での内部振替価額や配分された価格でも合理的なものであれば収支に該当する場合がある。

(3) 資金生成単位の帳簿価額の算定

資金生成単位の帳簿価額は、当該資金生成単位の回収可能価額の算定と首尾一貫した方法により、資産および負債の帳簿価額を資金生成単位に配分し算定する（IAS36.75）。

- 資金生成単位に直接帰属するか、または合理的かつ首尾一貫した基準により配分される。
- 資金生成単位の使用価値の算定に使用される将来キャッシュ・フローを生成する資産の帳簿価額のみを含める。
- 資金生成単位の回収可能価額が負債を含めなければ算定できない場合を除き、認識された負債を含めない（負債を引き受けなければ資金生成単位を売却できない場合は含める）。

3 のれん

(1) のれんの資金生成単位への配分

のれんは、それ単独で独立したキャッシュ・フローを生成するものではなく、事業で使用されている有形・無形資産等と一体となって有機的に結合することでキャッシュ・フローを生成するため、のれんを個別資産として回収可能価額を算定できない。このため、のれんを企業結合のシナジーによる便益が期待される資金生成単位へ配分し、のれんはその一部を構成するものとして減損テストを実施する（IAS36.81）。

企業結合のシナジーによる便益を期待される資金生成単位へ配分するため、のれんが帰属する被取得会社の資産または負債が配分されている資金生成単位である必要はない。のれんが配分される資金生成単位は、以下の要件を満たす必要があることから、のれんを配分する最も大きな単位はセグメントレベルとなる（IAS36.80）。

- のれんを内部管理目的で管理している最小単位であること。
- IFRS第8号第5項で定義された事業セグメントの集約前の単位よりも大きなものではないこと。

(2) 資金生成単位へ配分する時期

　企業結合により取得したのれんについて、関連する資金生成単位への配分手続が当該企業結合が生じた会計年度末までに完了しない場合、取得日以降に開始する最初の会計年度末までに完了させる（IAS36.84）。

　IFRS第3号では、企業結合の当初会計処理について企業結合が有効となった会計年度末では暫定金額で測定し、測定期間（取得日から12ヶ月を超えない期間）内において当初の暫定金額の修正を認めている。のれんの配分は企業結合の会計処理が完了後の処理であるため、その配分期限は測定期間より長い期間となっている。

(3) のれんが配分された資金生成単位内の一部を処分した場合

　のれんが配分された資金生成単位に含まれる事業を処分する場合、その処分する事業に関連するのれんは、以下のように処理する（IAS36.86）。

- 処分による利得または損失を算定する際に、その事業の帳簿価額に含める。
- 他の処分される事業に関わるのれんをより適切に反映する方法があることを立証できない限り、処分する事業と存続する資金生成単位との帳簿価額比に基づいて測定する。

４ 全社資産

(1) 定義

　全社資産とは、本社ビル、福利厚生施設、研修所等のように、それ自体はキャッシュ・イン・フローを生成しないが、他の資金生成単位および資金生成単位グループの将来キャッシュ・フローに貢献する資産であり、のれん以外の資産をいう。全社資産は、以下の特徴を持つ（IAS36.6,100）。

- その他の資産または資産グループから独立したキャッシュ・イン・フローを生成しないため、経営者が処分の意思決定をしない限り回収可能価額を決定できない。

- 全社資産の帳簿価額を他の資金生成単位に十分に配分できない。

　全社資産は個別のキャッシュ・イン・フローを生成しないことから当該資産の処分を決定しない限り回収可能価額を算定できない。このため、全社資産の減損の認識および測定は、全社資産が帰属する資金生成単位に関連させて減損テストを実施する。

(2) **全社資産の減損テスト**

　全社資産を、全社資産の帳簿価額を各資金生成単位に合理的かつ首尾一貫した基準により配分した上で減損テストを実施する方法と、配分しないで減損テストを実施する方法のどちらも認められる（IAS36.102）。

図表11-6　のれんの配分と減損テスト

のれん	減損手続	減損損失の配分
配分できる	全社資産の帳簿価額を関連する資金生成単位に配分し、全社資産の配分額を含む資金生成単位の帳簿価額について減損テスト、減損損失の認識および測定を行う。	減損損失を資金生成単位や各資産へ帳簿価額の比率で配分する。（のれんと異なり、全社資産とその他の資産を区別しない。）
配分できない	まず、全社資産を含まない各資金生成単位で減損テストを行い、減損損失の認識および測定を行う。その後、全社資産と関連する大きな資金生成単位グループ単位で減損テスト、減損損失の認識および測定を行う。	

■ 3 減損判定単位の識別

【全社資産を合理的かつ首尾一貫した基準で配分できる場合】

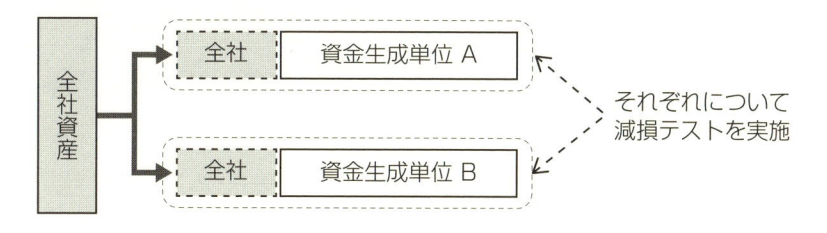

```
                  ┌─全社─┬─資金生成単位 A─┐
  ┌────┐     │                          │ ←---- それぞれについて
  │全社資産│──→│                          │        減損テストを実施
  └────┘     │                          │
                  └─全社─┴─資金生成単位 B─┘ ←----
```

【全社資産を合理的かつ首尾一貫した基準で配分できない場合】

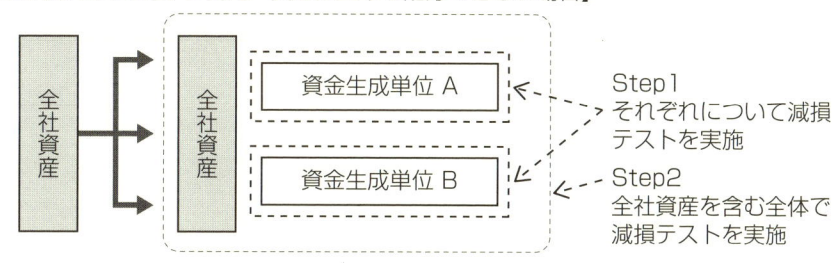

```
                           ┌─資金生成単位 A─┐
  ┌────┐   ┌────┐│                     │ ←-- Step1
  │全社資産│→│全社資産││                     │     それぞれについて減損
  └────┘   └────┘│                     │     テストを実施
                           ├─資金生成単位 B─┤ ←-- Step2
                           │                  │     全社資産を含む全体で
                           └──────────┘     減損テストを実施
```

335

4 減損の兆候の識別

1 減損テストの実施頻度と実施時期

　各報告日に資産が減損している可能性を示す兆候があるかどうかを評価し、兆候がある場合に減損テスト（資産の回収可能価額を見積り、それを帳簿価額と比較する）を実施する。ただし、「耐用年数を確定できない無形資産」、「いまだ利用可能でない無形資産」および「企業結合で取得したのれん」は、

図表11－7　減損テストの実施頻度と実施時期

「耐用年数を確定できない無形資産」および「いまだ利用可能でない無形資産」（およびどちらかの無形資産を含む資金生成単位）（IAS36.10,89）		
減損テスト	実施頻度	・減損の兆候の有無に関わらず毎年、および、 ・各報告日末に減損の兆候を示す事象や状況の変化があった都度
	実施時期	・毎年同じ時期に実施することを条件に、年度中のどの時点でも実施してよい。 ・無形資産ごとに実施　時期が異なってもよい。 ・当年度に取得した無形資産は、取得年度期末日までに実施する。
のれん（IAS36.90,96）		
・資金生成単位または資金生成単位グループと関連づけ減損テストを実施する。		
減損テスト	実施頻度	・減損の兆候の有無に関わらず毎年、および、 ・資金生成単位または資金生成単位グループが減損している兆候がある都度
	実施時期	・毎年同じ時期に実施することを条件に、年度中のどの時点でも実施してよい。 ・資金生成単位ごとに実施時期が異なってもよい。 ・異なる資金生成単位は、別の時期に実施してもよい。 ・資金生成単位に配分されたのれんが当年度中の企業結合で取得したものである場合、取得年度末までに実施する。
上記以外（IAS36.9）		
・各報告日に資産が減損している可能性を示す兆候があるかどうかを評価し、兆候がある場合に減損テストを実施する		

これらの資産は非償却資産であること、および経済的便益を生み出す能力の不確実性が高いことから、減損の兆候の有無に関わらず、少なくとも年1回は減損テストを実施する。

2 減損の兆候―減損している可能性のある資産の識別

(1) 減損の兆候を示す情報

減損の兆候の判断材料となる内部および外部の情報源の例示は**図表11－8**のとおりである。これらは例示であり、具体的な数値基準が設けられていないため減損の兆候の有無の判断には総合的な判断が必要となる（IAS36.12）。

図表11－8　減損の兆候を示す内部の情報源（IAS36.12）

兆候の情報		事　例
内部の情報		
	陳腐化または物理的損傷	著しい陳腐化または物的損傷等
	事業廃止、リストラ	資産の属する事業の廃止、稼働率の著しい低下リストラクチャリング、資産の当初の予定より早い処分計画等
	資産の経済的成果予想の悪化	事業利益やキャッシュ・フローの実績値や予測値の悪化等
外部の情報		
	資産の市場価値の下落による正味売却価格の減少	資産または資産グループの市場価格の著しい下落
	技術的、市場、経済的環境、法的規制の変化による将来キャッシュ・フローの減少	技術革新による著しい陳腐化、重要な関連技術の拡散、重要な法律改正、規制緩和や規制強化、重大な法令違反の発生等
	市場投資利子率の上昇による投資収益性の低下	市場金利の上昇＊等
子会社、共同支配企業または関連会社からの配当		
	純資産の帳簿価額＜株価総額	個別財務諸表上の投資の帳簿価額が、連結財務諸表上の投資先の純資産の帳簿価額を超過している場合等
	配当金＞その他の包括利益	配当が、その配当が宣言された期間におけるその子会社、共同支配企業または関連会社の包括利益の合計額を超えている。

＊割引後将来キャッシュ・フローをもとに減損認識および測定を検討する。このため、割引率が上昇することで減損が必要となる場合があり、金利の上昇も減損の兆候に含まれる。

(2) **減価償却に与える影響**

　減損の兆候がある場合には、減損損失が認識されない場合でも、当該資産の残存耐用年数、減価償却方法および残存価額について見直しの要否を検討する（IAS36.17）。

5 回収可能価額の見積り（減損テスト）

　減損テストとは、資産の回収可能額を測定し、帳簿価額と比較する手続をいう。回収可能価額は、「処分費用控除後の公正価値」と「使用価値」のどちらか高い金額であるため、この2つの金額の見積りが必要になる。

1 回収可能価額

　回収可能価額とは、資産または資金生成単位の「処分費用控除後の公正価値」と「使用価値」のどちらか高い金額をいう[2]。資産に対する投資を、合理的な経営者であれば、売却処分または継続使用のどちらかの手段によって回収すると考えられる。処分費用控除後の公正価値が使用価値よりも高い場合、資産を継続使用するよりも処分したほうが経済的に合理的な行動であり、逆に、使用価値が処分費用控除後の公正価値よりも高い場合、資産を継続使用した方が経済的に有利な行動であることから、「処分費用控除後の公正価値」と「使用価値」のどちらか高い金額のほうを選ぶことが合理的な意思決定である（IAS36.6.BCZ9）。

　これらの金額のどちらか1つでも資産の帳簿価額を超過する場合には、資産は減損していないことからもう片方の金額を見積る必要はない（IAS36.19）。また、直近の回収可能価額を計算した時から状況が大きく変化していないこと等から、資産の回収可能価額がその帳簿価額を下回る可能性が極めて低い場合など、特定の条件を満たす場合には、直近の詳細な回収可能価額の計算結果を当期の減損テストの回収可能価額として利用できる。（IAS36.24,99）。

---

[2] 資産の調達原価を表す再調達原価は、その資産の使用および処分から回収される将来の経済的便益を表すものではないため、資産の回収可能価額ではない（IAS36.BCZ29）。

2 回収可能価額の測定—処分費用控除後の公正価値

(1) 定義

　処分費用控除後の公正価値とは、測定日時点で、市場参加者間の秩序ある取引において、資産を売却するために受け取るであろう価格または負債を移転するために支払うであろう価格をいう。処分費用とは、資産または資金生成単位の処分に直接起因する増分費用（財務費用および法人所得税費用を除く）をいう（IAS36.6）。

図表11－9　処分費用控除後の公正価値

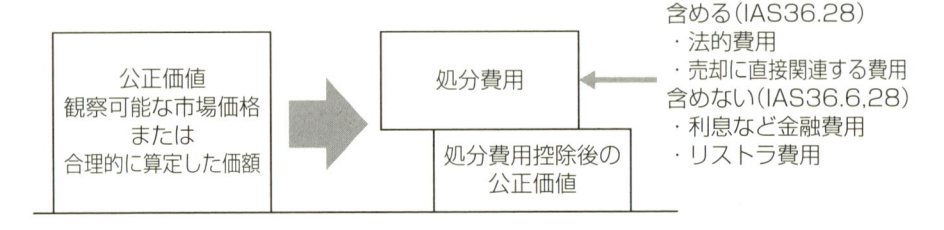

| 公正価値
観察可能な市場価格
または
合理的に算定した価額 | → | 処分費用
処分費用控除後の
公正価値 | ← | 含める（IAS36.28）
・法的費用
・売却に直接関連する費用
含めない（IAS36.6,28）
・利息など金融費用
・リストラ費用 |

(2) 使用価値との相違点

　処分費用控除後の公正価値は、市場参加者が資産の価格設定を行う際に使用するであろう仮定を反映するため、理論的には同一の資産であれば経営者によって評価額が異なったものにはならない。これに対し、使用価値は、経営者のノウハウ、無形資産や人的資源等の他の経営資源とのシナジーを勘案した企業固有の要因が反映された評価額であり、同一の資産であっても経営者によって評価額が異なることがある（IAS36.53A）。

3 使用価値

(1) 定義

　使用価値とは、資産または資金生成単位の継続的な使用と使用後の処分によって生じると見込まれる将来キャッシュ・フローの現在価値をいう。その

資産の継続使用および使用後の処分から発生すると見込まれる将来キャッシュ・フローに適切な割引率を適用し、現在価値に割り引いて算定する（IAS36.6）。この使用価値は、当該資産の現状における最善の使用について、企業自身の合理的で説明可能な仮定および予測に基づいて算定する企業固有の測定値である特徴を持つ（IAS36.BCZ54）。使用価値とは企業自身にとっての価値であることから、その算定の際には、資産および資金生成単位に固有のリスクを考慮する必要がある。この固有なリスクは、将来キャッシュ・フローの見積りまたは割引率のどちらかに反映させる。

$$使用価値 = \frac{資産の継続的使用により生じると見込まれる将来キャッシュ・フロー + 資産の処分により生じると見込まれる将来キャッシュ・フロー}{割引率}$$

(2) 将来キャッシュ・フローの構成要素

将来キャッシュ・フローは、資産または資産生成単位の使用によって生じる将来キャッシュ・イン・フローから、使用のために支出される将来キャッシュ・アウト・フローを控除して算出する。将来キャッシュ・フローの構成要素は、図表11-10に示すとおりである。

図表11-10　将来キャッシュ・フローを構成する要素

将来キャッシュ・フローを構成する要素（IAS36.39）
・資産の継続的使用によるキャッシュ・イン・フローの予測額 ・資産の継続的使用に直接起因しまたは合理的かつ首尾一貫した基準で配分または帰属が可能なキャッシュ・アウト・フローの予測額 ・耐用年数到来時において資産の処分により受け取る（支払う）と予想される金額があれば、その正味キャッシュ・フロー額
将来キャッシュ・フローに含めない要素（IAS36.44.50）
・未だ確定していない将来のリストラクチャリングに関するキャッシュ・アウト・フロー ・資産の運用効率の改善および機能強化により生じるキャッシュ・フロー ・財務活動による利息および法人所得税等のキャッシュ・イン・フローおよびキャッシュ・アウト・フロー

図表11－11　現在価値計算の例示

[前提]
割引率10%
5年にわたり毎年1,000のキャッシュフローが見込まれる。

	1年後	2年後	3年後	4年後	5年後	合計
将来キャッシュ・フロー	1,000	1,000	1,000	1,000	1,000	5,000
割引係数	0.909	0.826	0.751	0.683	0.621	
現在価値	909	826	751	683	621	3,791

以上のように、5年にわたる毎年1,000のキャッシュ・イン・フローの現在価値は、3,791となる。
現在価値は、事業活動から適切な利益を確保したうえで回収可能な投資価値を意味する。

(3) 将来キャッシュ・フローの見積りの基礎

将来キャッシュ・フローの見積りは、過度に楽観的または悲観的な見積りとならないように、図表11－12に示す要件に従って算定する。

図表11－12　将来キャッシュ・フローの要件

要　件	内　容
「経営者の最善の見積り」を反映したものであること（IAS36.33 (a)）	・「経営者の最善の見積り」を反映する合理的、かつ、根拠資料に基づく仮定を反映したキャッシュ・フロー予測であること。 ・外部の証拠に重点を置いた予測であること。
将来キャッシュ・フローとして使用する予算の期間は正当な理由がない限り最長5年であること（IAS36.33 (b)）	・経営者により承認された直近の財務予算・予測に基づいたキャッシュ・フロー予測であること。 ・将来のリストラや当該資産の改善あるいは機能アップに起因する将来キャッシュ・フロー予測を含めないこと。 ・資金生成単位が継続事業に重要な複数の資産から構成される場合、耐用年数が最も長い重要資産に基づく。
成長率については保守的であること（IAS36.33 (c)）,36）	・将来のキャッシュ・フローの予測を成長率を用いて推定計算する場合、逓増率が正当化される場合を除いて、短期の予測に一定または逓減する成長率（ゼロやマイナスになる場合もある）を適用して以降の年度分を推定し見積ること。 ・成長率は、より高い成長率が正当化される場合を除き、当該製品、産業、企業の国または資産の利用市場の長期平均成長率を超えないこと。

(4) 将来キャッシュ・フローの不確実性

　将来キャッシュ・フローを見積る場合、その見積りの前提が1つであるとは限らず、複数の前提または選択肢がある場合がある。この場合、将来キャッシュ・フローの見積り方法として、生起する可能性の最も高い単一の金額（最頻値法）または生起しうる複数の将来キャッシュ・フローをそれぞれの確率で加重平均した金額（期待値法）のどちらの方法も適用することができる。どちらの方法であっても、将来キャッシュ・フローの実績値が見積値から乖離するリスク（将来キャッシュ・フローの金額および時期の不確実性や、資産固有の不確実性など）があるため、そのリスクは、将来キャッシュ・フローの見積りと割引率のどちらかに反映させる。

　期待値法は、不確実性のある将来キャッシュ・フローの生起しうる金額とその確率によってその期待値を見積る方法をいう。この期待値法は、期待値による測定は、起こりうる結果とその生起確率が分かっていることが前提となる。確率分布を考慮していることから最頻値法より理論的であるが、実務上は不確実性を確率として捉えることは困難な場合が多いと想定される。

図表11-13　最頻値と期待値

	キャッシュ・フロー(a)	生起する確率(b)	(a)×(b)
	80	10%	8
最頻値	50	80%	*1 4
	30	10%	3
		期待値	*2 5

*1　50×80%=4
*2　(8+4+3)/3=5

(5) 割引率

使用価値を算定するには、資産の将来キャッシュ・フローに割引率を適用して現在価値に割り戻す必要がある。この割引率には、貨幣の時間価値に関する現在の市場評価を反映させる。また、将来キャッシュ・フローが税引前の金額であることから、割引率も税引前の数値を適用する（IAS36.56,A17）。将来キャッシュ・フローの実績値がその見積額から乖離するリスクをはらんでいる。図表11－14で示すように使用価値の算定の際には、このリスクを、割引率に反映する方法と将来キャッシュ・フローに反映させる方法がある。

図表11－14　実績が見積りから乖離するリスクと割引率

見積りが実績と乖離するリスク	適用する割引率	
割引率に反映する場合	貨幣の時間価値と実績値が見積りと乖離するリスクの両方を反映した割引率	・資産グループに固有のリスクを反映した収益率（ハードル・レート、事業部別資本コスト） ・その企業に要求される資本コスト（加重平均資本コスト）：類似した資産グループに固有のリスクを反映した市場平均と考えられる合理的な収益率 ・借入利子率（ノンリコースローンの利率等）
将来キャッシュ・フローに反映する場合	貨幣の時間価値のみを反映した無リスクの割引率	・リスク・フリー・レート（対応する期間の国債の利回り）

6 減損損失の認識および測定

1 個別資産の場合

(1) 減損損失の認識

　減損テストの結果、資産の回収可能価額が帳簿価額を下回っている場合にのみ、帳簿価額を回収可能価額まで減額し、その減額を減損損失として純損益に認識する（IAS36.59）。

(2) 帳簿価額を上回る減損損失が生じた場合

　資産の帳簿価額を上回る減損損失が認識された場合、IAS第37号が規定する負債の要件を満たすかどうかを検討し、負債の要件を満たさない限り負債として認識しない（IAS36.62）。

2 資金生成単位、のれんおよび全社資産

(1) 減損損失の認識および配分

　減損テストの結果、資金生成単位の回収可能価額がその帳簿価額を下回っている場合、その帳簿価額を回収可能価額まで減額し減損損失を認識する。減損損失は、まず、資金生成単位に配分されたのれんの帳簿価額を減額する。
　のれんへ配分しきれない減損損失は、資金生成単位を構成するのれん以外の資産の帳簿価額に基づいて各資産に比例的に配分し、各資産に配分された減損損失は各資産の減損損失として認識する（IAS36.104）。全社資産の場合、減損損失は全社資産を含む資金生成単位の各構成資産に対して構成資産の帳簿価額比率で配分する。のれんの場合と異なり、全社資産に対して減損損失を優先的に配分しない。

図表11-15　資金生成単位の減損損失の配分

＜配分手続＞
1. 資金生成単位に配分されているのれんがある場合には、まずのれんの金額から優先的に減額する。
2. のれんを優先的に減額しても減損損失の残額がある場合には、当該資金生成単位グループに含まれるのれん以外の資産の帳簿価額に比例按分して減額する。

＜減損損失配分手続の例示＞
資金生成単位は、のれん、資産A、Bから構成される。資金生成単位の回収可能価額は90と見積られている。認識された減損損失40の配分手続は、以下のとおりである。

		資金生成単位		
	のれん	資産A	資産B	合計
帳簿価額　　　　(a)	30	60	40	130
回収可能価額　　(b)				90
減損損失　(a)-(b)				40
減損損失の配分	*1 30	*2 6	*2 4	40
減損処理後の帳簿価額	0	54	36	90

*1　減損損失40をのれんに優先的に配分する。のれん帳簿価額30が配分限度額となる。
*2　残額10（=40-30）を帳簿価額比で配分する。
　　6=10×60/(60+40)
　　4=10×40/(60+40)

(2) 個別資産および全社資産への減損損失・配分の限度額

　減損損失を、資金生成単位を構成する個別資産へ帳簿価額比率に基づき配分した結果、配分後の帳簿価額が回収可能価額を下回ることは論理的ではない。このため、回収可能価額が測定可能な場合は各個別資産の帳簿価額と回収可能価額との差額、または回収可能価額が測定できない場合は帳簿価額が、各資産に配分される減損損失の限度額となる。

　この限度額を超過し配分できない部分は、資金生成単位を構成する他の資産に帳簿価額比で再配分する（IAS36.105）。各資産へ配分しきれない減損損失の残額がある場合、その残額について負債の要件を満たさない限り負債として認識しない（IAS36.108）。

図表11-16　個別資産の減損配分額の制限

＜配分限度額＞

		減損損失配分後の帳簿価額	減損損失配分限度額
回収可能価額	算定できる	回収可能価額以下にならない	帳簿価額
	算定できない	マイナスにならない	帳簿価額－回収可能価額

＜減損損失配分手続の例示＞

資金生成単位は、のれん、資産A、B、Cから構成される。資産Aの回収可能価額は40と見積られている。他の資産の回収可能価額は見積ることができない。資金生成単位の帳簿価額は140であり、回収可能価額は50と見積られた。認識された減損損失90（＝帳簿価額140－回収可能価額50）の配分手続は、以下のとおりである。

		資金生成単位				合計
		のれん	資産A	資産B	資産C	
帳簿価額	(a)	40	50	40	10	140
回収可能価額	(b)	—	40	—	—	50
減損損失	(c)=(a)-(b)	—	—	—	—	90
減損損失の配分	(d)	*1 40	*2 25	*2 20	*2 5	90
減損損失配分限度額	(e)	40	*3 10	40	10	
配分超過額	(f)		*4 15			
配分超過額の再配分	(g)	—	—	*5 12	*5 3	15
減損損失配分額		40	10	32	8	90

＊1　優先的にのれんに減損損失を40配賦配分する。
＊2　減損損失の残額50（＝90－40）を、資金生成単位を構成する資産（のれんを除く）の帳簿価額比で配分する。
＊3　資産Aは回収可能価額40が見積られていることから、資産Aの減損損失配分限度額は10（＝帳簿価額50－回収可能価額40）となる。
＊4　配分超過額15＝減損損失配分額25－配分限度額10
＊5　配分超過額15を、資産AとBの帳簿価額比で配分する。

③ 減価償却の見直しの検討

減損損失が認識された場合、資産の残存耐用年数、減価償却方法および残存価額についてそれぞれ見直し、減損損失計上後の帳簿価額をもとに残存耐用年数にわたり減価償却費を計上する（IAS36.63）。減損損失を認識するかどうかの判定は、減価償却方法の見直しに先立って実施する。

④ 税効果の認識

資産の帳簿価額を回収可能価額まで減額することで、当該資産の税務基準額と差額が生じる場合がある。当該差異が一時差異に該当する場合、IAS第12号を適用し繰延税金資産または負債を算定する（IAS36.64）。

7 減損損失の戻入

　減損会計の目的が財務諸表に投資額のうち回収可能部分を表示することにあるため、回収可能価額が減損損失後に回復したのであれば、投資額を超えない範囲でその回復部分を戻し入れることが目的に整合した会計処理といえる[3]。また、取得原価を超えない範囲で戻し入れる限度があることから、取得原価主義の考え方に反するものではない。このため、各報告日において減損損失の戻入の兆候がある場合、該当する資産または資金生成単位の回収可能価額を見積り、回収可能価額が帳簿価額を上回った場合、その範囲で減損損失を戻し入れる（IAS36.110）。

1 減損損失の戻入の兆候

　減損損失の戻入の兆候とは、減損がもはや存在していないか、または減損が減少している可能性を示す兆候をいう。過年度において認識された減損損失は、当該資産の回収可能価額の算定に用いた見積りに変化があった場合に限定し、過年度の減損損失を戻し入れる（IAS36.114）。減損損失の戻入の兆候に関する例示は、減損の可能性を示す兆候の反対方向の事象である（IAS36.111）。

2 のれんに対する減損損失の戻入

　のれんの回収可能価額の増加は、IAS第38号で認識を禁止している自己創設ののれんの増加であると考えられる。このため、回収可能価額の増加によ

---

[3] 米国基準では、減損損失を認識する場合には公正価値まで評価減する。公正価値まで評価減するということは、いったん事業を清算したうえで再投資するという考えに基づいている。再投資とみなすため、その後回収可能価額が回復しても減損損失の戻入は認めていない。

る減損の戻入は認められない（IAS36.124）。

3 減損損失の戻入

(1) 個別資産の場合

　過年度に減損損失を認識しなかったと仮定した場合の帳簿価額を超えない範囲で減損損失を戻し入れ、当該金額を純損益として計上する（IAS36.117,119）。償却性資産について減損損失を認識した場合でも、将来において減損損失を戻し入れることがあるため、戻入上限額である減損損失を認識しなかったと仮定した償却計算および帳簿価額を保持する必要がある。

図表11－17　償却性資産の減損損失の戻入

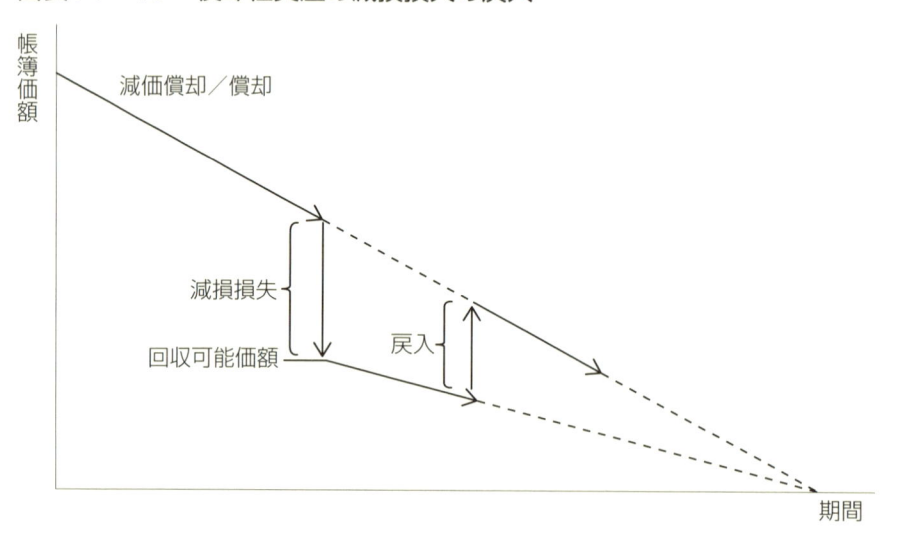

(2) 資金生成単位の場合

　資金生成単位に対する減損損失の戻入は、のれんを除いた資金生成単位の資産の帳簿価額に比例的に配分する。この配分額は、個別資産の減損損失の戻入として会計処理する（IAS36.122）。

減損損失戻入後の帳簿価額は、回収可能価額（算定可能な場合）、および過年度において当該資産について認識された減損損失がなかった場合（償却または減価償却控除後）の帳簿価額のどちらかの低いほうが限度となる。減損の戻入は、当初の減損が配分された資産（のれんを除く）に対して配分するが当初の減損損失の配分時と同じ比率である必要はない（IAS36.123）。

(3) 戻入限度額を超える戻入金額

減損損失がなかったとした場合の帳簿価額を超える超過額は、再評価の性質を持つことから、当該資産に適用される基準に従って処理する（IAS36.118）。

4 減価償却手続

減損損失戻入後の資産の減価償却または償却は、当該減損損失戻入後の帳簿価額から残存価額を控除し、残存耐用年数に基づき実施する（IAS36.121）。

■第11章 減損会計

8 非支配持分が存在する資金生成単位の減損テスト

1 非支配持分の測定方法と減損テスト

　支配獲得時の非支配持分の測定は、公正価値による測定（全部のれん）および被取得企業の識別可能な純資産の按分割合（購入のれん）の2つの方法の選択適用が認められている。前者の場合は、親会社および非支配持分の両方ののれんが計上され、後者の場合は、親会社持分に対するのれんのみが計上されることになり、非支配持分の測定方法によってのれんの計上額が異なる。一方、減損テストの際に見積る回収可能価額には、非支配持分に帰属するのれんに対する経済的便益が含まれている。

　購入のれん（非支配持分に帰属するのれんを認識しない）を計上している場合、認識しているのれんの範囲と回収可能価額とでは、その算定範囲に不整合が生じる。このため、減損テストの手続においてのみ資金生成単位の帳簿価額を非支配持分に帰属するのれんを含めるようにのれんのグロスアップ調

図表11-18　非支配持分の測定方法と減損テスト

非支配持分を、純資産持分割合で測定した場合、連結財務諸表上、非支配持分に帰属するのれんを認識しないが、減損テストの際には、未認識ののれん（①の部分）をグロスアップして回収可能性の判定を行う。

資金生成単位の帳簿価額		資産生成単位の回収可能価額
のれん ／ ①	減損テストの回収可能性の判定は、同一の内容を比較する	親会社持分および非支配持分の両方を含んでいる
親会社持分 ／ 非支配持分		

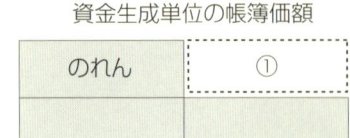

整を行い、このグロスアップ調整後の帳簿価額と回収可能価額の比較によって資金生成単位の減損テストを実施する（IAS36.C4）。

2 減損損失の親会社および非支配持分間の配分

　非支配持分が存在する子会社または子会社の一部分そのものが減損判定を行う資金生成単位である場合、減損損失は、損益配分と同一の基準で親会社と非支配持分との間で配分する。非支配持分が存在する子会社または子会社の一部分が減損判定を行うより大きい資金生成単位の構成要素である場合、のれんの減損損失は、減損損失を認識した大きな資金生成単位の各構成要素に以下の基準で配分する（IAS36.C6,C7）。

- 減損が当該資金生成単位ののれんに関連している範囲では、減損前のその部分ののれんの帳簿価額の比
- 減損が当該資金生成単位の識別可能資産に関連している範囲では、減損前のその部分の正味の識別可能資産の帳簿価額の比。この減損は、その部分の各資産の帳簿価額の比で各単位の各部分の資産に配分

3 減損損失の認識

　非支配持分を、純資産の持分割合で測定している場合、減損損失を認識する際には、非支配持分に帰属する減損損失（のれんグロスアップ部分に相当する減損損失）見合いののれんが親会社の連結財務諸表上計上されていないため、非支配持分に帰属する減損損失はのれんの減損損失として認識せず、親会社持分相当額のみをのれんの減損損失として認識する（IAS36.C8）。

■第11章 減損会計

設例1
資金生成単位の減損

前提条件

資産A、B、Cから構成される資金生成単位に減損の兆候が識別された。これらの個別資産の帳簿価額は、それぞれ30、50、20であり、資金生成単位の回収可能価額は65である。また、資産Aのみ個別に回収可能価額30と把握された。

問題

この資金生成単位に係る減損損失を認識する必要があるかどうかを示しなさい。

解答

当該資金生成単位の帳簿価額100は、回収可能価額65を上回っているため35（＝100－65）の減損損失を認識する。認識された減損損失は、資産Aについてその回収可能価額30を下回ることがないように、資産BおよびCに、これらの帳簿価額に基づいて比例配分する。

	資金生成単位			
	資産A	資産B	資産C	合 計
帳簿価額	30	50	20	100
回収可能価額	30	－	－	65
減損損失	－	－	－	35
減損損失の配分	－	*1 25	*2 10	35
減損処理後の帳簿価額	30	25	10	65

＊1 25＝35×50／（50＋20）
＊2 10＝35×20／（50＋20）

設例2

非支配持分が公正価値で測定されている場合ののれんの減損損失の配分

前提条件

P社がS社の株式80％を1,250で取得した。取得時のS社の識別可能な純資産の公正価値は1,000であり、非支配持分の公正価値は250と算定された。S社は1つの資金生成単位であり、取得によるシナジーはS社のみ享受する。

	持分比率	純資産 (A)	公正価値 (B)	のれん (B) − (A)
P社持分	80%	800	1,250	450
非支配持分	20%	200	250	50
合計		1,000	1,500	500

問題

資金生成単位であるS社に減損損失が発生し、のれんに100の減損損失が配分された場合、どのように当該減損損失を親会社持分と非支配持分に配分すべきか。

解答

のれんに対して発生した減損損失は、損益が配分されるのと同じ基準で、P社と非支配持分に配分する。したがって、減損損失100は、P社へ80（＝100×P社持分割合80％）、非支配持分へ20（＝100×非支配持分割合20％）配分される。

■第11章 減損会計

設例3

非支配持分が純資産持分割合で測定されている場合の減損テスト
＜IAS第36号 設例7Aを加筆修正＞

前提条件

　P社は、01年度期首にS社の株式80％を2,100で取得した。取得日のS社の識別可能純資産の公正価値は1,500である。非支配持分を、S社の識別可能純資産持分割合の300（＝20％×1,500）として測定することを選択した。引渡対価と非支配持分の金額との合計額2,400（＝2,100＋300）と識別可能純資産1,500との差額として、のれん900を認識した。S社は資金生成単位である。S社以外のP社のその他の資金生成単位についてもS社取得のシナジーを享受すると見込まれるため、享受が見込まれる他の資金生成単位にのれん900のうち500を配分した。03年度末の資金生成単位であるS社の回収可能価額は1,000、S社の純資産の帳簿価額（のれんを除く）は1,350である。税効果は無視する。

問　題

　S社に対する減損テストの手順を示しなさい。

解　答

1. 非支配持分に帰属するのれん部分について、帳簿価額をグロスアップ

　非支配持分に帰属するのれんは、子会社の回収可能価額1,000に含まれているが、親会社の連結財務諸表では認識されていない。したがって、S社の帳簿価額を、回収可能価額1,000と比較する前に、非支配持分に帰属するのれんを含むようにグロスアップする。P社のS社に対する80％の持分に帰属する取得日現在ののれんは、P社の他の資金生成単位に500を配分した後の

400である。したがって、S社に対する20％の非支配持分に帰属する取得日ののれんは100である。

2．グロスアップベースで減損損失を算定

減損損失は850（＝グロスアップ後の帳簿価額1,850－回収可能価額1,000）。

	のれん	純資産	合　計
帳簿価額	400	1,350	1,750
未認識の非支配持分	100	－	－
グロスアップ後の帳簿価額	500	1,350	1,850
回収可能価額	－	－	1,000
減損損失	－	－	850

3．グロスアップベースで減損損失の配分

減損損失は、のれんに対して優先的に配分する。このため、減損損失850のうち、500をのれんに配分する。

	のれん	純資産	合　計
グロスアップ後の帳簿価額	500	1,350	1,850
減損損失の配分	500	350	850
減損損失控除後帳簿価額	0	1,000	1,000

4．連結上の減損損失の配分

のれんの減損損失500は、損益が配分されるのと同じ基準で支配持分と非支配持分とに配分する。のれんは、S社に対するP社の80％の所有持分の範囲までしか認識されないため、のれんの減損損失400（＝500×80％）のみを認識する。残りの減損損失350は、S社の識別可能資産の帳簿価額の減額により認識する。

	のれん	純資産	合　計
連結上の帳簿価額	400	1,350	1,750
減損損失	400	350	750
減損損失控除後帳簿価額	0	1,000	1,000

■第11章　減損会計

設例4

子会社が単独の資金生成単位の場合：非支配持分を公正価値で測定する場合
＜IAS 第36号 設例7B を加筆修正＞

前提条件

　P社は、S社の所有持分の80％を01年度期首に 2,100で取得した。取得日のS社の識別可能純資産の公正価値は1,500である。P社は、非支配持分を公正価値で測定することを選択し、その公正価値は350 である。引渡対価と非支配持分の合計額2,450（= 2,100＋350）と識別可能純資産1,500との差額として、のれん950を認識した。S社は資金生成単位である。S社以外のP社のその他の資金生成単位についてもS社取得のシナジーを享受すると見込まれるため、享受が見込まれる他の資金生成単位にのれん950のうち500を配分した。03年度期末のS社の回収可能価額は1,650、S社の純資産の帳簿価額（のれんを除く）は1,350 である。税効果は無視する。

問　題

　S社に対する減損テストの手順を示しなさい。

解　答

1．S社の減損損失の算定

　　減損損失は150（＝帳簿価額1,800－回収可能価額1,650）。

	のれん	純資産	合　計
帳簿価額	450	1,350	1,800
回収可能価額	－	－	1,650
減損損失	－	－	150

358

2．S社の減損損失を配分

減損損失は、のれんに対して優先的に配分するため、減損損失150の全額をのれんに配分する。

	のれん	純資産	合　計
帳簿価額	450	1,350	1,800
減損損失	150	0	150
減損損失控除後帳簿価額	300	1,350	1,650

のれんの減損損失150は、損益が配分されるのと同じ基準で支配持分と非支配持分に配分する。したがって、P社に配分される減損損失は、120（＝150×80％）である。

■第11章 減損会計

設例5

子会社が大きな資金生成単位の一部である場合：非支配持分を公正価値で測定する場合
＜IAS第36号 設例7Cを加筆修正＞

前提条件

　S社それ自体が単独の資金生成単位であるという設例4の前提を、以下のように変更する。S社はP社の他の資産グループとともにキャッシュ・イン・フローを生成するため、減損テストの手続上、S社はより大きな資金生成単位Zの一部を構成する。P社の他の資金生成単位も、その取得のシナジーによる利益を享受することが見込まれるため、それらのシナジーに関連するのれん500を、それらの他の資金生成単位に配分されている。過去の企業結合に関連した資金生成単位Zののれんは800である。03年度期末の資金生成単位Zの回収可能価額および純資産の帳簿価額（のれんを除く）は、それぞれ3,000、2,250である。

問題

　資金生成単位Zに対する減損テストの手順を示しなさい。

解答

１．資金生成単位Zの減損損失の算定

　減損損失は200（＝帳簿価額3,500－回収可能価額3,300）。

	のれん	純資産	合　計
資金生成単位Zの帳簿価額	＊1,250	2,250	3,500
回収可能価額	−	−	3,300
減損損失	−	−	200

＊ 1,250＝過去の企業結合ののれん800＋S社取得ののれんのうち資金生成単位Zに配分したのれん450

360

2．資金生成単位Ｚののれんへ減損損失を配分

まず、資金生成単位Ｚの減損損失を配分する。減損損失は、のれんに対して優先的に配分するため、減損損失200の全額をのれんに配分する。

＜資金生成単位Ｚの減損損失の配分＞

	のれん	純資産	合計
資金生成単位Ｚの帳簿価額	1,250	2,250	3,500
減損損失	200	0	200
減損損失控除後帳簿価額	1,050	2,250	3,300

3．資金生成単位Ｚを構成する単位へ減損損失を配分

Ｓ社がより大きな資金生成単位Ｚの一部を構成しているため、のれんの減損損失は、最初に資金生成単位Ｚの各部分に配分する。資金生成単位Ｚを構成する単位への減損損失の配分は、のれんの帳簿価額の比率により資金生成単位を構成する各部分に配分する。

＜資金生成単位Ｚを構成する単位へ減損損失を配分＞

	Ｓ社	他の資産グループ	合計
のれん帳簿価額	450	800	1,250
減損損失	72	128	200

4．Ｓ社に配分された減損損失をＰ社と非支配持分へ配分

このＳ社に配分された減損損失72は、損益が配分されるのと同じ基準で支配持分と非支配持分とに配分する。したがって、Ｐ社に配分される減損損失は、57.6（＝72×80％）である。

第12章
公正価値測定

- IFRS第13号は、公正価値の定義、公正価値測定のフレームワークおよび公正価値測定に関する開示を規定しており、他の基準書において公正価値の測定および開示が求められるまたは容認される場合に適用される。
- 公正価値とは、「測定日における、市場参加者間で秩序ある取引が行われた場合に、資産を売却する対価として受け取る、または負債を移転する対価として支払うであろう価格」をいい、市場参加者の視点に基づく出口価格である。
- 出口価格が参照できない場合、市場参加者がその価格付けを行う際に考慮する仮定に基づき評価技法を用いて公正価値を見積る。
- 見積りの際には、関連する観察可能なインプットを最大限活用し、観察不能なインプットの利用を最小限とする。
- 公正価値測定の透明性や比較可能性を高めるために、公正価値の測定に用いる評価技法へのインプットを3つのレベルに区分し優先順位付けされた公正価値ヒエラルキーを設けている。

1 IFRS第13号の位置づけ

1 概要

公正価値測定の統一的な基準書として IFRS 第13号[1]が設けられており、公正価値の定義、公正価値測定のフレームワークおよび公正価値に関する開示について統一的な定義を行っている。これに対し、何を[2]、どのような場合に公正価値測定するか、および公正価値測定によって生じる評価差額の取扱い等については他の各基準書で規定されている。

図表12−1　IFRS第13号と他の基準書の関係

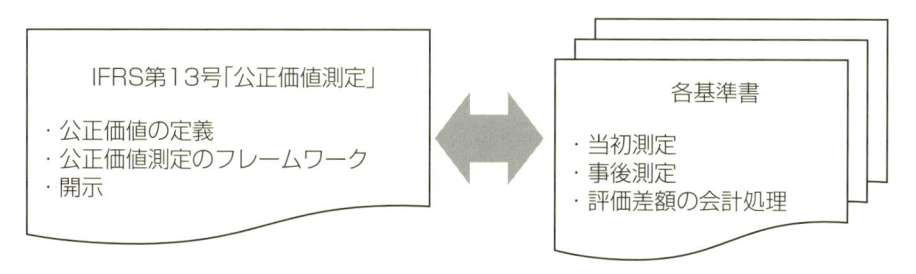

IFRS第13号「公正価値測定」	各基準書
・公正価値の定義 ・公正価値測定のフレームワーク ・開示	・当初測定 ・事後測定 ・評価差額の会計処理

IFRS 第13号の規定は、IFRS におけるすべての公正価値による測定および開示に適用するが、図表12−2に示す基準書は対象外となっている (IFRS13.6)。

1　2011年5月に公表された IFRS 第13号は、米国会計基準とのコンバージェンスプロジェクトの成果として公表され、両基準の公正価値測定および開示に関する規定（IFRS 第13号と米国会計基準 ASC Topic820）は、概ね同一の内容となっている。
2　公正価値測定に用いられる会計単位（個々の資産または負債が対象なのか、または複数の資産および負債グループが対象なのか）は、IFRS 第13号ではなく各個別の基準書に従う (IFRS13.13)。

■第12章　公正価値測定

図表12-2　公正価値基準の適用対象外

基準書	測定基準	開示基準
IFRS第2号の適用範囲である株式報酬取引[*1]	×	×
IAS第17号の適用範囲であるリース取引[*1]	×	×
公正価値ではないが公正価値に類似する測定[*2] • IAS第2号における正味実現可能価額 • IAS第36号における使用価値	×	×
IAS第19号に従って公正価値によって測定される制度資産	○	×
IAS第26号に従って公正価値で測定される退職給付制度	○	×
IAS第36号に従って回収可能価額が処分費用控除後の公正価値である資産	○	×

*1 IFRS第2号およびIAS第17号において公正価値という文言が用いられているが、IFRS第13号の公正価値の定義とは異なる。
*2 正味実現可能価額および使用価値は、出口価格である公正価値には該当しない。

2 公正価値の定義および特徴

　公正価値とは、「測定日における、市場参加者間で秩序ある取引が行われた場合に、資産を売却する対価として受け取るであろう、または負債を移転する対価として支払うであろう価格」をいう（IFRS13.9）。したがって、公正価値は市場参加者の視点で見た測定日におけるいわゆる出口価格[3]であり、経営者のノウハウ、無形資産や人的資源等の他の経営資源とのシナジーを勘案した企業固有の測定値[4]ではない。この公正価値の定義は、資産および負債に着目しており、その特徴は、図表12-3に示すとおりである。

3　出口価格に対応した概念に入口価格がある。入口価格とは資産を購入するために支払うであろう価格をいう。
4　企業固有の測定値の例として使用価値がある。使用価値とは、測定対象資産から得られる将来キャッシュ・フローを測定時点の割引率で割り引いた現在価値であり、経営者が想定する将来キャッシュ・フローや割引率等の経営者固有の情報が反映されるため公正価値に類似したものであるが、公正価値ではない。

図表12-3　IFRSの公正価値の特徴

特　徴	内　容
市場参加者の視点 (IFRS13.2,3)	・公正価値測定は、市場を基礎とした測定であり、市場参加者間の秩序ある取引で交換されるという、仮想取引を前提としている。 ・資産を保有するまたは負債を決済するという企業の意図または能力は、公正価値測定の際に考慮しない。 ・市場参加者が当該資産または負債の価格付けを行う際に使用する仮定を用いて、市場参加者が自らの経済的利益が最大になるように行動すると仮定をおく。
市場参加者 (IFRS13.A)	市場参加者は以下の4要件を満たす。ただし、具体的な市場参加者を特定する必要はない。 ・お互いに独立している。 ・取引に関して知識を持ち十分に理解している。 ・当該資産または負債に関する取引を行う能力がある。 ・取引を行う自発的な意思を有する（強制または強要されたものではない。）。
秩序ある取引 (IFRS13.A)	通常のマーケティング活動を行う十分な期間があることを前提とする取引であり、強制された取引（強制取引、投売りまたは清算取引等）、関連当事者間の取引は、秩序ある取引に該当しない。
参照市場 (IFRS13.16,19)	複数の市場がある場合、報告企業の観点から ・主要な市場、または、 ・主要な市場がない場合、最も有利な市場[1] における価格を想定する。
出口価格 (IFRS13.57)	・資産を売却するために受け取る、または負債を移転するために支払う価格（出口価格）を公正価値とする。資産の取得のために支払う、または負債の引受けのために受け取る価格（入口価格）は公正価値ではなく[2]、仮定された取引を前提とした価格である。 ・観察可能な価格がない場合は、評価技法を用いて見積る。
取引コスト (IFRS13.25)	・公正価値で測定するために用いる出口価格に、原則、「取引コスト」を含めない。なぜならば、取引コストは、資産または負債の特性ではなく企業がどのように資産または負債の取引を行うかに依存する取引に固有なものであるためである[3]。
最有効使用を前提 (IFRS13.27)	・非金融資産について、複数の代替的な使用が考えられる場合、最も有効な使用を前提とした公正価値で測定する。たとえ経営者が、異なる使用を意図していても市場参加者の観点から評価する[4]。

[1] 主要な市場となる可能性のある市場を、網羅的に調査する必要はなく、反証がない限り企業が資産および負債の取引を行う市場を主要な市場（または最も有利な市場）とすることが許容される（IFRS13.17）。

■第12章　公正価値測定

*2 入口価格と出口価格は概念が異なるが、通常それらは一致すると考えられる。したがって、当初認識時の公正価値は取引価格と同じになる（IFRS13.BC42）。
*3 ただし、コモディティのように、場所が資産または負債の属性となっており、市場までの輸送が必要な場合は、当該輸送費用は取引費用ではなく、公正価値を測定するにあたって考慮する。したがって、資産または負債に関する最も有利な市場を識別する際には取引コストを考慮するが、公正価値測定の際には取引コストを調整しない。ただし、輸送コストは調整する（IFRS13.25）。
*4 ただし、市場参加者が異なる使用をすれば当該資産の価値が最大化されることが市場または他の要因で示唆される場合のみ、代替的な利用を考慮する（IFRS13.29,30）。すなわち、反証がない限り、企業の資産の使用方法がその最有効使用であると仮定する。

　取得価格と公正価値は、どちらも交換取引を前提とする。しかし、取得価格は実際に当事者間で行われた過去の取引に基づき実現済みで確定した利益の概念に関連付けできる。これに対し、公正価値は市場参加者の視点で想定される実際に行われていない交換取引に基づくものであり未実現、かつ、変動する利益の概念に立脚したものであるという違いがある。取得価格と公正価値の相違点は、図表12-4に示すとおりである。

図表12-4　取得価格と公正価値の相違点

	取得価格	公正価値
取引	当事者間の交換取引	市場参加者で仮想した交換取引
価格	入口価格	出口価格
時点	過去	将来
利益の質	実現済みで確定した利益	未実現で変動する利益

　公正価値測定は、事後測定だけでなく当初認識時にも適用する。活発な取引が行われるよう整備され、資産の購入と売却が単一の市場で行われる取引の場合、取引価格は公正価値に等しくなる。しかし、関連当事者間の取引や強制的に行われた取引、取引価格に取引費用が含まれている取引、および取引が行われる市場が主要な市場（または最も有利な市場）と異なる取引等の場合、当初認識時における取引価格が公正価値を表していない可能性がある。この場合、他の基準書において公正価値で当初測定することが求められているまたは許容されている資産または負債について、その取引価格が公正価値

と異なる場合、その基準書が別段の定めをしている場合を除いて、その差額を純損益に認識する（IFRS13.57-60,B4）。

3 評価技法の利用

同一の資産および負債について活発な市場における公表価格が存在しないため公正価値を観察できない場合、評価技法を用いて公正価値を見積ることになる。この評価技法を使用する目的は、測定日における現在の市場環境で資産を売却するまたは負債を移転するための秩序ある取引が市場参加者間で行われるであろう価格を見積ることである（IFRS13.62）。評価技法には、図表12-5に示す3つのアプローチがある。

図表12-5　評価技法の種類

種　類	内　容	
マーケット・アプローチ (IFRS13.B6)	同一または比較可能（類似の）な資産または負債（事業を含む）の市場価格等を用いて公正価値を測定する方法	倍率法 市場株価法 類似比較法
インカム・アプローチ (IFRS13.B10)	対象物の将来キャッシュ・フローを現在価値に割り引く評価技法を用いて公正価値を測定する方法	DCF法 オプション価格算定モデル 収益還元法
コスト・アプローチ＊ (IFRS13.B8)	対象物である資産の用役を再調達するために現在必要となる金額（再調達原価）を用いて公正価値を測定する方法	再調達原価

＊再調達原価は市場参加者である資産の買い手が取得のために支払う金額であり、入口価格である。しかし、入口価格と出口価格は同じ市場であれば等しいため、公正価値定義の出口価格と整合する。

選択した評価技法は、継続して適用する。しかし、新しい情報が入手可能または不可能になる場合や、市場環境が変化する等により評価技法またはその適用を変更する場合は、IAS第8号に従って、会計上の見積りの変更として会計処理する（IFRS13.65）。ただし、会計上の見積りの変更におけるIAS

第8号の開示は、評価技法またはその適用の変更から生じる修正に関して適用しない（IFRS13.66）。

4 公正価値ヒエラルキー

対象となる取引や資産等の状況に適合し、かつ、公正価値を測定するために十分なデータが入手できる評価技法を選択し、関連する観察可能なインプットを最大限活用し、観察不能なインプットの利用を最小限としなければならない（IFRS13.61）。

このため、公正価値の測定に用いる評価技法へのインプットを3つのレベルに区分し優先順位付けされた公正価値ヒエラルキーを設けている。このヒエラルキーは、評価技法の優先順位ではなく、公正価値を算出する際の情報や仮定（インプット）の信頼度を示すものである。特定の評価技法が、ある状況において他の評価技法よりも適切となる可能性があるため、評価技法の優先順位を設けていない（IFRS13.72-74）。

図表12－6　評価技法と公正価値ヒエラルキーの関係

〈評価技法〉
・マーケット・アプローチ
・インカム・アプローチ
・コスト・アプローチ

〈評価技法の選択〉
・観察可能なインプットを最大限活用し、
・観察不能なインプットを最小限にする

→ インプットの優先順位付けが必要 →

〈公正価値ヒエラルキー〉
レベル1　優先度高
レベル2　↓
レベル3　優先度低

評価技法を適用する際に、観察可能なインプットおよび観察不能なインプットの両方を含む場合、どのヒエラルキーのレベルに該当するのかが問題となる。複数のレベルのインプットを用いた場合、公正価値測定の全体として重要性のあるインプットのうち、最も低いレベルのインプットに基づいて分類する。公正価値ヒエラルキーの中で最大限利用すべきインプットが活発な市場における同一の資産および負債に関する無修正の公表価格（レベル1）

■ 1 IFRS第13号の位置づけ

であり、最小限にしなければならないインプットは観察可能な市場データに基づかないインプット（レベル3）である。

このレベル3は、公正価値に客観性がないとの批判を受ける原因となっている。

図表12－7　公正価値ヒエラルキー

区分	観察可能性	インプットの内容		主な適用対象資産
レベル1	観察可能	活発な市場	・同一の資産または負債に関する（無修正の）公表価格	トレーディング目的の金融商品
			・類似の資産または負債に関する公表価格	非上場、相対取引金融商品
レベル2		活発でない市場	・同一または類似の資産または負債に関する公表価格	
		・公表価格以外の観察可能なインプット ・相関関係等を用いて観察可能な市場データから導き出されるか、それらに裏付けられたインプット		
レベル3	観察不能	・市場参加者が用いる仮定に自身の見積りを反映したインプット ・企業固有のデータに基づく財務予測値		固定資産、無形資産

公正価値を算出する際の情報や仮定（インプット）の信頼度を示す公正価値ヒエラルキーを示すことによって、株式、社債、国債およびデリバティブといった行使価値測定の対象の形式的な分類ごとに測定技法を定義する方法と比較して、公正価値測定の透明性や比較可能性を高めることを意図している。

索引

【ア行】

アーン・アウト条項……………259
アウト・オブ・ザ・マネー……74
アウトプット……………………238
アップ・ストリーム……………190
意思決定機関…………9, 75, 174
意思決定支援……………………267
一行連結…………………………168
一時差異…………………………277
一時的な支配……………………13
一部売却………………125, 128, 305
一括法……………………………114
入口価格…………………………366
インカム・アプローチ…………369
イン・ザ・マネー………………74
インプット………………………238
永久差異…………………………278
親会社……………………………13
親会社説…………………………5

【カ行】

外貨建取引………………………299
会計方針の統一………………32, 177
開始仕訳…………………………36
回収可能価額……………………339

蓋然性……………………………247
解任権……………………………48
開発段階の事業…………………239
確定決算の原則…………………268
課税所得……………………267, 273
活発な市場……………………99, 371
株式の相互持合…………………134
貨幣性項目………………………299
為替差額…………………………305
観察可能なインプット…………370
関連会社…………………………171
関連性のある活動………………47
関連当事者……………………25, 65
企業結合…………………………235
企業集団…………………………118
議決権付株式……………………67
期待値法…………………………343
機能通貨…………………………296
逆取得……………………………243
キャピタルゲイン………………16
休眠会社…………………………68
強制された取引…………………367
共通支配下の結合取引…………236
共同支配…………………………212
共同支配企業……………………216
共同支配事業……………………216
業務提携…………………………210

■索　引

拒否権	55
繰越欠損金	277
繰越税額控除	278
繰延税金資産	282, 283, 286
繰延税金資産の回収可能性	283
繰延税金負債	286
繰延法	269
クロージング日	244
経済的単一体説	5
契約・法的要件	252
結合企業	7
決算日の統一	29, 177
決算日レート	300, 304
現在の能力	51
減損会計	325
減損テスト	339
減損の兆候	337
コアのれん	104
交換取引	8, 114, 258, 368
更正会社	68
公正価値	367
公正価値ヒエラルキー	370
購入のれん	352
子会社	13
コスト・アプローチ	369
コミットメント	45

【サ行】

在外営業活動体	295
再取得された権利	256
再調達原価	369
最頻値法	343
債務超過	136
最有効使用	367
指図する能力	48
仕掛中の研究開発費	253
事業	238
事業の取得	238
資金生成単位	345
資産負債法	269
事実上の支配	69
事実上の代理人	65
市場参加者	367
実質的な権利	52
実務上不可能	30
支配獲得日	244
支配喪失	34
支配の3要件	41, 77
支配プレミアム	99
支配モデル	41
支配力基準	9
資本取引	121
重要な影響力	172
重要な影響力の喪失	175
受動的な持分	48
取得関連費用	249
取得企業	7, 241
取得日	244
取得法	7, 236
ジョイント・ベンチャー	210
使用価値	340

373

条件付対価	257, 258	段階法	114
少数株主持分	97	単体財務諸表	3
将来加算一時差異	277	秩序ある取引	367
将来キャッシュ・フロー	341	出口価格	367
将来減算一時差異	277	出口戦略	21
処分費用	340	典型的な特徴	23
処分費用控除後の公正価値	340	投資企業	18
所有比率	134	特別目的事業体	9
ストラクチャード・エンティティ	43	独立したビークル	217
税効果会計	267	取引コスト	367
清算会社	68	取引日	300
税務基準額	275	取引日レート	300
設計に関与した当事者	44		
全員一致の合意	213	**【ナ行】**	
潜在的議決権	72, 119		
全社資産	345	内部取引	155, 157, 159
全部のれん	352	のれん	103, 111, 345
測定期間	262	のれんの減損	279
測定の信頼性	247		
組織再編費用	250	**【ハ行】**	
組成された企業	43, 75		
その他の純資産の変動	187	パーチェス法	7
損金経理の要件	268	売却目的保有	131
損失負担義務契約	136	配当	159
		破産会社	68
【タ行】		パワー	48
		非貨幣性項目	299
代理人	61	引当金	33, 136, 274, 283
ダウン・ストリーム	190	引渡対価	257
タックス・プランニング	284	非支配持分	97
段階取得	114, 258	被取得企業	7, 248

評価技法	369
評価性引当金	251, 255
表示通貨	302
風評リスク	59
不確実性	251, 254, 337, 343
不確実な税務ポジション	274
複数の取決め	132
負ののれん	95
フレッシュスタート法	8
分離可能性要件	252
ベンチャー・キャピタル	16
防御権	55
法定実効税率	286
法的境界線	44
本人	61

【マ行】

マーケット・アプローチ	369
未実現損失	159
未実現利益	157
みなし事業体	14
無形資産	252
黙示的な共同支配	214
目的適合性	171
持株基準	9
持分の追加取得	117, 186

持分比率	134
持分プーリング法	7, 236
持分法	167, 223

【ヤ行】

予見可能な将来	307

【ラ行】

リスク・経済的便益基準	9
リスクと経済価値	58
リターン	56
リターンの変動性	58
累積為替差額	302
累積的優先的株式	119
連結基礎概念	4
連結固有の一時差異	276
連結財務諸表	3
連結の範囲	17
連結報告日	29

【ワ行】

割引率	343
割安購入益	105

■著者紹介

窪田 俊夫（くぼた・としお）
公認会計士

1985年　横浜国立大学経営学部卒業
デロイト トーマツ コンサルティング勤務
監査法人、コンサルティングファーム、グローバルERPベンダーを経て現在に至る。連結会計システムの設計、開発及び数十社の導入支援に従事。現在は、主としてCFOならびに経理財務部門向けに制度、業務及びシステム等の複数領域にまたがる幅広いコンサルティングサービスを手がけている。
［主な著書］
『成功する！　IFRS導入プロジェクト』(共著)　清文社
『Q&A 業種別会計実務7・運輸』(共著)　中央経済社

国際会計基準　連結会計の実務

2014年6月10日　発行

著　者	窪田　俊夫 ©
発行者	小泉　定裕
発行所	株式会社 清文社

東京都千代田区内神田1－6－6（MIFビル）
〒101-0047　電話03(6273)7946　FAX03(3518)0299
大阪市北区天神橋2丁目北2－6（大和南森町ビル）
〒530-0041　電話06(6135)4050　FAX06(6135)4059
URL http://www.skattsei.co.jp/

印刷：大村印刷㈱

■著作権法により無断複写複製は禁止されています。落丁本・乱丁本はお取り替えします。
■本書の内容に関するお問い合わせは編集部までFAX(03-3518-8864)でお願いします。

ISBN978-4-433-57234-1